지리산권의 생태적 가치

지리산권의 생태적 가치

국립순천대 · 국립경상대
인문한국(HK) 지리산권문화연구단 엮음

도서출판 선인

 국립순천대학교 지리산권문화연구원과 국립경상대학교 경남문화연구원은 2007년에 컨소시엄을 구성하고 '지리산권 문화 연구'라는 아젠다로 한국연구재단의 인문한국(HK) 지원 사업에 신청하여 선정되었습니다.

 인문한국 지리산권문화연구단은 지리산과 인접하고 있는 10개 시군을 대상으로 문학, 역사, 철학, 생태 등 다양한 방면의 연구를 목표로 하였습니다. 이에 따라 연구단을 이상사회 연구팀, 지식인상 연구팀, 생태와 지리 연구팀, 문화콘텐츠 개발팀으로 구성하였습니다. 이상사회팀은 지리산권의 문학과 이상향·문화사와 이상사회론·사상과 이상사회의 세부과제를 설정하였고, 지식인상 연구팀은 지리산권의 지식인의 사상·문학·실천에 관한 연구를 진행하였습니다. 그리고 생태와 지리 연구팀은 지리산권의 자연생태·인문지리·동아시아 명산문화에 관해 연구하고, 문화콘텐츠 개발팀은 세 팀의 연구 성과를 DB로 구축하여 지리산권의 문화정보와 휴양정보망을 구축하였습니다.

 본 연구단은 2007년부터 아젠다를 수행하기 위해 매년 4차례 이상의 학술대회를 개최하고, 학술세미나·초청강연·콜로키움 등 다양한 학술활동을 통해 '지리산인문학'이라는 새로운 학문영역을 개척하였습니다. 또한 중국·일본·베트남과 학술교류협정을 맺고 '동아시아산악문화연구회'를 창립하여 매년 국제학술대회를 개최하였습니다. 그 과정에서 자료총서 27권, 연구총서 9권, 번역총서 5권, 교양총서 8권, 마을총서 1권 등 총 50여 권의 지리산인문학 서적을 발간한 바 있습니다.

이제 지난 8년간의 연구성과를 집대성하고 새로운 연구방향을 개척하기 위해 지리산인문학대전으로서 기초자료 10권, 토대연구 10권, 심화연구 10권을 출판하기로 하였습니다. 기초자료는 기존에 발간한 자료총서 가운데 연구가치가 높은 것과 새롭게 보충되어야 할 분야를 엄선하여 구성하였고, 토대연구는 지리산권의 이상향·유학사상·불교문화·인물·신앙과 풍수·저항운동·문학·장소정체성·생태적 가치·세계유산적 가치 등 10개 분야로 나누고 관련 분야의 우수한 논문들을 수록하기로 하였습니다. 그리고 심화연구는 지리산인문학을 정립할 수 있는 연구와 지리산인문학사전 등을 담아내기로 하였습니다.

　지금까지 연구단은 지리산인문학의 정립과 우리나라 명산문화의 세계화를 위해 혼신의 힘을 다해왔습니다. 하지만 심화 연구와 연구 성과의 확산에 있어서 아쉬운 점도 없지 않았습니다. 이번 지리산인문학대전의 발간을 통해 그 아쉬움을 만회하고자 합니다. 우리 연구원 선생님의 노고가 담긴 이 책을 통해 독자 여러분들이 지리산인문학에 젖어드는 계기가 되리라 기대합니다.

　끝으로 이 책이 출간되기까지 수고해주신 본 연구단 일반연구원 선생님들, HK연구원 선생님들, 그리고 외부에서 참여해주신 필자선생님들께 깊이 감사드립니다. 또한 이 자리를 빌려 이러한 방대한 연구활동이 가능하도록 재정적 지원을 해주신 정민근 한국재단이사장님, 송영무 순천대 총장님과 권순기 경상대 총장님께도 고맙다는 말씀을 드립니다.

2015년 10월
국립순천대·국립경상대 인문한국(HK) 지리산권문화연구단
단장 강성호, 부단장 윤호진

| 서 문 |

지리산권은 잘 알려진 것처럼 예부터 웅장하고 수려한 풍광으로만이 아니라 '청학동'의 선경이 비장된 신비의 땅으로, 고아한 선비의 유람지로, 의병과 동학군의 전적지로, 공산주의 빨치산의 마지막 보루로 지역민의 정체감 속에 묵직이 침전된 역사적 · 문화적 장소성을 간직해 왔던 곳이다. 순천대학교 지리산권문화연구원과 경상대학교 경남문화연구원이 2007년부터 공동으로 이끌어 온 인문한국(HK) 지리산권문화연구단은 그러한 장소성에 관한 다각적 접근으로 2015년 10월 현재까지 문학, 역사, 철학, 생태, 종교, 지리 등의 학문과 산지지역학을 접목한 선구적 연구성과들을 꾸준히 산출해 왔다. 이 책은 그 중에서도 지리산권의 생태, 생태 이론 및 생태공동체와 관련된 연구단 내 · 외의 대표적 연구성과들을 '지리산권의 생태적 가치'라는 제하에 모아 놓은 것이다.

소병철의 「지리산권 민족종교 동학의 생태주의 요소에 대한 비판적 고찰」은 수운 최제우가 지리산권과의 밀접한 관련 속에서 창도한 민족종교 동학의 생태주의 요소를 비판적으로 분석한 글이다. 소병철의 「생태공동체 건설의 가능조건에 관한 소론」은 지구적 규모의 생태위기에 직면한 오늘날 대안적 사회운동의 일환으로 자주 회자되는 '생태공동체'의 가능조건을 노동, 교육, 문화, 에너지, 의사소통의 다섯 개 측면에서 규명하려고 시도한 글이다. 서정호의 「지리산권의 생태마을 실천과정에 관한 연구」와 「지리산 서남권지역의 생태마을 실천 가능성 고찰」은 각각 지리산권 일반과 지리산 서남권의 생태마을 운영 현황을 살피고 향후의 전략적 실천과제를 제안하고 있는 글이다. 서정호의「지리산권의 지속가능한 생태관광 전략과 과제」와 이기웅의「지리산권 농촌문화관광마을의 발전 전략: 곡성 상한마을과 구례 오미마을 사례를 중심으로」는 지리산권의 수려한 관광자원과 생태적 가치 및 지역발전에 대한 전망을 지속 가능한 방식으로 결합한 친환경적 관광산업의 전망을 탐색하고 있는 글이다.

　유기쁨의「에코페미니스트 여신의례: 지리산 여신축제를 중심으로」는 지리산 여신축제를 중심으로 여성과 자연의 연속성에 대한 경험을 유도하는 다양한 여신의례들의 상징적 의의를 규명하고 있는 글이다. 서정호의「지리산권 지역축제의 유형과 특성 고찰」은 다양한 지리산권 지역축제들의 유형을 산신숭배형, 마을수호형, 인물과 장소의 전승(傳承)형, 특산물의 관광자원화 및 홍보형, 계절별 자연경관 활용형, 민간주도형 등 여섯 가지로 나누어 그 각각의 문화적·생태적 의의와 한계를 규명하고 있는 글이다. 서정호의「지리산 반달가슴곰생태마을 조성 및 운영 방향」과 유재심·박종화·우동걸의「지리산 반달가슴곰 상사리 입지와 조망 특성」은 공히 지리산 반달가슴곰을 소재로 했지만, 전자는 반달가슴곰생태학습장을 근간으로 하는 지리산 반달가슴곰생태마을이 생태적 시민교육 및 멸종위기동물의 종복원 효과를 극대화하기 위하여 실천해 나가야 하는 전략적 과제들이 무엇인지에 초점을 맞춘 반면, 후자는 지리산 반달가슴곰이 나무 위에 둥지 모양으로 만드는 '상사리'의 입지와 조망 특성을 동물생태의 시각으로 규명함으로써 무수한 등산로와 탐방로가 반달가슴곰의 서식지 보호에 악영향을 끼칠 수도 있다는 점을 시사하고 있는 글이다. 끝으로 백경진·박경·강혜순의「지리산국립공원 내 도로에 의한 산림단편화」는 지리산국립공원에 가설되어 온 포장도로와 탐방로 때문에 지리산이 작은 크기의 많은 조각에 다름 아닌 공간으로 변하여 야생동식물의 서식지와 이동로가 심각히 위협받고 있는 문제를 제기한 글이다.

이처럼 이 책에 수록된 글들은 철학, 종교, 산림생태, 환경생태, 식물생태, 자연지리, 농업정책 등의 상이한 전공학문 속에서 배태되었지만, 지리산권의 환경 및 생태를 연구의 소재로 삼고 있다는 공통점을 갖는다. 지리산권의 환경 및 생태는 어느 누구의 독점적 전공영역도 아니라는 점에서 학제적·응용적 수렴이 자유롭게 이루어질 수 있는 학문적 처녀지의 성격을 갖는다. 이 처녀지는 인문학에 속하는 문학, 철학, 역사 간의 소통은 물론이고 인문학과 사회과학 및 자연과학 간의 자유로운 지적 유영과 횡단이 활성화될 수 있는 창조의 모태가 될 것이다. 따라서 이 책에 수록된 글들은 지리산권의 환경 및 생태에 관한 주제들을 남김없이 또는 완벽히 해명하고 있지는 못하더라도 최소한 지리산권의 생태적 가치에 관한 다방면의 사유를 일깨우는 촉매제 역할을 할 수 있기를 편집자는 소망해 본다. 이 글들의 의의와 한계에 대한 판단은 온전히 독자들의 몫이다.

2015년 10월
편집자

목차

—

지리산권 민족종교 동학의 생태주의 요소에 대한 비판적 고찰

소병철

—

Ⅰ. 연구의 초점: 동학의 생태주의적 자기변호

이 글의 목적은 지리산권의 민족종교 동학에 내포된 생태주의적 방향성을 드러내어 그 의의를 철학적으로 평가해 보려는 데 있다. 여기에서 동학을 지리산권의 민족종교로 규정한 데에는 나름대로의 이유가 있다. 동학은 그것의 창도자였던 수운 최제우(水雲 崔濟愚, 1824~1864)의 고향 경주하고는 물론이요 남원을 비롯한 지리산권역과도 깊은 관련성을 갖는 다는 점이 최근 들어 많은 연구자들 사이에서 주목되어 왔다. 무엇보다도 동학의 포덕이 본격화되기 전, 경주 관아의 감시를 피해 고향땅을 떠난 최제우에게 최초로 궁벽한 은둔의 장소를 제공한 곳은 남원의 교룡산에 있는 은적암이었다. 그는 1861년 11월부터 1862년 3월까지 그곳에 머물며

「論學文」, 「修德文」, 「敎訓歌」, 「劒訣」, 「道修詞」, 「安心歌」, 「勸學歌」, 「夢中老少問答歌」 등의 주요 저작을 완성해 나가는 가운데 동학의 이념과 교리를 체계화하는 한편 동학의 전국적 포덕을 위한 지역적 초석을 착실히 다지고 있었던 것으로 알려져 있다.[1] 나아가 남원은 김개남(金開南, 1853~1894)이 이끈 제2차 동학농민혁명이 최초로 발화하여 전국으로 봉기가 확산되는 출발점을 만들어 낸 지역으로도 널리 알려져 있다. 이러한 사실은 동학과 관련된 사상의 산실이요 포덕의 중심지로서 남원지역이 수행했던 역사적 역할과 깊은 관련이 있다. 간단히 말해 "남원은 동학사상의 진원지이면서 동학농민혁명의 씨앗이 발아된 곳"[2]이었던 것이다. 여기에 동학농민혁명이 활발히 전개되었던 순천, 하동, 진주 등의 지역을 광의의 지리산권에 포함시킬 경우 동학이 지리산권의 민족종교였다고 하는 말은 결코 과언이 아님을 알 수 있다.

그런데 필자는 이 글에서 갑오년의 농민혁명을 촉발했던 평등주의적 휴머니즘의 요소에 비하여 상대적으로 덜 주목받아 왔던 동학의 생태주의적 요소를 중점적으로 고찰해 보고자 한다. 오늘날 인간이 자초한 생태적 파국의 위험은 자연을 바라보는 인간의 시선에 일대 전환이 있지 않으면 안 된다는 점을 강하게 시사하는 듯하다. 이에 따라 '인간중심주의'의 폭력성을 탄핵하며 자신이 그것의 보균자가 아니라는 점을 입증하는 일은 종교와 철학을 비롯한 현대의 모든 규범적 상징체계가 자신의 정당

---

[1] 이에 관해서는 박맹수, 「지리산권 동학농민혁명의 실상과 동아시아적 의미」, 국립순천대학교 지리산권문화연구원 편, 『지리산권 동학농민혁명』, 선인, 2014, 15~16쪽; 김봉곤, 「남원지역 동학농민혁명과 士族의 대응」, 국립순천대학교 지리산권문화연구원 편, 『지리산권 동학농민혁명』, 77~78쪽; 조극훈, 「동학의 근대적 사유와 남원의 정체성」, 『동학학보』, 제33호, 동학학회, 2014, 167~174쪽 참조.

[2] 조은숙, 「지리산권 동학농민혁명의 상징성 연구: 송기숙의 『녹두장군』을 중심으로」, 국립순천대학교 지리산권문화연구원 편, 『지리산권 동학농민혁명』, 131쪽. 이와 같은 이유로 조극훈은 남원이 '동학 제2의 성지'임을 강조한다. 이에 관해서는 조극훈, 「동학의 근대적 사유와 남원의 정체성」 참조.

성을 인정받기 위해 거쳐야 할 시대적 통과의례가 된 것처럼 보인다. 이 점은 동학의 현대적 개칭인 천도교의 한 대중적 입문서에서도 확인되는데, 이에 따르면 "'사람이 이에 한울'이라는 '인내천'을 종지로 삼았다고 하여 천도교가 인간지상주의(人間至上主義)를 지향하고 있는 것은 아니다. 사람이 한울이듯이, 우주의 모든 만유(萬有) 역시 한울 아님이 없다는 것이 곧 천도교의 가르침이기도 하다."[3] 그러므로 "천도교에서는 다만 이 우주에서 인간만이 홀로 가장 존귀하다는 인간중심의 인간존엄주의에 머물지 않고 경천(敬天), 경인(敬人), 경물(敬物)이라는 삼경(三敬)사상을 그 중요한 근간으로 삼게 된다. 즉 우주를 하나의 커다란 생명체로 보고 있기 때문에, 이 우주에 근원을 둔 모든 존재는 모두 같이 존중받아야 하며, 또 존중되어야 한다는 것이다."[4] 결과적으로 "이러한 천도교의 우주관은 오늘이라는 현대에 인간중심주의의 팽배로 인하여 위협받고 있는 자연환경의 파괴나 나아가 지나친 개발과 파괴로 인하여 파생되는 우주적 질서의 위협이라는 현대적 난제(難題)를 가장 슬기롭게 헤쳐나갈 수 있는 사상적 근간이 될 것"[5]이라고 치켜세워진다.

필자는 이하에서 동학의 이러한 생태주의적 자기변호가 과연 얼마만큼의 설득력을 지닐 수 있는지를 규명해 보려고 한다. 이것은 한국적 토양에서 자생한 민족종교로서의 동학이 지구적 생태위기의 해결이라는 시대적 과제와 관련하여 지니는 의의와 한계를 동시에 드러내는 작업이 될 것이다. 그리고 이러한 해명의 결과로서 필자는 '서구의 인간중심주의'와 '우리의 생명중심주의'를 대척적으로 맞세우는 유사(類似)민족주의적 학풍을 철학적 논변의 시험대에 올려놓고 그것의 타당성 여부를 비판적으

---

3) 윤석산, 『천도교: 한국에서 꽃핀 우주적 차원의 세계종교』, 천도교중앙총부 출판부, 2014, 26쪽.
4) 윤석산, 『천도교: 한국에서 꽃핀 우주적 차원의 세계종교』, 43~44쪽.
5) 윤석산, 『천도교: 한국에서 꽃핀 우주적 차원의 세계종교』, 44쪽.

로 검증해 보게 될 것이다. 이를 위해 필자는 우선 동학의 생태주의적 정향에 관한 테제들을 근거짓는 데 활용되어 온 동학 교조들의 우주론을 다음 장에서 간략히 검토해 보고자 한다.

II. 동학의 우주론에 나타난 생태주의 요소

윤석산은 앞에서 인용한 천도교 입문서에서 "모든 인류, 나아가 모든 만유(萬有)가 본원적으로 같은 생명의 근원을 지닌 동포(同胞)라는 자각 속에서 평등과 평화를 구가하는 세상을 이룩하는 데에 천도교 가르침의 본의가 있는 것"[6]이라고 말하는데, 그 요의를 좀더 자세히 들여다보면 다음과 같다.

> 그러므로 이 우주에 수많은 만상(萬象), 곧 삼라만상(森羅萬象)이 편재되어 있어도, 궁극적으로 이들 모두는 이 우주에 가득 차 있는 한울님의 지기(至氣)와 함께 서로 유기적(有機的)인 연관을 맺고 있고, 나아가 이 모두는 궁극적으로 무궁한 우주와 함께 '하나의 커다란 생명'으로 되어 있다는 것이 곧 천도교의 우주관이다. 즉 이 우주를 한울님의 지기(至氣)에 의한 하나의 커다란 영성(靈性)의 생명체로 보고 있는 것이 천도교의 우주관이다. 따라서 이 무궁한 우주, 곧 한울님의 지기에 의하여 명(命)하여진 만유(萬有)는 궁극적으로 같은 뿌리를 지닌 모두 같은 존재가 된다.[7]

이 인용문이 암시하는 것처럼 동학의 생태주의적 자기이해는 수운 최제우(水雲 崔濟愚, 1824~1864)가 최초로 설파했던 이른바 지기일원(至氣一元)의 우주론에 힘입어 성립된 것이다. 최제우의 우주론이 전개된 『東經大全』의 「論學文」 편을 보면 "「지」라는 것은 지극한 것이요 「기」라는 것

---

6) 윤석산, 『천도교: 한국에서 꽃핀 우주적 차원의 세계종교』, 30쪽.
7) 윤석산, 『천도교: 한국에서 꽃핀 우주적 차원의 세계종교』, 43쪽.

은 허령이 창창하여 일에 간섭하지 아니함이 없고 일에 명령하지 아니함이 없으나, 그러나 모양이 있는 것 같으나 형상하기 어렵고 들리는 듯하나 보기는 어려우니, 이것은 또한 혼원한 한 기운이요"8)라 말한 대목이 있다. 해월 최시형(海月 崔時亨, 1827~1898)의 교설을 집성한『海月神師法說』의「天地人·鬼神·陰陽」편에도 "천·지·인은 도시 한 이치기운뿐이니라. 사람은 바로 한울 덩어리요, 한울은 바로 만물의 정기이니라"9)고 하며 "천지는 한 기운 울타리"10)임을 역설한 대목이 등장한다. 나아가「其他」편에도 "한울은 만물을 지으시고 만물 안에 계시나니, 그러므로 만물의 정기는 한울이니라"11)고 한 대목이 나오는데, 이러한 지기일원의 우주론은 다음과 같은 '일즉다 다즉일(一卽多 多卽一)'의 불연기연(不然其然) 논리로 구체화된다.

우주는 한 기운의 소사요 한 신의 하는 일이라, 눈앞에 온갖 물건의 형상이 비록 그 형상이 각각 다르나 그 이치는 하나이니라. 하나는 즉 한울이니 한울이 만물의 조직에 의하여 표현이 각각 다르나라. 같은 비와 이슬에 복숭아 나무에는 복숭아 열매를 맺고 오얏 나무에는 오얏 열매가 익나니 이는 한울이 다른 것이 아니요 만물의 종류가 다름이로다. 사람이 공기를 마시고 만물을 먹는 것은 이는 한울로써 한울을 기르는 까닭이니라. 무엇이든지 도 아님이 없으며 한울 아님이 없는지라, 각각 순응이 있고 서로 화합함이 있어 우주의 이치가 이에 순히 행하나니, 사람이 이를 따르는 것은 이것이 바른 것이요 이를 거스리는 것은 이것이 악이니라.12)

---

8) "至者 極焉之爲至 氣者 虛靈蒼蒼 無事不涉 無事不命 然而如形而難狀 如聞而難見 是亦渾元之一氣也"(천도교중앙총부 편,『天道敎經典』, 천도교중앙총부 출판부, 2013, 33~34쪽) 앞으로의 인용에서는 이 문헌을『經典』으로 약칭함.

9) "天地人 都是一理氣而已 人是天塊 天是萬物之精也"(『經典』, 265쪽)

10) "天地一氣圓也"(『經典』, 269쪽)

11) "天은 萬物을 造하시고 萬物의 內에 居하시나니, 故로 萬物의 精은 天이니라."(『經典』, 418쪽)

이러한 교설들은 하나같이 인간을 포함한 우주의 만물이 '지기'로 명명된 신령한 우주기운의 역동적 현현임을 말하고 있다. 여기에서 주목할 만한 것은 "한울은 바로 만물의 정기이니라"고 한 최시형의 말이 암시하듯 지기와 한울을 실체적으로 준별케 하는 상징적 경계가 양자 사이에 설정되어 있지 않다는 점이다. 오히려 끊임없는 생명력으로 약동하는 지기의 작용 자체가 한울의 현현이요 존재양식인 것으로 이해되고 있다. 단적으로 말해 지기는 각양각색의 천지만물로 현현하는 한울 자체의 신령한 기운인 것이다. 이 점은 의암 손병희(義菴 孫秉熙, 1861~1922)가 『義菴聖師法說』의 「詩文」 편 '偶吟' 장에서 "천만물이 한 기운에서 시작되어 각각 이룬 형상이 있으며 각각 성품이 있다"[13]으나 "만물은 별다른 이치가 없고 한 조화로 이루어진 곳곳의 한울이라"[14]고 말한 대목에서도 확인된다. 이러한 의미에서 김춘성은 "동학에서의 자연은 한울의 자기 顯現이며, 스스로 自化, 自顯하며 끊임없이 생성하는 '造化'의 세계이다"[15]라고 말한다. 동학의 한울은 이처럼 모든 시공 속에 본래적으로 편만한 가운데 인간과 우주를

---

[12] "宇宙는 一氣의 所使며 一神의 所爲라, 眼前에 百千萬像이 비록 其形이 各殊하나 其理는 一이니라. 一은 卽 天이니 天이 物의 組織에 依하여 表顯이 各殊하도다. 同一의 雨露에 桃에는 桃實이 結하고 李에는 李實이 熟하나니 是 天이 異함이 아니요, 物의 種類 異함이로다. 人이 氣를 吸하고 物을 食함은 是 天으로써 天을 養하는 所以니라. 무엇이든지 道 아님이 없으며 天 아님이 없는지라, 各各 順應이 有하고 調和가 有하여 宇宙의 理 此에 順行하나니, 人이 此를 從하는 者는 是正이요 此를 逆하는 者는 是惡이니라."(『經典』, 413~414쪽)

[13] "於千萬物始一氣 各有成形各有性"(『經典』, 763쪽)

[14] "萬物盡是別無理 一成造化處處天"(『經典』, 761쪽)

[15] 김춘성, 「東學의 자연과 생태적 삶」, 『동학학보』, 제1집, 동학학회, 2000, 143쪽. 최민자는 동학이 말하는 "우주만물의 생성·변화·소멸 자체가 모두 하늘의 조화의 자취이며, 우주만물이 다 지기至氣인 하늘의 화현이라는 점"(최민자, 『생태정치학: 근대의 초극을 위한 생태정치학적 대응』, 모시는사람들, 2007, 305쪽)을 지적함으로써 같은 생각을 표현한다. 다시 말해 동학이 바라보는 "우주만물의 개체성은 누가 누구를 창조한 것이 아니라 우주의 본체인 하늘, 즉 혼원일기混元一氣가 스스로 다양한 모습으로 현현한 것"(최민자, 『생태정치학: 근대의 초극을 위한 생태정치학적 대응』, 304쪽)이라는 것이다.

껴안고 생성의 길을 함께 걷는 내유신령(內有神靈)이요 외유기화(外有氣化)인 점에서 인간의 바깥에 인간과 마주선 절대자로 표상된 기독교적 초월인(超越因)과 결정적으로 구별된다.[16]

그리고 이러한 우주론은 동학 특유의 '물오동포(物吾同胞)' 사상이 전개되는 형이상학적 출발점을 형성한다. 우주의 만물이 근원적으로 유일한 한울 기운의 다양한 변이로 인식되는 이러한 세계상 안에서 우주는 하나로 연결된 전체로 나타날 수밖에 없다. 그러한 세계상의 요체는 인간을 포함한 우주의 대소만물에 한 한울의 맥박이 뛰고 있다는 것이기 때문이다. 이돈화는 『天道敎創建史』에서 최시형이 1890년 강원도 인제에서 새떼의 울음소리를 듣고 "저 亦是 侍天主의 소리니라. 妙하다. 天道의 靈妙 일에 干涉치 안음이 없도다. 우으로 日月의 큼과 알에로 微塵의 적음이 다 天道의 靈光이니라"[17]고 말했던 일화를 전하고 있다. 이러한 교설은 천지만물이 동일한 한울 기운의 소생인 연유로 지니는 불가분의 전일성을 함의한다. 『海月神師法說』의 「誠·敬·信」편에서는 발밑의 대지(物)를 사람(吾)의 살처럼 소중히 여겨야 한다는 윤리적 정언명령이 등장하면서 그러한 전일성이 한층 더 구상화된 모습으로 부각된다.

> 우주에 가득찬 것은 도시 혼원한 한 기운이니, 한 걸음이라도 감히 경솔하
> 게 걷지 못할 것이니라. 내가 한가히 있을 때에 한 어린이가 나막신을 신고
> 빠르게 앞을 지나니, 그 소리 땅을 울리어 놀라서 일어나 가슴을 어루만지

---

16) 한울을 만물에 내재하는 영성으로 보는 이 입장은 철학적·종교적 관점에서 '범신론(汎神論)'으로 규정될 수 있지만, 서구적 의미의 '하나님(神)'과 원리적으로 상위한 '한울(天)'의 토착적 뉘앙스를 살려 '범천론(汎天論)'으로 규정해도 무방할 것으로 보인다. 이에 관해서는 진창영, 「동학의 생태교육사상 연구」, 부산대학교 석사학위논문, 2006, 15쪽 참조.

17) 이돈화 편술, 『天道敎創建史』, 천도교중앙종리원, 1933: 제2편(「海月神師」편) 제6장('布德 降書 敎說一般' 장), 41쪽. 이 문헌은 전체 쪽수가 표기되어 있지 않고 편별로 쪽수가 매겨져 있는 점에 주의할 필요가 있다.

며, 「그 어린이의 나막신 소리에 내 가슴이 아프더라」고 말했었노라. 땅을
소중히 여기기를 어머님의 살같이 하라.18)

이렇듯 동학의 시선에 포착된 우주는 김춘성이 적절히 요약한 것처럼
"신령스럽고 혼원한 기운으로 이루어져 하늘과 땅과 인간이 그 안에서 유
기적으로 연결되어 상호 영향을 주고받는 신령한 무대"19)로 간주된다. 이
러한 우주론 안에서 개개의 인간은 능력과 성정과 소질이 아무리 달라도
모두가 똑같은 한울의 현현인 연유로 동등한 대우를 받아야 마땅한 존재
로 간주된다. 나아가 동물과 식물을 비롯한 자연의 만물도 인간을 화육한
바로 그 한울의 현현인 한에서 성심 어린 공경을 받아야 마땅한 존재로
간주된다. 이것은 인간을 포함한 우주만물의 존재론적 동근원성을 인
식20)한 데서 나온 윤리적 태도의 변혁이다. 다시 말해 그것은 "모든 존재
가 한울의 신령한 생명의 본성으로 말미암았음을 깨닫고 사람을 한울처
럼 높이는 것이다. 뿐만 아니라 뭇 생명마저 신성한 존재로 공경하는 한
울마음으로 완전한 인격을 실현하는 것이다."21) 이러한 방식으로 변혁된
윤리적 태도란 요컨대 "뭇 생명을 자기의 몸과 같이 느낄 수 있는 감수
성"22)을 말하는 것에 다름 아니다.

---

18) "宇宙間 充滿者 都是渾元之一氣也 一步足不敢輕擧也 余閑居時 一小我着履而趨前
其聲鳴地 驚起撫胸曰 「其兒履聲 我胸痛矣」 惜地如母之肌膚"(『經典』, 305~306쪽)
19) 김춘성, 「東學의 자연과 생태적 삶」, 135쪽.
20) 이러한 동근원성의 인식이란 간단히 말해 "하나의 조약돌, 한 뼘의 땅, 한 송
이 이름 없는 들꽃, 한 그루의 나무, 이름 없는 한 사람이 그 심연의 중심에
모두 하느님을 모시고 있음(侍天主)"(오문환, 「해월의 사물(物) 이해」, 『동학연
구』, 제8집, 한국동학학회, 2001, 17쪽)을 아는 것이다. 또한 그것은 "내 안에
모셔져 있는 우주 생명, 무궁 생명을 온몸으로 체험하고 내가 전체 우주, 전
체 생명과 하나의 기운으로 통해 있다는 것을 자각하는 것"(김용휘, 『우리 학
문으로서의 동학』, 책세상, 2007, 164쪽)이기도 하다.
21) 김용휘, 『우리 학문으로서의 동학』, 158쪽.
22) 김용휘, 『우리 학문으로서의 동학』, 164쪽.

이러한 동학의 우주론은 우리의 시대가 필요로 하는 생태주의적 사유의 단초들을 풍부히 함유하고 있다는 것이 비교적 분명해 보인다. 한면희는 생태주의적 사유가 갖추고 있어야 할 최소의 필수적 요건으로 '인간과 자연의 유기적 연계성 논제'와 '자연의 탈도구적 가치 논제'를 드는데, 이러한 기준에 비추어 보아도 동학의 우주론이 원리적 수준에서 생태주의적 사유와 맞닿아 있는 종교적·형이상학적 이념체계임은 앞에서 간략히 살펴본 바와 같다.[23] 간단히 말해 "우주만물이 모두 한 기운과 한 마음으로 꿰뚫어졌느니라"[24]고 한 최시형의 교설은 '인간과 자연의 유기적 연계성 논제'를 단적으로 뒷받침한다. 그리고 "諸君은 一生物을 無故히 害하지 말라. 이는 天主를 傷함이니 大慈大悲하야 造化의 길에 順應하라"[25]고 한 교설은 '자연의 탈도구적 가치 논제'를 뒷받침한다. 여기에서 어떠한 생명도 무고히 해치지 말라고 한 명령은 생명을 보호함으로써 인간이 얻을 수 있는 모종의 이익을 전략적으로 기대해서가 아니라 어떠한 생명도 한울의 현현인 점에서 본질적으로 자신의 내면에 한울을 모신(侍天主) 존귀한 존재가 아닐 수 없다는 정언적 이유로 제시된 것이기 때문이다. 이러한 동학의 시천주 사상은 지금까지 살펴본 범천론적 우주론의 필연적 귀결로서 그 우주론의 생태주의적 방향성에 구상적 내용을 부여하는 핵심교리의 역할을 동학 내에서 수행해 왔다. 이제 필자는 그러한 시천주 교리의 더더욱 진전된 생태주의 요소를 다음 장에

---

23) 이에 관해서는 한면희, 『동아시아 문명과 한국의 생태주의』, 철학과현실사, 2009, 189쪽 참조. 한면희는 동학이 이러한 자체의 우주론적 이념에 구상적 실천성을 가미함으로써 위기의 세계에 실제로 치유적 영향을 미치는 적극적 생태주의로 새롭게 자리매김하려면 그러한 이념을 '지금 여기에' 실현하기 위한 제3의 '이념 구체화 프로그램 논제'를 개발할 필요가 있다고 지적한다. 이에 관해서는 한면희, 『동아시아 문명과 한국의 생태주의』, 149~150쪽과 200~201쪽 참조.

24) "宇宙萬物總貫一氣一心也"(『經典』, 294쪽)

25) 이돈화 편술, 『天道敎創建史』: 제2편(「海月神師」 편) 제6장('布德 降書 敎說一般 장'), 36쪽.

서 간략히 규명해 보려고 한다.

III. 동학의 시천주 교리에 나타난 생태주의 요소

만물이 우주에 편만한 한울의 현현인 까닭에 만물의 내면에 동일한 한울이 모셔져 있다는 것을 요체로 하는 시천주 교리의 직관적 함의는 "사람이 바로 한울이요 한울이 바로 사람이니, 사람 밖에 한울이 없고 한울밖에 사람이 없느니라"[26]고 한 최시형의 인도주의적 교설에 가장 뚜렷이 드러나 있다. 여기에서 "사람 섬기기를 한울같이 하라"[27]고 한 그의 윤리적 명령은 그러한 교설의 필연적 귀결로 내려진 것임이 저절로 드러난다. 이 점은 "한울이 사람을 떠나 따로 있지 않는지라, 사람을 버리고 한울을 공경한다는 것은 물을 버리고 해갈을 구하는 자와 같으니라"[28]고 한 말에서도 다시금 확인된다. 최시형은 이러한 시천주 교리를 갑오년의 농민혁명에 이념적 동력으로 기여했던 만민평등의 정치철학으로 발전시키는데, 여기에는 반상, 적서, 남녀, 노소의 봉건적 차별에 단호히 저항한 동학의 자생적 근대성이 묵직이 용해되어 있다.

한울은 반상의 구별이 없이 그 기운과 복을 준 것이요, 우리 도는 새 운수에 둘러서 새 사람으로 하여금 다시 새 제도의 반상을 정한 것이니라. 이제부터 우리 도 안에서는 일체 반상의 구별을 두지 말라. 우리나라 안에 두 가지 큰 폐풍이 있으니 하나는 적서의 구별이요, 다음은 반상의 구별이라. 적서의 구별은 집안을 망치는 근본이요 반상의 구별은 나라를 망치는 근본이니,

---

26) "人是天 天是人 人外無天 天外無人"(『經典』, 268쪽)

27) "事人如天"(『經典』, 278쪽)

28) "한울이 사람을 떠나 別로 있지 않는지라, 사람을 버리고 한울을 恭敬한다는 것은 물을 버리고 解渴을 求하는 자와 같으니라."(『經典』, 357쪽)

이것이 우리나라의 고질이니라. 우리 도는 두목 아래 반드시 백배 나은 큰 두목이 있으니, 그대들은 삼가하라. 서로 공경을 주로 하여 층절을 삼지 말라. 이 세상 사람은 다 한울님이 낳았으니, 한울 백성으로 공경한 뒤에라야 가히 태평하다 이르리라.29)

내가 청주를 지나다가 서택순의 집에서 그 며느리의 베짜는 소리를 듣고 서군에게 묻기를 「저 누가 베를 짜는 소리인가」 하니, 서군이 대답하기를 「제 며느리가 베를 짭니다」 하는지라, 내가 또 묻기를 「그대의 며느리가 베짜는 것이 참으로 그대의 며느리가 베짜는 것인가」 하니, 서군이 나의 말을 분간치 못하더라. 어찌 서군뿐이랴. 도인의 집에 사람이 오거든 사람이 왔다 이르지 말고 한울님이 강림하셨다 말하라. 도가의 부인은 경솔히 아이를 때리지 말라. 아이를 때리는 것은 곧 한울님을 때리는 것이니 한울님이 싫어하고 기운이 상하느니라. 도인집 부인이 한울님이 싫어하고 기운이 상함을 두려워하지 아니하고 경솔히 아이를 때리면, 그 아이가 반드시 죽으리니 일체 아이를 때리지 말라.30)

이러한 방식으로 최시형은 주인과 하인, 부모와 자식, 남편과 아내, 시부모와 며느리가 서로를 한울처럼 극진히 공경하는 인도주의적 대동세상의 당위성을 역설한다. 그런데 여기에서 주목할 만한 것은 그러한 대동세상의 성원권을 인간이 독점할 수 없도록 하는 윤리적 개방성이 최시형을 비롯한 동학 교주들의 시천주 개념에 본원적으로 내포되어 있다는 점이

---

29) "唯天無別班常而賦其氣寵其福也 吾道輪於新運而使新人更定新制班常也 自此以後吾道之內一切勿別班常 我國之內有兩大弊風 一則嫡庶之別 次則班常之別 嫡庶之別亡家之本 班常之別亡國之本 此是吾國內痼疾也 吾道頭目之下必有百勝之大頭目 諸君愼之 相互以敬爲主 勿爲層節 此世之人皆是天主生之 以使天民敬之以後 可謂太平也"(『經典』, 388~390쪽)

30) "余過淸州徐坨淳家 聞其子婦織布之聲 問徐君曰「彼誰之織布之聲耶」徐君對曰「生之子婦織布也」又問曰「君之子婦織布 眞是君之子婦織布耶」徐君不卞吾言矣 何獨徐君耶 道家人來 勿以來言 天主降臨言 道家婦人輕勿打兒 打兒卽打天矣 天厭氣傷道家婦人不畏天厭氣傷而輕打幼兒則 其兒必死矣 切勿打兒"(『經典』, 279~281쪽)

다. 최시형은 "육축(六畜)이라도 다 아끼며, 나무라도 생순을 꺾지 말"[31]
것을 강조함으로써 그러한 개방성을 현시한다. 그리고 이것은 만물이 한
울의 현현이라는 범천론적 우주론의 필연적 귀결로서 "천지만물이 다 한
울님을 모시지 않은 것이 없느니라. 저 새소리도 또한 시천주의 소리니
라"[32]고 한 그의 교설에 압축적으로 표현되어 있다. 이러한 사고방식은
나아가 '한울을 공경함(敬天)'과 '사람을 공경함(敬人)'과 '물건을 공경함(敬
物)'이 본질적으로 다르지 않다고 보는 삼경사상으로 자연스럽게 연결된
다. 만물이 한울의 현현이라면 "物物이 또한 나의 同胞이며 物物이 또한
한울의 表顯이니 物을 恭敬함은 한울을 恭敬함이며 한울을 養하는 것"[33]
에 다름 아닐 터이기 때문이다.

> 사람은 […] 한울을 공경함으로써 모든 사람과 만물이 다 나의 동포라는 전
> 체의 진리를 깨달을 것이요, 한울을 공경함으로써 남을 위하여 희생하는 마
> 음과 세상을 위하여 의무를 다할 마음이 생길 수 있나니, 그러므로 한울을
> 공경함은 모든 진리의 중심이 되는 부분을 움켜잡는 것이니라.[34]

> 接物은 우리 道의 거룩한 敎化이니 諸君은 一草一木이라도 無故히 이를 害치
> 말라. 道 닦는 次第가 天을 敬할 것이요 人을 敬할 것이요 物을 敬할 것에 잇
> 나니 사람이 或 天을 敬할 줄은 알되 人을 敬할 줄은 알지 못하며 人을 敬할
> 줄은 알되 物을 敬할 줄은 알지 못하나니 物을 敬치 못하는 者 人을 敬한다
> 함이 아즉 道에 達치 못한 것이니라.[35]

---

31) 『經典』, 369.
32) "天地萬物皆莫非侍天主也 彼鳥聲亦是侍天主之聲也"(『經典』, 294쪽)
33) 이돈화 편술, 『天道敎創建史』: 제2편(「海月神師」 편) 제3장('辛未事變과 苦行' 장),
    18쪽.
34) "사람은 […] 敬天함으로써 人吾同胞 物吾同胞의 全的理諦를 깨달을 것이요, 敬
    天함으로써 남을 爲하여 犧牲하는 마음, 世上을 爲하여 義務를 다할 마음이
    생길 수 있나니, 그러므로 敬天은 모든 眞理의 中樞를 把持함이니라."(『經典』,
    355쪽)

만물이 시천주 아님이 없으니 능히 이 이치를 알면 살생은 금치 아니해도 자연히 금해지리라. 제비의 알을 깨치지 아니한 뒤에라야 봉황이 와서 거동하고, 초목의 싹을 꺾지 아니한 뒤에라야 산림이 무성하리라. 손수 꽃가지를 꺾으면 그 열매를 따지 못할 것이오, 폐물을 버리면 부자가 될 수 없느니라. 날짐승 삼천도 각각 그 종류가 있고 털벌레 삼천도 각각 그 목숨이 있으니, 물건을 공경하면 덕이 만방에 미치리라.[36]

그러나 이러한 시천주 교리의 생태주의 요소는 공경의 대상으로 인식된 동식물을 섭식하는 것으로 생존을 유지하게 되는 인간 삶의 모순적 상황에 봉착하게 되는데, 동학은 이러한 상황을 우주적 차원의 존재론적 필연으로 받아들임으로써 우주의 만물에 한울이 모셔져 있다는 추상적 교리에 특별한 종류의 구상성을 부여한다. 일례로 최시형은 사람들이 일상적으로 섭식하는 오곡백과를 '천지의 젖'에 비유하며[37] 한울이 자신의 신령한 기운으로 전체로서의 자연을 화육한다는 생각을 그 유명한 '이천식천(以天食天)'의 개념으로 정식화한다. '한울이 한울을 먹음'으로 직역되는 이 개념은 간단히 말해 "내 몸 안에 모신 하늘님이 내 밖에 있는 또 다른 하늘님, 즉 어머니-자연의 생명인 음식을 먹는다"[38]는 뜻으로 이해된다. 최시형은 이에 관하여 "한울로써 한울을 먹고, 한울로써 한울을 화할 뿐"[39]인 그 이치를 알고 행하는 것이 동학의 중요한 대의의 하나임을 강조하며 "物을 食함을 天을 食하는 줄로 […] 알라"[40]는 교설에 그것을 간

---

35) 이돈화 편술, 『天道敎創建史』: 제2편(「海月神師」 편) 제3장('辛未事變과 苦行' 장), 17~18쪽.

36) "萬物莫非侍天主 能知此理則 殺生不禁而自禁矣 雀之卵不破以後鳳凰來儀 草木之苗 不折以後山林茂盛矣 手折花枝則未摘其實 遺棄廢物則不得致富 羽族三千各有其類 毛蟲三千各有其命 敬物則德及萬方矣"(『經典』, 287~288쪽)

37) 이에 관해서는 『經典』, 252~253쪽과 418~419쪽 참조.

38) 황종원, 「최시형 '식(食)' 사상의 종교생태학적 의의」, 『신종교연구』, 제26집, 한국신종교학회, 2012, 126쪽.

39) "以天食天-以天化天"(『經典』, 294쪽)

명히 응축하여 담아낸다. 먹는 한울과 먹히는 한울의 이러한 먹이사슬은 세상만물의 융화상통(融和相通)을 만들어 내는 천지의 대법(大法)으로 인식되고 있는데, 이러한 사고방식의 정수는 『海月神師法說』의 「以天食天」편에 나오는 다음의 존재론적 통찰에 잘 드러나 있다.

> 내 항상 말할 때에 물건마다 한울이요 일마다 한울이라 하였나니, 만약 이 이치를 옳다고 인정한다면 모든 물건이 다 한울로써 한울을 먹는 것 아님이 없을지니, 한울로써 한울을 먹는 것은 어찌 생각하면 이치에 서로 맞지 않는 것 같으나, 그러나 이것은 사람의 마음이 한쪽으로 치우쳐서 보는 말이요, 만일 한울 전체로 본다면 한울이 한울 전체를 키우기 위하여 같은 바탕이 된 자는 서로 도와줌으로써 서로 기운이 화함을 이루게 하고, 다른 바탕이 된 자는 한울로써 한울을 먹는 것으로써 서로 기운이 화함을 통하게 하는 것이니, 그러므로 한울은 한쪽편에서 동질적 기화로 종속을 기르게 하고 한쪽편에서 이질적 기화로써 종속과 종속의 서로 연결된 성장발전을 도모하는 것이니, 합하여 말하면 한울로써 한울을 먹는 것은 곧 한울의 기화작용으로 볼 수 […] 있느니라.41)

이것은 요컨대 사람을 비롯한 일체의 생명이 먹음과 먹힘의 연쇄를 통하여 서로를 낳고 기르는 생태적 선순환을 유지해 나간다는 말이다. 이러

---

40) 이돈화 편술, 『天道敎創建史』: 제2편(「海月神師」 편) 제3장('辛未事變과 苦行' 장), 18쪽.

41) "내 恒常 말할 때에 物物天이요 事事天이라 하였나니, 萬若 이 理致를 是認한다면 物物이 다 以天食天 아님이 없을지니, 以天食天은 어찌 생각하면 理에 相合치 않음과 같으나, 그러나 이것은 人心의 偏見으로 보는 말이요, 萬一 한울 全體로 본다 하면 한울이 한울 全體를 키우기 爲하여 同質이 된 자는 相互 扶助로써 서로 氣化를 이루게 하고, 異質이 된 者는 以天食天으로써 서로 氣化를 通하게 하는 것이니, 그러므로 한울은 一面에서 同質的 氣化로 種屬을 養케 하고 一面에서 異質的氣化로써 種屬과 種屬의 連帶的 成長發展을 圖謀하는 것이니, 總히 말하면 以天食天은 곧 한울의 氣化作用으로 볼 수 […] 있나니라."(『經典』, 364~365쪽)

한 전일적 맥락에서 자기를 뺏기는 '먹힘'은 본질적으로 자기를 내주는 '먹임'과 다르지 않으며, 먹는 것과 먹히는 것 모두는 똑같은 한울의 기운이 전 자연의 양생을 위하여 목적론적으로 작용한 소치로 이해된다. 이렇듯 동학의 시천주 교리는 인간을 비롯한 일체의 생명을 똑같은 한울의 현현으로 여기는 동시에 생명과 생명이 서로를 먹거나 먹이는 이천식천의 존재론적 필연성을 그러한 관점 속에 정합적으로 통합해 낸다. 간단히 말해 한울이 한울을 먹음은 전 자연의 조화로운 양생을 완성하는 데 기여할 필수적 역설로 동학의 체계 속에 받아들여진 것이다. 이러한 사고방식은 생명이 생명의 섭식을 매개로 자기를 보존해 나갈 수밖에 없는 엄연한 현실을 인정하는 한편, 동물과 식물의 내면에 모셔진 한울이 원리적으로 인간과 동등한 섬김의 대상인 한에서 자연적 양생의 필요를 넘어선 인간의 동식물 착취에 경종을 울리는 생태적 종지기의 역할 또한 수행할 수 있을 것으로 보인다. 그렇다면 우리는 동학의 우주론에 이어 시천주 교리에도 생태주의적 사유의 단초들이 풍부히 함유되어 있다는 점을 인정하는 데 인색할 필요가 없을 것이다. 따라서 이제 필자는 그러한 인정의 바탕 위에서 동학의 생태주의적 자기변호에 빈번히 등장하는 세계관적 문제 하나를 드러냄으로써 동학의 의의와 한계를 종합적으로 냉정히 진단할 하나의 전향적 관점을 시론적으로 제언해 보려고 한다. 필자가 문제로 지적할 부분은 현대 동서양의 생태주의적 사유에서 지구적 위기의 이념적 진원으로 번번이 지목되며 지성계의 맹비난에 무방비로 노출되어 왔던 '인간중심주의'의 불운과 우선적으로 관련이 있다.

Ⅳ. 생태주의는 인간중심주의와 양립할 수 없는가?

주지하다시피 우리는 오늘날 "인간 중심의 가치관에서 생태 중심의 가치관으로의 패러다임 전환"[42]을 부르짖는 하나의 유력한 흐름을 생태주의 담론의 영역 내에서 목도하고 있다. 그러한 흐름은 지구적 생태위기 문제를 다루는 비판적 담론의 구도가 '인간중심주의 대 생명중심주의'로 단순화되고 추상화되어 있었던 지성계의 현실을 반영한다. 더욱이 이러한 상황에서 형성된, 동양적 사유의 전통에 대한 막연한 동경과 기대는 인간중심주의를 '침략적 방법으로 유입된 서구적 근대성의 첨병'쯤으로 치부하는 유사민족주의를 바탕으로 스스로를 강화해 나가는 경향이 있다. 인류의 살길은 동양적 지혜의 재생에 있다는 논리도 그러한 방식으로 잇따라 재생산된다. 일례로 진창영은 앞에서 언급한 논문에서 "서구적 사고관인 인간중심, 문명중심, 남성중심, 어른중심의 인식 패러다임을 혁파"[43]한 "우리 고유의 사상"[44]으로 동학을 지목하며 그것의 다양한 교리적 요소들을 적극적으로 옹호한다. 또한 최서윤은 2008년의 한 논문에서 문화사적 맥락의 설명이 결여된 '서구의 반생태적 자연관'이나 '서구의 인간중심주의'와 같은 상투어들을 거의 모든 쪽에서 반복적으로 사용하는 전략으로 '우리의' 사상 동학의 '독보적' 생태주의 요소를 드러내고 있다.[45] 이러한 논변은 지구적 위기의 이념적 진원으로 지목된 특정한 사고방식을 고약한 서구의 발명품으로 치부하는 한편, 한국적 전통에 속한 동학을 때늦게 발견된 문명의 교사로 치켜세우는 편향적 이분법에 기반하고 있다. 물론 동학은 그러한 긍정적 측면을 지닌 것이 분명한 바, 필자는 앞에서 이미 동학의 우주론과 시천주 교리에 주목할 만한 생태주의 요소들이 내포되어 있다는 점을 확인한 바 있다. 그러나 우리에게 21세기적 계몽의 지표가 된 생태주의적 '관점'의 발원지는 다름 아닌 서구임[46]

---

42) 최민자, 『생태정치학: 근대의 초극을 위한 생태정치학적 대응』, 10쪽.

43) 진창영, 「동학의 생태교육사상 연구」, 65쪽.

44) 진창영, 「동학의 생태교육사상 연구」, 66쪽.

45) 이에 관해서는 최서윤, 「동학의 생태적 교육철학에 관한 연구」, 고려대학교 박사학위논문, 2008 참조.

을 우리는 솔직히 인정할 필요가 있다. 서구는 고도로 발달한 착취적 기술로 자연을 유린하는 공격성만이 아니라 그러한 지배의 파국적 역기능을 극복할 자구적 세계관을 개발하는 민첩성 면에서도 남달리 선구적이었던 것이다. 더욱이 전술한 편향적 이분법에 기반한 동학 옹호론이 서구적 전통에 기인한 것으로 치부한 인간중심주의적 사고방식은 동학의 경전 자체에도 상당한 정도로 스며든 흔적이 발견된다.

예컨대 최제우는 『東經大全』의 「論學文」 편에서 "음과 양이 서로 고루어 비록 백천만물이 그 속에서 화해 나지마는 오직 사람이 가장 신령한 것이니라"[47]고 한 말로 그러한 흔적을 내보이며, 『龍潭遺詞』의 「道德歌」 편에서 "천지음양(天地陰陽) 시판후(始判後)에 백천만물(百千萬物) 화(化)해 나서 지우자(至愚者) 금수(禽獸)요 최령자(最靈者) 사람이라"[48]고 한 말 또한 똑같은 인간중심주의적 색조를 드러낸다. 최시형은 『海月神師法說』의 「其他」 편에서 "만물 중 가장 신령한 것은 사람이니 그러므로 사람은 만물의 주인이니라"[49]고 말하며, 손병희는 「義菴聖師法說」의 「明理傳」 편에서 "만물 가운데 가장 신령한 만물의 우두머리가 있으니 문자를 만든 처음에 이름하여 사람이라 일렀느니라"[50]고 말한다. 나아가 "사람은 동물의 영장이요 만물의 주장이라"[51]고 한 손병희의 말은 「三戰論」 편에서

---

46) 이에 관해서는 문순홍, 『생태위기와 녹색의 대안』, 나라사랑, 1992, 참조.

47) "陰陽相均 雖百千萬物化出於其中 獨惟人最靈者也"(『經典』, 24쪽)

48) 『經典』, 215쪽. 이 문장은 『東經大全』과 『龍潭遺詞』의 윤석산 주해본에 다음과 같이 풀이되어 있다: "하늘과 땅, 음과 양이 비로소 처음으로 나누어지고, 그래서 이 우주가 열리게 된 이후에 우주의 모든 만유(萬有)가 화(化)하여 생겨나게 되었다. 이 중에 가장 어리석은 것이 금수(禽獸)요, 가장 신령스런 존재는 사람이다."(최제우, 『주해 東學經典: 동경대전·용담유사』, 윤석산 주해, 동학사, 2009, 487쪽)

49) "萬物中 最靈한 者 人이니, 故로 人은 萬物의 主니라."(『經典』, 418쪽)

50) "物之其中 日有最靈萬物之首 書契始造之初 名之曰人也"(『經典』, 579쪽)

51) "人是動靈致物之主將"(『經典』, 605쪽)

"사람은 만물을 다스리는 주인"52)이라고 한 말로 구체화되는데, 이러한 그의 인간중심주의적 일면은 천지를 물품창고에, 사람을 창고지기에 비유한 「其他」편의 '玄機問答' 장에서 정점에 도달해 있는 것을 볼 수 있다. 여기에서 그는 "사람이 쓰기를 위하여 물품을 준비하기는 누구입니까"라는 물음에 "조화(造化)를 주재(主宰)하는 것은 한울님이시니라"53)고 답함으로써 인간의 우월한 존재론적 지위를 초월적 인격신의 섭리로 정당화하고 있는 듯한 인상마저 풍긴다.

그러나 동학의 이러한 일면은 동학에 본래적으로 내포된 심각한 결함으로 간주될 필요가 없다. 이렇게 말하는 이유는 물론 동학이 '우리의' 보호를 받아야 할 '우리의' 전통에 속한다는 데서 찾아질 수 없다. 그 이유는 오히려 '인간중심주의의 윤리적 무혐의'에서 찾아질 수 있다. 필자는 오늘날의 지적 유행이 사회 일반에 고취해 온 반인간중심주의적 정서와 반대로 인간중심주의는 평화롭던 지구에 최초로 생태적 재앙의 씨앗을 뿌린 서구적 기원의 악성 병원균이라는 생각에 동의할 수 없다. 그러한 생각은 인간중심주의의 가장 편협한 버전인 '종차별주의(speciesism)'를 인간중심주의 일반과 동일시한 데서 비롯된 범주착오의 오류(category mistake)이기 때문이다. 종차별주의란 오스트레일리아의 철학자 피터 싱어(Peter Singer)가 정의한 것처럼 "자기가 소속되어 있는 종의 이익을 옹호하면서 다른 종의 이익을 배척하는 편견 또는 왜곡된 태도"54)를 말한다. 그러한 점에서 그것은 어떤 존재의 윤리적 지위를 판단하는 절대적 기준으로 호모 사피엔스(Homo sapiens) 종에의 소속 여부를 고집스럽게 내세우는 폐쇄성을 특징으로 한다. 인간과 비인간의 이러한 절대적 구별은 우리가 알고 있는 것처럼 인간에 의한 비인간의 파괴적 지배를 부추

---

52) "人爲治物之主"(『經典』, 635쪽)

53) 『經典』, 799쪽.

54) 피터 싱어, 『동물 해방』, 김성한 옮김, 인간사랑, 1999, 41쪽.

기는 세계관적 추동력으로 작용해 왔던 것이 사실이다. 그러나 우리는 현재의 유행처럼 인간중심주의 일반을 기각하는 방식이 아니라 그것의 시야와 스펙트럼을 확장하는 방식으로 그러한 파괴적 충동을 억제할 새로운 세계관을 신중히 만들고 다듬어 나가야 한다. 인간은 인간의 눈으로 세계를 바라볼 수밖에 없으며, 그러한 점에서 인간이 인간인 한에는 피할 수 없는 정직한 편견이 바로 인간중심주의일 것이기 때문이다. 그러므로 예를 들어 전술한 종차별주의의 폐쇄성을 탈각한 개방적 인간중심주의는 '인간적 관점'을 정직한 출발선으로 하되 그러한 관점의 부단한 반성적 재정의를 통하여 윤리적 배려의 대상범위를 탄력적으로 확장해 나갈 수 있는 것이다.

이러한 '폐쇄적 인간중심주의'와 '개방적 인간중심주의'의 구별은 동학의 생태주의적 자기변호와 관련해서도 시사하는 바가 적지 않다. 앞에서 살펴본 것처럼 동학은 호모 사피엔스 종에의 소속 여부에 준거한 배타적 편가르기에 대하여 비판적 관점을 견지한 가운데 우주의 만물이 '인간과 동등한' 한울의 현현임을 강조한 점에서 개방적 인간중심주의의 전형성에 근접한 철학적·종교적 신념들의 체계로 간주될 수 있다. 그렇다면 이 시점에서 우리는 좀 전에 살펴본 동학의 인간중심주의적 일면을 못 본 척하며 인간중심주의에 조금도 감염되지 않은 순결성을 우기듯 강조해 왔던 종래의 상투적 동학 옹호론[55]을 비판적으로 재고할 필요가 있다.

---

55) 그러한 상투적 옹호론은 필자가 보기에 동학의 교조들을 불세출의 초인적 영웅으로, 그들의 교설을 틀릴 리 없는(infallible) 만고불변의 진리로 떠받들며 숭앙하는 비이성적 신앙주의와 밀접한 관련이 있다. 그러한 점에서 다음과 같은 종류의 상투적 영웅담은 동학의 이념적·실천적 공과를 냉정히 평가하며 전체 교리의 합리적 핵심을 시대의 요구에 맞추어 계승하고자 하는 오늘의 합리적 비판가들에게 대단히 아쉬운 여운을 남긴다: "1855년 「乙卯天書」를 받는 異蹟을 체험하고 1860년 경신 4월 5일 후천 오만년을 펼칠 '今不聞古不聞 今不比古不比'의 만고 없는 無極大道를 覺得한 동학의 창시자요 혁명적 사상가이며 또한 大神師로서, 다른 한편으론 「시천주」를 몸소 체득하여 「보국안민·포덕천하·광제창생」의 기치를 내걸고 양반지배층을 대체할 보국의

오히려 동학은 인류의 지속가능한 미래를 담보하는 건전한 인간중심주의로 새로이 자리매김될 필요가 있는 것이다. 전술한 것처럼 인간인 우리는 인간의 관점을 절대로 벗어날 수 없는 바, 이것은 인간이 이기적 종이기 때문이 아니라 '한울의 관점'이나 '다른 생명의 관점'에 입각하여 사고하는 법을 배울 수 없는 이질적 종이기 때문이다. 모든 생명은 인간과의 관계로부터 독립된 본유의 가치(inherent value)를 갖는다는 '생명중심주의적' 주장56)은 바로 그러한 점에서 근본적 회의에 직면한다. '인간의 관점'을 대체할 수 있다고 믿어져 온 '생명의 관점'은 인간인 우리를 우리의 것이 아닌 초인적 시점으로 오도하는 허구적 아르키메데스 점일 수 있다. 이스라엘의 철학자 아비샤이 마갈릿(Avishai Margalit)은 그러한 점에서 인간 이외의 동물에 대한 존중도 역시 인간에 대한 존중에서 파생된 윤리적 감정이라는 점을 분명히 한다.

> 동물에 대한 존중의 경우, 이것은 확실히 의인화된 개념이다. 우리는 가리비조개나 전갈에 특별한 존중을 부여하지 않는다. 그들이 어떠한 '업적'도 거두지 못해서가 아니라 우리가 그들의 업적을 어떻게 '인간화'할지 모르기 때문이다[…]. 우리가 명예를 인정해야 한다고 느끼는 동물은 우리 문화 속에서 훌륭한 인간적 상징이 된 동물이다. […] 어떤 동물에 대한 존중을 이야기할 때 우리는 사실 우리 자신에 대한 존중을 이야기한다. 동물원에서 구경꾼들이 흉내내면서 조롱하곤 하는 침팬지를 존중해야 한다고 말할 때 사실 우리는 우리 자신에 대한 존중을 걱정하는 것이다.57)

주체로서의 근대적 민중의 대두를 촉발시키고 근대적 민족국가 형성의 사상적 토대를 마련한 시대적 선각자요 위대한 민족지도자로서, 그는 제위는 만인이 「시천주」의 주체로서의 자각을 통해 다 같은 군자로서 거듭날 수 있게 하고 또한 천하를 만인의 공유물로 생각하게 함으로써 민중정치 참여의 전기를 마련하고자 했다."(최민자, 『생태정치학: 근대의 초극을 위한 생태정치학적 대응』, 292의 각주 361쪽)

56) 이에 관해서는 Paul Taylor, "Are humans superior to animals and plants?", *Environmental Ethics* 6(2), 1984, pp.149~160 참조.

이렇게 본다면 우리는 동물원의 우리에 갇힌 침팬지의 입장에서 침팬지의 본유적 가치를 자각함으로써가 아니라 인간의 입장에서 인간과 유사한 침팬지의 어떤 특징적 측면을 발견함으로써 침팬지에 대한 공감적 이해와 윤리적 존중의 감정을 체험하게 되는 것이다. 이것이 함의하는 바는 그러한 공감과 존중이 전적으로 '인간적' 성격의 감정이라는 것이다. 이렇듯 우리 인간은 인간이 아닌 존재들의 행동적·생태적 특징들 중에서 인간과 공통된 부분들을 종간(種間)의 공감이 형성될 매개로 인식함으로써 종래의 폐쇄적 종차별주의를 점점 더 넓은 범위의 생명에 개방된 포용적 동류의식으로 바꾸어 나가게 된다. 우리는 우리와 유사한 특징들, 예컨대 사고력과 도덕성, 쾌락과 고통의 감각 등을 맹아적 형태로라도 갖춘 존재에게만 공감적 이해에 기초한 윤리적 관심을 기울일 수 있기 때문이다. 그러한 점에서 인간을 둘러싼 존재들의 "도덕적 지위는 인간의 특징으로부터 도출되는 것이며, 인간을 충분히 닮은 생명체만이 받을 수 있는 혜택이다"[58]라고 한 조지프 데자르댕(Joseph DesJardins)의 설명은 필자가 옹호하고 있는 개방적 인간중심주의의 정곡을 파고든 것처럼 보인다. 간단히 말해 인간은 인간과 유사한 존재를 인간과 동일시함으로써 그 존재를 '인간처럼' 대해야 한다는 확장된 윤리적 자의식에 도달하게 되는 것이다. 인간처럼 쾌락과 고통을 느끼는 동물을 무참히 학대하고 도살하는 행위는 바로 그러한 이유로 '비인간적'이라는 평가를 받게 된다. 크리스틴 코스가드(Christine Korsgaard)는 이러한 종류의 확장된 자의식이 "비인격적인 것에 대한 인격적인 관심"[59]에 다름 아니라고 딱 잘라 말한다. 육축(六畜)이라도 아끼며 나무라도 생순을 꺾지 말라고 한 동학의 가

57) 아비샤이 마갈릿, 『품위 있는 사회』, 신성림 옮김, 동녘, 2008, 73~74쪽.
58) 조지프 데자르댕, 『환경윤리: 환경윤리의 이론과 쟁점』, 김명식 옮김, 자작나무, 1999, 208쪽.
59) 크리스틴 코스가드, 『목적의 왕국: 칸트 윤리학의 새로운 도전』, 김양현·강현정 옮김, 철학과현실사, 2007, 568쪽.

르침은 그러한 확장된 자의식을 표현하는 하나의 독자적 방법으로 간주될 수 있다. 그것은 주위의 만물이 '인간과 동등한' 한울의 현현임을 꿰뚫어 보는 보편적 동근원성의 인식으로부터 '사람을 공경하듯(敬人) 물건 또한 공경함(敬物)이 옳다'는 윤리적 판단을 나름대로 설득력 있게 추론하여 우리에게 제시하기 때문이다. 이러한 이유로 필자는 앞에서 살펴본 동학의 우주론과 시천주 교리의 생태주의 요소가 완고한 종차별주의의 가시울타리를 박차고 나온 개방적 성격의 인간중심주의와 충분히 양립할 수 있다고 믿는다.

V. 동학의 미래적 과제

이상에서 필자는 지리산권의 민족종교 동학의 우주론과 시천주 교리에 나타난 생태주의 요소를 분석한 다음 그러한 요소와 개방적 인간중심주의의 양립가능성을 주장하는 것으로 본론을 마무리지었다. 필자가 옹호한 개방적 인간중심주의의 요체는 간단히 말해 인간과 유사한 행동적·생태적 특성을 보유한 존재를 윤리적 배려의 대상으로 받아들여야 한다는 것이다. 이러한 사고방식은 모든 윤리적 규범성의 궁극적 원천이 바로 우리의 인간성이라는 기본적 인식을 출발점으로 한다. 우리가 지키려 애쓰는 인간의 존엄이란 인간이 자신의 존재에 부여한 가치를, 다시 말해 인간이 인간에 대하여 지니는 존엄을 말하는 것에 다름 아니며, 그러한 점에서 인간의 존재에 부여된 가치는 천상의 신이나 객관적 자연과 같은 초인적 평가의 심급이 아니라 인간적 평가의 심급과 일차적 관련이 있는 것으로 이해될 수 있다. 그렇다면 소병철이 말하듯 "인간은 가치를 결정하는 최고의 심급으로 이해된 스스로의 인간성에 준거하여 여타의 대상에도 가치를 부여할 것인지의 여부를 결정할 수밖에 없는 셈이다. 이것은

자의적 전횡이 아니라 인간이 인간인 한에는 피할 수 없는 원초적 입각
점이다."[60] 필자는 이러한 인간의 자존의식이 윤리적 배려의 대상범위를
획정하는 결정적 요인이라는 생각에 어떤 특별한 생태적 폭력성이 '원죄
적으로' 내포되어 있다고 생각하지 않는다.

　이러한 생각을 바탕으로 필자는 이제 동학의 생태적 관점이 노정해 온
두 가지 한계를 지적하며 각각의 한계에 대응하는 동학의 자구적 과제를
적시하는 것으로 이 글의 결론을 갈무리하려고 한다. 첫째, 동학은 앞에
서 밝혀진 자신의 생태주의 요소를 우리의 현실에 실천적으로 구현하는
과제를 다소간 등한히 여겨 온 측면이 있다. 동학의 생태적 건전성을 강
조한 종래의 연구는 대부분 현대의 규범적 상징체계들이 금과옥조로 여
기며 받들어 온 생태주의적 규범성이 동학의 가르침 속에 본래부터 무결
한 모습으로 자리잡고 있었다는 식의 문헌고증에 치우쳐 왔다. 그러나 이
러한 '신앙고백' 형태의 연구는 경전 속의 이념과 경전 밖의 현실을 매개
할 구체적 실천의 방법을 고민함이 없이 박제된 경전의 말씀만 끝도 없
이 되뇌는 방식으로 전개되어 왔던 것이 사실이다. 그러한 점에서 "동학
역시 과거의 이념이나 사례를 뛰어넘어 […] 그러한 이념이나 사례를 현
재화하는 과제에 보다 큰 관심을 기울여가야 할 것으로 보인다"[61]는 김항
섭의 지적은 귀기울여 들을 가치가 있다. 무엇보다도 동학은 만물이 한울
의 현현이라는 원리적 차원의 테제에 만족할 것이 아니라 각물의 이해와
욕구가 상충하는 날것의 역동적 현실 속에서 윤리적 배려의 대상범위를
합리적으로 획정하는 문제에 우선적으로 관심을 기울일 필요가 있다. 필
자가 제안한 것처럼 다양한 진화적 층위의 이성능력과 감각능력을 갖춘

60) 소병철, 「인간중심주의는 동물의 이익을 보호할 수 없는가?」, 『인문학연구』,
　　제92호, 충남대학교 인문과학연구소, 2013, 260쪽.
61) 김항섭, 「동학과 생태문제 논의에 대한 비판적 이해」, 『신종교연구』, 제5집,
　　한국신종교학회, 2001, 184쪽.

동물을 그 범위에 포함시킬 것인지, 아니면 '생명'이라는 특성을 인간과 공유한 동식물의 모든 종을 포함시킬 것인지를 확정할 때에만 우리는 공장식 축산과 동물실험, 난개발과 식생파괴 등의 구체적 현안에 관한 일상의 의사결정을 합리적으로 수행해 나갈 수 있기 때문이다. 요컨대 동학은 이제 '경전'이 아니라 '문제'에 관하여 발언하는 단계로 나아가야 하는 것이다. 그렇게 할 때에만 동학은 그 사상의 진원지였던 지리산권에 그곳의 자연과 생태적으로 조화된 인간의 삶터를 일구어 내기 위한 구체적 아이디어 또한 안출해 낼 수 있을 것이다.

둘째, 동학은 앞 장에서 언급한 것처럼 순수한 것으로 상정된 '우리 것'을 불순한 것으로 상정된 '서양 것'과 맞세우며 편향적으로 옹호하는 민족주의적 아카데미즘에 경도되어 온 측면이 있다. 그러나 김항섭이 말한 것처럼 "이런 식으로 동학의 관점에서 생태 문제를 논하는 학자들은 기본적으로 서구에서 배태된 생태학적 관점이나 사상을 공유한다"[62]는 점에 우리는 주목할 필요가 있다. 그러한 점에서 그들은 사실상 서구로부터 수입된 생태주의적 가치관을 한국의 전통사상에 고스란히 투영하는 방식으로 그것을 온존하며 확대 재생산해 왔던 셈이다. 이것은 단적으로 말해 서구적 기원의 규범성을 기준으로 한국적 전통의 규범적 비교우위를 선언하는 자기모순적 학풍을 노출한 것에 다름 아니다. 서구적 근대성의 관점에서 '우리 것'을 비판적으로 검토하려는 일체의 학문적 시도를 오리엔탈리즘이나 식민사관의 위험스런 준동으로 낙인찍는 유사민족주의적 학풍이 온존하는 한, 서구적 기원의 '글로벌 스탠더드'에 맞추어 '우리 것'에 합격점을 부여해 왔던 기존의 관행에도 역시 똑같은 낙인이 재귀적으로 적용될 수밖에 없다. 그렇다면 동학은 이제부터라도 동서가 따로 없는 생태위기의 문제와 관련하여 동서의 상이한 방법론과 멘탈리티를 오로지

---

62) 김항섭, 「동학과 생태문제 논의에 대한 비판적 이해」, 173쪽.

인지적 · 실천적 합리성의 관점에서만 바라보고 평가하는 '시선의 공평성'을 점차로 확보해 나갈 필요가 있다. '우리 것'은 순수한 정신의 결정(結晶)이요, '서양 것'은 꿀 발린 침략의 칼끝이라고만 생각하는 편향적 이분법은 지구적 통섭과 융합의 가능조건인 이질적 상징체계 간의 개방적 대화를 가로막을 뿐이다. 그러한 점에서 현재의 우리에게 필요한 것은 동서를 가리지 않는 정신의 활달한 유영과 횡단일 것이다. 그리고 이러한 개방성 속에서만 우리는 옳은 것을 옳다는 이유로 옹호하고 그른 것을 그르다는 이유로 거부하는 합리적 비판정신을 함양할 수 있게 될 것이다.

이 글은 『범한철학』 제77집(범한철학회, 2015)에 수록된 「동학의 생태주의 요소에 대한 비판적 고찰」을 수정 · 보완한 것이다.

—

생태공동체 건설의
가능조건에 관한 소론

소병철

—

Ⅰ. 생태공동체 담론의 부상 배경

장-자크 루소(Jean-Jacques Rousseau)는 그의 가장 유명한 주저 『에밀 또는 교육론』(Emile ou De l'education)에서 당대 프랑스의 절대주의적 정치질서로부터 동떨어진 전원생활의 질박한 풍요를 매우 인상적인 필치로 묘사한 바 있다. 거기에서 그는 "즐거움을 사랑하고 즐거움을 잘 알고 있는 남성들"과 "안락의자에서 일어나 들놀이에도 동참할 수 있고, 때로는 베틀 북이나 카드 대신에 낚싯대나 새를 잡는 끈끈이 장대 또는 건초용 갈퀴나 포도를 수확하는 바구니를 들 수도 있는 여성들"과 더불어 모든 도회적 겉치레를 벗어던지고 매일매일의 건강한 노동으로 일신되는 자연적 식욕과 미각을 있는 그대로 유쾌히 향유하는 삶을 살겠노라고 말한다. 건강한 노동의 정제된 기쁨을 아는 사람들에게 그러한 기쁨 이외의 자극적 양념은 조금도 필요치 않을 것이며, 먹는 행위의 쾌락을 훼손하는 위선적 식사예절 또한 필요치 않을 것이다.

> 잔디밭은 식탁과 의자가 될 것이고, 샘물가는 음식을 차려놓는 뷔페가 될 것이고, 디저트 과일은 나무에 걸려 있을 것이다. 요리는 순서 없이 나올 것이며, 왕성한 식욕 앞에서 격식을 차리지 않아도 무방할 것이다. 저마다 모두 거리낌없이 남보다 먼저 자기를 생각하면서, 다른 사람들 모두가 똑같이 그렇게 생각하는 것을 좋게 여길 것이다. 진심에서 우러나오는 그리고 절도를 지키는 이러한 친근감에서 무례함이나 거짓이나 거북함을 수반하지 않는 익살맞은 다툼이 생겨날 것인데, 이러한 다툼은 예의보다 백배는 더 매력적이고 사람들의 마음을 한데 묶는 데 더욱 적당하다. 거기서는 우리의 이야기를 엿듣고, 우리의 태도를 아주 나지막한 소리로 헐뜯고, 탐욕스러운 시선으로 우리가 집어먹는 음식물들을 세어보거나, 우리에게 마실 것을 기다리게 하고는 재미있어하거나 식사 시간이 너무 길어진다고 불평을 말하는 귀찮은 시종들이 한 사람도 없을 것이다. 우리는 우리의 주인으로 있을 수 있도록 우리들 자신의 시중꾼이 될 것이고, 저마다 모든 사람들에 의하여 시중을 받게 될 것이다. 시간은 지나가는 줄도 모르게 지나갈 것이고, 식사는 휴식이 되어 태양의 열기가 식지 않는 동안 지속될 것이다.[1]

이러한 자연적 열락의 공동체에서 소박한 이웃의 결혼식에 초대된 사람은 누구라도 "오래된 전원풍 노래의 후렴에 따라 합창을 할 것이고, 오페라 극장의 무도회에서 춤출 때보다 더욱 흔쾌하게 그들의 헛간에서 춤을 출 것이다."[2] 루소는 이 "검소한 전원생활의 본보기"를 세상에서

---

[1] 장 자크 루소, 『에밀 또는 교육론 2』, 이용철·문경자 옮김, 한길사, 2007, 289쪽.

"가장 평화롭고 가장 자연스러우며 가장 감미로운 인간 최초의 본원적 삶"으로 간주한다. 그러한 삶이 질박히 펼쳐지는 외딴 시골은 한마디로 "평화를 구하러 사막으로 들어갈 필요가 없는 나라"[3]인 것이다. 이러한 이유로 그는 사람들이 모사꾼과 사기꾼으로 득실대는 도시를 떠나 "외진 곳으로 가서 삶과 경작과 그들의 최초 상태에 대한 사랑을 되살려낼 수만 있다면, 더더욱 유익할" 것이라고 말한다. 나아가 그는 텍스트에 가상의 제자로 등장한 에밀이 가상의 배우자 소피와의 결혼으로 궁핍한 시골에 활기를 불어넣는 미래를 상상하며, 에밀 부부의 정주로 "인구가 늘어나고 들판은 비옥해지고 땅은 새로운 옷으로 갈아입으며, 군중과 풍요가 노동을 축제로 바꾸어놓고, 마을 사람들에게 새로운 활기를 불어넣은 사랑스런 한 쌍을 둘러싸고 벌어지는 흥겨운 놀이 한복판에서 환성과 축복의 말이 터져나오는 모습이 눈에 보이는 듯하"[4]고 말한다. 그는 이렇게 '잃어버린 황금시대'의 기억을 소박한 자연에의 철학적 에로스로 승화시킴으로써 '타락한 문명시대'에 저항하는 하나의 독특한 상징적 전범을 만들어 냈다.

타락한 문명세계의 대척지로 상정된 이 자연적 전원세계의 밑그림은 때때로 지구적 생태위기의 뚜렷한 징후들을 공포 어린 눈으로 목도하게 된 우리의 마음속에 모종의 낭만적·목가적 동경을 불러일으키는 힘을 발휘한다. 그러한 전원세계는 막스 호르크하이머(Max Horkheimer)와 테오도르 아도르노(Theodor W. Adorno)가 『계몽의 변증법』에서 근대의 도구적 합리성이 철저히 억압하며 금기시해 온 것으로 파악한 인간의 미메시스적 존재양식을 아름답고 조화로운 방식으로 회복한 것처럼 보이기 때문이다.[5] 그래서인지 우리는 오늘날 "자연 속에 소박한 집을 지어 살

---

2) 장 자크 루소, 『에밀 또는 교육론 2』, 290쪽.
3) 장 자크 루소, 『에밀 또는 교육론 2』, 504쪽.
4) 장 자크 루소, 『에밀 또는 교육론 2』, 505쪽.

며, 텃밭을 가꾸어 먹을거리를 해결하고, 빗물을 받아서 마시거나 농사를 짓고, 자연친화적인 에너지를 사용하는 곳[6]으로서의 '생태공동체'에 대한 학계와 일반의 관심이 점점 더 고조되고 있는 현상을 보게 된다. 그러한 공동체를 직접 건설한 사람들도 처음에 땅에다 씨앗을 뿌려 텃밭을 일구고, 산야에 지천인 풀과 꽃을 밥상에 올리거나 효소로 만들며, 자연의 재료로 비누와 세제를 만들어 사용하고, 수세식 화장실을 허물어 자연 발효 화장실로 개조했던 경험들을 공중에 알리려 애쓰고 있다.[7]

필자는 그러한 공동체 건설의 실험이 지닌 계몽적 의의를 인정한 바탕 위에서 그것이 루소적 전원세계의 목가적 동경을 넘어 기존 생활양식의 생태적 혁신을 모토로 내건 정치적 프로젝트로 발전하기 위하여 어떠한 가능성의 조건들을 구비해야 하는지를 이 글에서 간략히 규명해 보고자 한다. 전원세계의 단순한 목가적 동경은 생태적 관점과 공동체적 관점에서 긍정적 요소보다 부정적 요소를 더 많이 내포하고 있다고 판단된다. 그것은 일반적으로 다가올 노년의 삶에 상당한 수준의 부와 청정한 시골의 공기를 한번에 공급하기 위하여 오늘도 고에너지 산업의 터빈을 쉬지 않고 돌리는 소비사회의 성실한 신도들에게 자기중심적 '탈정치화'의 심리기제로 작용해 왔던 측면이 있기 때문이다. 그들이 나중에 살려고 구매한 시골의 집터는 그러한 점

---

5) '자연의 모방'이 아니라 '자연에의 동화'를 가리키는 호르크하이머와 아도르노의 '미메시스'(Mimesis) 개념에 관해서는 M. Horkheimer und Th. W. Adorno, *Dialektik der Aufklärung: Philosophische Fragmente*, Frankfurt am Main, 1969, pp.12~16; 김민수, 「아도르노의 유럽 문명 비판과 환경 윤리학」, 『환경철학』, 제13집, 한국환경철학회, 2012, 113~117쪽 참조.

6) 곱딱한 알작지, 「사랑의 섬으로 오세요」, 시골 한의사 외, 『생태공동체 뚝딱 만들기: 마을의 기적을 이루어가는 '선인류' 이야기』, 수선재, 2012, 208쪽. 이 책의 저자 8인은 모두 본명이 아니라 자기가 몸담고 있는 공동체에서 지어준 닉네임을 필명으로 사용하고 있다.

7) 이에 관해서는 희망피리, 「양치기 소년이 당당한 이유」, 시골 한의사 외, 『생태공동체 뚝딱 만들기: 마을의 기적을 이루어가는 '선인류' 이야기』, 229~230쪽 참조.

에서 공동체적 장소성을 결여한, 자본주의적 경제인(Homo econimicus)의 사적 '도피 유토피아'에 불과한 것일 수 있다. 루이스 멈퍼드(Lewis Mumford)는 『유토피아 이야기』(The Story of Utopias)에서 궁벽한 미지의 장소에 고립적으로 안치된 '도피 유토피아'(utopia of escape)를 유토피아의 퇴행적 유형으로 여기며 낮게 평가하는 반면, 절박한 문제가 존재하는 당해의 시간과 공간에 실질적 해결을 가져오기 위하여 공동의 역량을 결집하는 '재건 유토피아'(utopia of reconstruction)를 유토피아의 전향적 유형으로 여기며 높이 평가한 바 있다.[8] 필자는 이러한 멈퍼드의 유토피아 유형학을 수용하는 입장에서 오늘날 다양한 방법으로 실험되고 있는 '재건 유토피아'로서의 생태공동체 건설이 장기적 성공을 담보하기 위하여 구비해야 하는 정치적 · 경제적 · 사회적 · 문화적 조건들이 무엇인지를 본론에서 간략히 논술할 것이다. 이를 위해 필자는 그러한 논술의 기본적 전제가 될 생태공동체의 개념을 엄밀히 정의하는 것으로 본론의 첫걸음을 내디뎌 보고자 한다.

II. 생태공동체의 정의

전술한 것처럼 생태공동체는 은퇴한 부자들이 모여 사는 별장마을이나 전원주택단지와 동일시될 수 없다는 점이 먼저 언급되어야 한다. 그러한 주거형태는 생태적 대안사회에 대한 신념을 공유하는 사람들의 자발적 결사가 아니라 개인적 '참살이'(well-being)를 추구하는 사람들의 우연적 집거에 기인한 것이며, 그러한 점에서 생태적 정체성과 공동체적 정체성을 생활양식 면에서 의식적으로 표방한 가운데 출범한 것이 아니기 때문이다.

다음으로 생태공동체는 환경부, 산림청, 농축부, 지자체 등의 주도로

---

8) 이에 관해서는 루이스 멈퍼드, 『유토피아 이야기』, 박홍규 옮김, 텍스트, 2010, 31~40쪽 참조.

설립된 관제 '생태마을'과도 구별되어야 한다. 그러한 '생태마을'은 특산 먹거리, 희귀동식물 및 국부적 경관자원의 소비를 촉진함으로써 지역경제를 활성화할 목적으로 조직된 경우가 많으며, 그러한 점에서 기존의 반생태적·소비주의적 관광레저문화를 포장만 바꾸어 재현한 것이라는 한계를 종종 노정한다.[9) 앤드루 돕슨(Andrew Dobson)은 『녹색정치사상』(Green Political Thought)에서 그러한 '녹색' 소비의 반생태적 보수성을 적시한 바 있는데, 이에 따르면 "녹색으로 포장된 상품들이 다른 색으로 포장된 유사한 상품들보다 훨씬 더 잘 팔린다. 이러한 흐름 속에서 녹색은 급속히 자본주의적 에너지와 기업활동의 색깔이 되었다."[10) 여기에서 문제의 핵심은 한적한 농촌의 경관과 먹거리를 구매하는 '녹색' 소비도 유한한 자원의 소비인 것은 매한가지이며, 따라서 그러한 소비가 활성화될 경우 우리의 시대가 필요로 하는 생태주의적 변혁의 급진적 에너지는 서서히 무력화될 것이라는 데 있다. 더욱이 그러한 소비에는 원하는 경관과 먹거리가 있는 시골까지 재생불가능한 화석연료를 소모하며 자가용으로 장거리를 이동해야 하는 환경적 부담이 수반된다. 이러한 이유로 우리는 "한정된 체계에서 무한한 성장은 불가능하며, 따라서 환경친화적green 생산과 소비는 (장기적으로) 현재의 생산과 소비형태처럼 지속불가능하다"[11)는 돕슨의 생각에 공명할 수밖에 없는 것이다.

　　그렇다면 이 시대에 우리의 집단적 노력을 기울여 추구할 가치가 있는

---

9) '농촌의 브랜드화'를 추구하는 이러한 관광레저 목적의 마을만들기는 지역민의 자발적 연대 기반이 결여된 전시적 하드웨어 중심의 개발에 진력함으로써 주민참여의 지속성을 더 이상 담보하지 못하는 상황에 봉착하기도 한다. 이에 관해서는 서정호, 「구례군의 사례를 통하여 본 농촌마을만들기의 방향」,『농촌계획』, 제19권, 제1호, 한국농촌계획학회, 2013, 33~41쪽; 서정호, 「지리산 반달가슴곰생태마을 조성 및 운영 방향」,『한국산림휴양학회지』, 제15권, 제2호, 한국산림휴양학회, 2011, 21~33쪽 참조.

10) 앤드루 돕슨, 『녹색정치사상』, 정용화 옮김, 민음사, 1993, 167쪽.

11) 앤드루 돕슨, 『녹색정치사상』, 248쪽.

생태공동체의 정확한 정의는 무엇일까? 이와 관련하여 제일 먼저 주목할 점은 시대적 요청으로서의 생태공동체에 내포된 이념적 지향일 것이다. 생태공동체는 단순히 산 좋고 물 맑은 시골에 자리한 자족적 군거의 단위가 아니라 인류의 지속가능한 삶을 생태적으로 담보하기 위한 대안사회운동의 일환으로 제안되고 실천된 것이기 때문이다. 그러한 점에서 "에너지를 자립하고 쓰레기를 자체 정화하는 거주단위"[12]로 생태공동체를 정의한 김도종은 그가 '녹색공동체마을법인'이라고 부른 생태공동체의 복합적 · 다기능적 측면들을 기술적 하드웨어의 측면으로 환원하여 협소화한 감이 없지 않다. 생태공동체는 그러한 하드웨어를 수단으로 이용하는 문명의 자성적(自省的) 목적성과 일차적 관련이 있는 바, 문명 자체가 초래한 생태적 파국의 위험을 모종의 대안적 생활양식으로 극복하여 인간 삶의 지속가능성을 확보한다는 목표설정이 생태공동체의 정의에 관건이 되는 요소로 보이기 때문이다. 그러한 점에서 생태공동체는 서정호의 말대로 "자원고갈과 환경오염을 사전에 방지하는 인간과 자연의 지속가능한 공생 시스템"[13]으로 간결히 정의되는 것이 가장 합당해 보인다. 양해림도 "생태공동체는 적절한 기술과 재생가능한 자원에 기초하여 소규모의 자기 의존적 지역사회를 이상적인 사회로 간주하고, 이를 위해 사회의 협동을 강조하는 이념"[14]이라고 말하는데, 이것은 서정호의 정의와 유사한 맥락에서 생태'공동체'의 협동적 측면을 특별히 부각한 것으로 보인다. 박원순은 생태공동체가 "농촌 마을의 자기 완결적인 구조를 통해 산업사

---

[12] 김도종, 「문화자본주의 사회의 생활양식과 녹색공동체마을법인」, 『범한철학』, 제52집, 범한철학회, 2009, 253쪽.

[13] 서정호, 「지리산 서남권지역의 생태마을 실천 가능성 고찰」, 『남도문화연구』, 제17집, 순천대학교 지리산권문화연구원 남도문화연구소, 2009, 281쪽.

[14] 양해림, 「생태민주주의와 생태공동체적 사유」, 『환경철학』, 제10권, 한국환경철학회, 2010, 125쪽. 유감스럽게도 이 글은 극도로 난삽하고 비의적(秘義的)이어서 인용한 문장이 직접적으로 함의하는 바를 넘어선 일관된 무엇을 좀처럼 드러내 보이지 않는다.

회의 문제를 해결하는 실험"[15]이라고 말하는데, 이 또한 집단적 생활양식으로서의 생태공동체가 지닌 '대안적' 의의를 적시한 언급으로 보인다.

그렇다면 이렇게 '인간과 자연의 지속가능한 공생 시스템'으로 정의된 생태공동체는 경제적 측면에서는 친환경적 유기농과 자원의 재활용에 기초한 자족적·검약적 일상을, 기술적 측면에서는 태양열, 풍력, 조력 등을 에너지원으로 한 대안기술(alternative technology)의 사용을, 정치적 측면에서는 자연과 인간의 착취를 근절한 가운데 민주적 분권화와 평등의 원칙을 실천하는 정주의 시스템으로 정착될 때에만 명실상부한 대안사회운동의 최전선으로 인정받게 될 것이다. 다시 말해 그러한 공동체의 주민들은 유기농으로 지역의 특산 먹거리를 재배하고, 음식물 쓰레기로 퇴비를 만들고, 폐식용유로 비누를 만들고, 빗물과 태양에너지를 생활용수와 전력원으로 이용하고, 흙이나 나무와 같은 자연소재로 집을 짓고, 도보나 자전거로 목적지까지 이동하는 등의 친환경적 생활양식을 성공적으로 체질화할 때에만 산업사회의 소비주의적 생활양식을 대체할 '농촌 마을의 자기 완결적인 구조'를 만들었노라고 자부하게 될 것이다. 이러한 점들은 일체의 낭만적 비전을 무색케 하는 자기절제의 엄격성이 생태공동체의 건설에 절실한 윤리적 요구로서 수반된다는 것을 함의한다. 루돌프 바로(Rudolf Bahro)의 말대로 "요컨대 우리는 산업체계로부터 해방된 영역들을 건설해야 한다. 이는 핵무기와 슈퍼마켓으로부터 해방됨을 의미한다. 우리가 이야기하고 있는 것은 하나의 새로운 사회구성체요 다른 문명이다."[16] 그렇다면 이러한 생태공동체가 전술한 대안적 생활양식을 엔진으로 하는 대안사회의 범형으로서 지속적으로 스스로를 재생산하기 위하여 만족시켜야 할 전제조건은 무엇일까? 필자는 다음 장에서 그것을 노동,

---

15) 박원순, 『마을, 생태가 답이다』, 검둥소, 2011, 102쪽.

16) R. Bahro, *Building the Green Movement*, trans. into Eng. by M. Tyler, Philadelphia, 1986, 29쪽.

교육, 문화, 에너지, 의사소통 등의 5개 영역과 관련된 조건으로 나누어 각각의 조건을 순서대로 간략히 규명해 보려고 한다.

III. 생태공동체 건설의 가능조건

1. 노동을 통한 공동체의 하부구조 구축

생태공동체 건설의 첫 번째 가능조건은 '노동을 통한 공동체의 하부구조 구축'이다. 일정한 공동체의 사회적·경제적 순환기반을 구축하는 데 있어 구성원 모두의 생산적 노동이 수행하는 중차대한 역할을 부인할 사람은 없을 것이다. 우리는 지금 원근의 관광객과 소비자를 불러모을 영적·물질적 위락지로서의 관제 '생태마을'이 아니라 토착민과 이주민의 자발적 의지와 역량으로 일구어질 민간주도의 정주형 생태공동체를 말하고 있는데, 이러한 공동체를 건설하는 사업은 서정호의 말대로 "지역주민에 의한 지역주민을 위한 마을만들기"[17]로서 기획되어야 한다. 다시 말해 지역민 스스로의 에너지로 지역사회에 잠재된 자원을 생태적 효율성의 원칙에 맞도록 동원하는 자율성이 생태공동체 건설의 성패를 가름할 관건인 것이다.[18] 유창복은 이러한 "주민주도형 마을만들기의 핵심은 '주민 스스로가 마을의 비전을 세우고, 실현을 위해 필요한 계획을 수립하는

---

[17] 서정호, 「구례군의 사례를 통하여 본 농촌마을만들기의 방향」, 40쪽.

[18] 이와 관련하여 유창복은 정부나 지자체가 시행하는 '마을만들기 지원사업'의 장기적 실효를 담보할 중요한 행정원칙 하나를 제안하는데, 그것은 지역민의 자발적 의지와 감수성에 관청이 예민하게 반응하며 지역민이 자체의 역량으로 조성한 자원의 부족분을 적절한 지원으로 벌충해 주는 '당사자주의와 보충성의 원리(subsidiarity principle)'이다. 이것은 마을공동체 건설에 있어 '민간 거버넌스'의 원칙적 우선성을 강조한 매우 의미심장한 제안으로 들린다. 이에 관해서는 유창복, 「서울시 마을공동체 지원 사업의 배경과 과제: 서울시 마을공동체 종합지원센터의 개설에 즈음하여」, 『환경철학』, 제15집, 한국환경철학회, 2013, 182쪽 참조.

것"19)에 있다고 말한다. 이는 요컨대 "생활의 필요를 공감하고 그 해결을 궁리하며 함께 살아가는 이웃들"이 스스로 엮어 낸 "호혜적인 생활관계망"20)으로서의 마을살이가 기획되어야 한다는 뜻이다. 그러나 이렇게 기획된 마을살이는 마을의 구성원 모두가 호혜적으로 참여하는 사회적 노동분업의 체계를 매개로 해서만 실행될 수 있다는 협동적 인식 또한 폭넓게 공유되어야 한다. 그리하여 먹거리를 비롯한 필수품을 생산하고 분배하고 판매하는 일, 영유아를 양육하는 일, 구성원을 연령대에 맞추어 교육하는 일, 마을회관을 운영하는 일, 방문객을 안내하고 교육하는 일, 생태자원을 관리하고 보전하는 일, 생태교육 및 생태관광 프로그램을 기획하고 운영하는 일, 농업기술과 대체에너지를 연구하고 개발하고 보급하는 일, 대외적으로 공동체를 홍보하는 일, 주요한 기반시설을 관리하는 일, 생태적 정보인프라를 구축하고 관리하는 일, 공동체 간 네트워크를 만들고 관리하는 일 등을 마을의 구성원 모두가 각자의 적성과 재능에 맞도록 분담할 때에만 해당 공동체의 지속적 재생산이 담보될 수 있을 것이다.

2. 교육을 통한 생태적 가치관의 확산

생태공동체 건설의 두 번째 가능조건은 '교육을 통한 생태적 가치관의 확산'이다. 일반적으로 공동체가 만들어진 초창기에 상당수의 사람들이 자녀의 취학과 진학 문제로 공동체를 이탈해 왔던 현상은 초등교육부터 고등교육에 이르는 전 교육과정의 자체 운영이 장기적 안목에서 공동체에 필요할 것임을 시사한다. 한국의 지리산권21)을 예로 들면 실제로 그

---

19) 유창복, 「서울시 마을공동체 지원 사업의 배경과 과제: 서울시 마을공동체 종합지원센터의 개설에 즈음하여」, 198쪽.

20) 유창복, 「서울시 마을공동체 지원 사업의 배경과 과제: 서울시 마을공동체 종합지원센터의 개설에 즈음하여」, 203쪽.

21) 지리산권은 다양한 식생과 식물군락, 고등균류와 야생동물이 자생하고 서식하는 자연생태계의 보고이자 빼어난 자연경관이 산재한 지역인 점에서 생태공동체가

지역에 소재한 8개의 생태주의 대안학교 중 6개교는 〈표 1〉에 나타난 것처럼 각자의 '배후마을'과 긴밀히 연계된 가운데 생태주의적 생활양식을 영위하는 데 필요한 철학적 기초교육과 함께 생태건축, 생태영농, 자연의학 등에 관한 실용교육을 수행함으로써 생태적으로 계몽된 주민과 일꾼을 길러 '배후마을'에 공급하는 역할을 수행하고 있다.[22]

〈표 1〉 지리산권의 생태주의 대안학교 현황

구분		학교명(과정)	소재지	설립연도	배후마을
인가	특성화 고등학교	간디고등학교(고)	산청군 신안면	1997	안솔기 마을
		한울고등학교(고)	곡성군 목사동면	2012	×
미인가	대안 중등학교	실상사작은학교(중·고)	남원시 산내면	2001	인드라망 생명공동체
		민들레학교(중·고)	산청군 신안면	2007	민들레 공동체
		간디마을학교(중)	산청군 신안면	2005	둔철마을
		곡성평화학교(초·중)	곡성군 석곡면	2006	×
	대안 초등학교	간디어린이학교(초)	산청군 신안면	2009	안솔기 마을
	대안대학	온배움터(구 녹색대학, 대)	함양군 백전면	2003	청미래 마을

입지하기에 적합한 곳으로 알려져 있다. 현재 이 지역에는 함양군 함양읍의 두레마을, 산청군 신안면의 간디학교, 둔철마을, 민들레마을, 안솔기마을, 함양군 백전면의 청미래마을, 장수군 계남면의 하늘소마을, 남원시 산내면의 인드라망 생명공동체 등 8개의 민간 자율운영 생태마을이 존재한다. 이에 관해서는 서정호, 「지리산권의 생태마을 실천과정에 관한 연구」, 『OUGHTOPIA』, 제25권, 제2호, 경희대학교 인류사회재건연구원, 2010, 143쪽 참조.

[22] 이에 관해서는 서정호, 「지리산권의 생태주의 대안학교의 형성과 전망」, 『OUGHTOPIA』, 제28권, 제2호, 경희대학교 인류사회재건연구원, 2013, 261쪽과 265쪽 참조.

이 가운데 인드라망생명공동체는 '실상사작은학교' 외에도 '산내들어린이집'과 '산내들스스로배움터'란 이름의 방과후학교를 추가로 운영하고 있는 것으로 알려져 있다.[23] 그러나 이러한 공동체의 자기교육 시스템 외에도 중요한 것이 또 있는데, 그것은 바로 공동체가 추구하는 생태주의적 가치와 생활양식을 내면화하여 실천하도록 방문객을 설득할 체험학습 프로그램을 활성화하는 것이다. 이와 관련하여 공동체는 자체의 위상과 생명력을 주변세계와의 관계 속에서 끊임없이 제고하려고 노력하는 '생태공동체의 사회생태학'에 입각한 목표설정을 견지할 필요가 있다. 왜냐하면 김갑년의 말대로 "생태공동체가 단순한 하나의 '공간'과 '집단'에 머무르지 않고 현대사회의 위기를 극복하기 위한 새로운 대안운동으로서 주목받고 있다면, 생태공동체 운동의 성공 여부에 있어서 무엇보다 중요한 것은 … 생태적 생활양식의 확산이라고 할 수 있"[24]기 때문이다. 그러나 소득증대를 유일의 목적으로 하는 유사 '생태마을'들이 해 왔던 것처럼 박제되고 형해화된 자연생태체험이나 농촌문화체험을 겉만 번드르르하게 포장하여 판매하는 것으로는 그러한 확산효과를 달성할 수 없을 것이 분명하다. 그렇다면 공동체는 지속가능한 생태주의적 삶의 방향으로 방문객을 견인할 대안적 생활양식의 진솔한 면면을 보여 주며 그들의 자발적 참여를 유도할 때에만 방문객을 실질적으로 교육할 수 있을 터인데, 이와 관련하여 '주거'와 '소유'를 비롯한 생활의 다양한 부문에서 경쟁적·파괴적 소비주의로부터 독립된 협동적·친환경적 모듬살이의 성공사례를 지속적으로 만들어 나가야 한다고 강조한 유창복의 다음 언급은 귀기울일 가치가 있다.

---

23) 이에 관해서는 박원순, 『마을, 생태가 답이다』, 26쪽 참조.
24) 김갑년, 「생태공동체, 우리의 대안인가?」, 『신학과 세계』, 제50집, 감리교신학대학교, 2004, 232쪽.

공동주택을 짓더라도 엘리베이터에서 내리면 바로 자기 집으로 들어가 버리고 마는 극단적인 개인주의적 주거형태를 지양하고, 공동의 커뮤니티 공간을 늘리고 '따로 또 같이'를 실현하는 코-하우징(co-housing)형 공동주택을 만들어야 한다. 소유형태에 있어서도 협동조합을 통하여 공동소유하고 공동관리하면서 함께 살아가는 관계의 '꺼리'들을 만들어가야 한다. 청소, 수선 등의 주택관리에서 공유녹지의 관리까지 주민들이 나누거나 주민의 일자리로 한다든지, 공동육아와 공동부엌, 공동텃밭과 공동식당도 중요한 커뮤니티 인프라에 해당한다."[25]

이러한 것들에 더하여 방문객은 먹거리를 스스로 키우고, 입을 옷을 스스로 짓고, 물자를 아끼고, 태양전지로 불을 밝히고, 공통의 관심사에 관하여 민주적으로 의견을 나누는 주민들의 모습을 직접 목격함으로써 '인간과 자연의 지속가능한 공생 시스템'을 구축하는 것이 바람직할 뿐 아니라 가능하기도 한 일임을 알게 될 것이며, 나아가 그러한 공동체를 자신의 삶터에 직접 일구는 실험을 해 보기로도 마음먹게 될 것이다. 이러한 체험학습 외에도 공동체는 마을기업 형태의 출판사나 건축회사를 직접 운영함으로써 자체의 생태주의적 가치관과 그것의 실천적 응용법을 전국 각지에 알리려고 노력할 필요가 있다. 나아가 1996년에 전 세계의 생태마을 개발자와 거주자가 중심이 되어 발족한 '세계생태마을네트워크'(GEN: Global Ecovillage Network)[26]는 '인간과 자연의 지속가능한 공생 시스템'을 지구

---

25) 유창복, 「서울시 마을공동체 지원 사업의 배경과 과제: 서울시 마을공동체 종합지원센터의 개설에 즈음하여」, 206쪽.

26) 세계생태마을네트워크는 지속가능한 인간정주지 공급, 정주지 간 정보교류 지원, 생태마을의 개념 및 시범지역 관련 정보제공 등을 목적으로 설립된 지구적 차원의 민간 생태교육 협력체로서 아시아·대양주, 아프리카, 유럽, 북미, 남미 등의 대륙별 네트워크를 포함하고 있으며, 한국의 생태공동체로는 충북 보은군 마로면 기대리의 선애빌(http://www.gidaeri.com)과 제주시 애월읍 소길리의 이랑마을(http://cafe.naver.com/wooriecovillage)이 이 네트워크의 생태마을지도에 등재되어 있다. 자세한 내용은 네트워크 홈페이지(http://gen.ecovillage.org) 참조.

화하기 위한 세계교육 프로젝트의 뜻깊은 도약대로 간주될 수 있다.

3. 공통의 문화적 정체성 확립

생태공동체 건설의 세 번째 가능조건은 '공통의 문화적 정체성 확립'이다. 이것은 주민들 사이의 자발적 연대감 형성을 위한 필수조건의 하나이며, 그러한 한에서 공동체의 안정적 지속가능성을 담보할 상징적 자산의 형성과 관련된 조건이다. 무릇 개개의 공동체는 여타의 지역과 다른 특정 지역의 햇볕과 바람, 산세와 풍광, 역사와 문화를 배경으로 형성되며, 이러한 것들이 풍기는 특유의 심미적 아우라와 문화적 상징성은 공통의 지역정체성으로 매개된 인륜적 연대감이 공동체의 성원들 사이에 조성되도록 진득이 세월을 버티어 주는 인문자산의 역할을 수행한다. 예컨대 한국의 지리산권은 예부터 웅장하고 수려한 풍광으로만이 아니라 '청학동'의 선경이 비장된 신비의 땅으로, 고아한 선비의 유람지로, 의병과 동학군의 전적지로, 공산주의 빨치산의 마지막 보루로 지역민의 정체감 속에 묵직이 침전된 역사적 · 문화적 장소성을 간직해 왔다. 그러한 점에서 공명수는 "어떤 지역이든 그 지역이 누구에게나 감동을 주려면 공간이 아닌 장소가 되어야 한다"[27]고 말하며, "공간이 3차원적인 물리적 실체라면, 장소는 그 공간이 사람의 인지체계에 들어와 어떤 이미지를 각인하는 4차원의 실체이다"[28]라고 설명한다. 공동체는 이처럼 단순한 물리적 공간성을 넘어 주민들의 정체감 속에 때로는 긍지로, 때로는 비감으로 용해된 역사적 · 문화적 장소성을 가질 때에만 그들의 마음속에 '우리의' 정주지로 깃들며 뿌리를 내릴 수 있다. 그러한 공동체는 유창복의 말대로 "함께 살아온 주민들의 생활의 내력이 고스란히 묻어있어 정겹고, 살아온 기억을 되

---

27) 공명수, 『생태학적 상상력과 사회적 선택』, 동인, 2010, 210~211쪽.
28) 공명수, 『생태학적 상상력과 사회적 선택』, 211쪽.

살리는 흔적이 아련한 그런 동네, 마을의 전통적인 건축물과 자연경관이 자랑스럽게 보존되는 마을"[29]일 것이기 때문이다.

이러한 공동체는 진정으로 공유된 중심이 없이 시시각각 표변하는 소비자의 기호에 맞추어 잘 팔릴 '녹색' 상품의 개발에 진력하는 유사 '생태마을'보다 훨씬 더 유망한 지속가능성을 확보할 수 있다. 그러한 공동체의 독자적 장소성은 지역민 스스로의 역사적·문화적 경험 속에서 배양되고 축적된 공통의 인륜적 정체성에 기반하여 성립된 것이며, 그러한 점에서 해당 공동체는 그곳을 방문한 이들에게 제공할 감동의 요소들을 경기의 동향과 무관한 자체의 진정성에 따라 자연스럽고도 차별화된 방식으로 재생산할 수 있을 것이기 때문이다. 이에 도승연은 "지역의 생태적 가치, 이와 연관된 지역의 문화 역사적 가치들을 이야기로 묶어내는 일관적인 프로그램의 구성"[30]을 통하여 지속적으로 충성도 높은 관광객을 확보할 수 있는 생태관광의 전략이 모색되어야 한다고 말한다. 서해숙도 유사한 맥락에서 해당 지역의 역사, 구전설화, 세시풍속, 민간신앙, 민요, 민속놀이, 의식주, 생산기술 및 특수자원과 같은 "역사자원, 문화예술자원 등을 복원하고 이와 연계하여 문화기반시설을 확대하고 축제 공연 전시 등과 같은 문화행사를 기획"[31]해 나가는 활동이 필요하다는 점을 강조한다. 그러나 이처럼 공동체의 '스토리텔링' 요소가 지니는 의의를 부각한 논변에는 한 가지 중요한 유의점이 부가되어야 하는데, 그것은 공동체의 특유한 장소성이 어디까지나 '지금' 그리고 '여기에' 정주하고 있는 사람

---

29) 유창복, 「서울시 마을공동체 지원 사업의 배경과 과제: 서울시 마을공동체 종합지원센터의 개설에 즈음하여」, 205쪽.

30) 도승연, 「생태 윤리 교육으로서의 생태 관광의 가능성」, 『범한철학』, 제71집, 범한철학회, 2013, 286쪽.

31) 서해숙, 「마을만들기에서 민속문화의 활용과 활로: 광주광역시 북구를 대상으로」, 『남도문화연구』, 제27집, 순천대학교 지리산권문화연구원 남도문화연구소, 2014, 254쪽.

들을 위한 연대와 결속의 고리로서 개발되어야 한다는 점이다. 그러한 장소성은 일차적으로 휴식을 위하여 일터를 떠나온 이들의 눈앞에 전시될 신기한 풍물에 그치는 것이 아니라 공동체를 일터와 삶터로 삼게 된 이들이 자발적으로 공유하는 인륜적 정체감 속에 용해될 때에만 지속가능한 모듬살이의 인문적 매개물로 기능할 수 있을 것이기 때문이다.

4. 자립적 에너지 인프라 구축

생태공동체 건설의 네 번째 가능조건은 '자립적 에너지 인프라 구축'이다. 전술한 것처럼 "자원고갈과 환경오염을 사전에 방지하는 인간과 자연의 지속가능한 공생 시스템"[32]이 생태공동체라면, 그러한 공동체 건설의 성패를 가름할 관건은 식량과 에너지를 스스로 만들어 먹고 쓰는 데 있는 것이 분명하다. 박원순의 말대로 "언젠가는 종말이 올 석유 문명에 대처하는 유일한 방법이 자기 손으로 직접 의식주를 해결하는 것이기 때문이다."[33] 그러나 청정한 자연 속에서 유유자적하는 '느린 삶'(slow life)을 낭만적으로 동경하는 태도로는 그러한 자립적 에너지 경제를 실현하는 데 필요한 현실적 동력을 조금도 조달할 수 없다. 오히려 공동체는 자립적 에너지 인프라를 탑재하기 위하여 기존의 자멸적 에너지 경제와 경쟁할 대안적 에너지 기술의 정치한 구상을 필요로 하며, 그러한 구상의 완성을 위하여 생태학적으로 계몽된 목적의식적 과학의 협력을 필요로 한다. 그러한 점에서 "생태중심주의는 인간중심주의 및 과학기술과 대립되는 입장"[34]이라고 하는 종래의 이분법적 상투어는 신중히 재고될 필요가 있다.

---

32) 서정호, 「지리산 서남권지역의 생태마을 실천 가능성 고찰」, 281쪽.

33) 박원순, 『마을, 생태가 답이다』, 43쪽.

34) 최승호, 「한국 생태공동체에서의 노동」, 국중광 엮음, 『한국 생태공동체의 실상과 전망』, 월인, 2007, 47쪽.

에른스트 슈마허(Ernst F. Schumacher)는『작은 것이 아름답다』(Small is Beautiful)에서 생태학적으로 계몽된 대안적 과학기술의 긍정적 기능과 효용을 놀랄 만큼 정치한 방식으로 기술한 바 있다. 그러한 과학기술을 그는 대량생산 지향의 자본집약적 거대기술과 대비하여 '인간 중심의 기술', '중간기술', '대중에 의한 생산 기술' 등으로 부르는데, 이에 따르면 "대량 생산의 기술은 본질적으로 폭력적이어서 생태계를 파괴하고 재생할 수 없는 자원을 낭비하며 인간성을 침식한다. 대중에 의한 생산 기술은 현대의 지식이나 최량(最良)의 경험을 활용하고 분산화를 촉진하며, 생태학의 법칙에 벗어나지 않고 희소한 자원을 낭비하지 않으며, 인간을 기계에 봉사하게 하는 게 아니라 인간에게 유용하도록 만들어져 있다."[35] 이러한 적정기술 옹호론은 재생이 가능한 에너지를 개발하고, 생태적으로 무해한 자연소재로 집과 건물을 짓고, 농약과 화학비료가 동원되지 않는 유기농으로 먹거리를 생산하는 실험을 전개해 온 국내외 생태공동체의 개척자들에게 지속적으로 발견법적(heuristic) 영감의 원천을 제공해 왔던 것이 사실이다. 이에 따라 한국의 '부안시민발전소', '민들레공동체', '대구솔라시티센터', '(주)신태양에너지', '에너지생태과학관' 등에서도 태양열, 태양광, 소수력, 풍력, 조력 등의 재생가능한 에너지원을 이용한 발전기술과 지열, 태양열 등을 이용한 난방기술, 미생물을 이용한 분뇨처리기술과 우수(雨水)저장기술, 바이오디젤(biodiesel) 가공기술과 바이오매스(biomass) 에너지 기술 등을 일상생활에 이용하는 '생활양식 개조실험'이 진행 중인 것으로 알려져 있다.[36] 공동체는 이와 같은 자립적 에너지 기반을 성공적으로 구축할 때에만 '인간과 자연의 지속가능한 공생 시스템'에 딱 들어맞는 자체의 '실효적 대안성'을 입증하게 될 것이다.

---

35) 에른스트 슈마허,『작은 것이 아름답다』, 김진욱 옮김, 범우사, 1995, 170~171쪽.
36) 이에 관해서는 박원순,『마을, 생태가 답이다』, 246~315쪽 참조.

5. 의사결정구조의 민주성 확보

생태공동체 건설의 다섯 번째 가능조건은 '의사결정구조의 민주성 확보'이다. 우리의 고찰의 대상이 되고 있는 공동체는 경쟁적 소비주의를 탈각한 사람들의 자발적 결사체라는 전제하에서 근본적으로 협동적·민주적 성격을 갖는 동리 단위의 자치체를 이념형으로 한다. 그리고 이것은 타인의 인간적 존엄에 대한 인정과 모두의 직접적 참여 속에 이루어지는 비강제적 합의의 생활문화를 확립하는 것이 무엇보다도 중요한 공동체의 정치적 과제임을 함의한다. 명목뿐인 자유와 평등마저 제로섬 경쟁의 용광로에 넣어 녹여 버리는 산업사회와 달리 그러한 협동적·민주적 생활문화를 장착한 공동체는 구성원 모두의 평등한 자유를 옹호하고 보장하는 정치철학적 기조 위에서 개인과 전체, 자유와 질서의 조화로운 피드백을 획일적 질서의 유지에 우선하는 직접민주주의의 과제로 삼게 될 것이다. 전선자의 말대로 "공동체는 개성적인 사람들을 제한하거나 또는 상위 그룹의 정체성에 동화하기 위해 형성된 것이 아니다. 생태적인 마을공동체는 그 구성원의 차이를 인정하고, 그들의 강점과 약점을 모두의 다양성으로 인정하는 그런 기대에서 성립된 것이다."[37] 김갑년은 이러한 공동체의 평등주의적 면모를 다음과 같은 말로 구체화한다.

생태공동체에서 사람들은 서로의 다름을 이해하는 가운데 공동체적 가치를 구현하기 위하여 협력한다. 공동체 안에서 모든 사람은 성이나 신분, 직업, 학력, 출신, 신념, 나이, 피부색, 재산 등에 의해 차별 받지 않으며 오히려 그 차이로부터 서로 배운다. 생태공동체에서는 의사결정과정, 일과 놀이, 분배, 분쟁 등의 문제를 공동체(민주주의)적 방식으로 해결한다. 그러므로

---

[37] 전선자, 「문화활용을 통한 생태마을 만들기: 독일 생태공동체의 비판적 적용을 통한 한국형 문화활용 연구」, 국중광 엮음, 『한국 생태공동체의 실상과 전망』, 172쪽.

공동체는 그 안에서 사는 것 자체로 최고의 교육 기능을 가진다.[38]

그러나 이러한 논변에 내포된 직접민주주의적 함의는 슈마허가 '규모의 문제'라고 불렀던 것에 우리를 주목케 하는데, 그의 말대로 "질서를 존중하고 창조적인 자유를 희생시키는 것이 대규모의 조직에 따르게 마련인 편향(偏向)"[39]이라면, 전술한 동리 단위의 소규모 자치체를 공동체의 이념형으로 삼는 것은 환경에 대한 인구의 영향을 최소화한다는 점만이 아니라 직접민주주의의 일차적 가능조건인 정치적 분권화의 적정한 기준선을 제시한다는 점에서도 바람직하며 타당해 보인다. 어쨌든 공동체는 그러한 분권화를 토대로 모두의 직접적 참여를 보장하는 수평적 심의구조를 상시적으로 가동할 때에만 기존의 경쟁적 소비사회와 경쟁할 협동적·민주적 생태사회의 지속가능성 기반을 확보했다고 자부하게 될 것이다.

Ⅳ. 생태공동체 확산의 외부적 조건

지금까지 필자는 '자원고갈과 환경오염을 사전에 방지하는 인간과 자연의 지속가능한 공생 시스템'으로 생태공동체를 정의하는 관점을 받아들인 뒤 그러한 공동체의 지속가능성 기반을 노동, 교육, 문화, 에너지, 의사소통 등의 5개 영역으로 나누어 각각의 영역을 순서대로 간략히 규명해 보았다. 그러한 공동체는 생태적 효율성의 원칙에 따라 일하고(노동), 배우고(교육), 연대하고(문화), 아껴 쓰고(에너지), 심의하는(의사소통) 주민들의 끈질긴 노력을 통해서만 안정적 지속가능성을 확보할 수 있다는 것이 현재까지 진행해 온 논의의 결론이었다.

---

[38] 김갑년, 「생태공동체, 우리의 대안인가?」, 220쪽.
[39] 에른스트 슈마허, 『작은 것이 아름답다』, 265쪽.

그러나 이러한 생태공동체의 내부적 노력만으로 지구적 생태위기의 해결과 건강한 인류의 미래가 담보되는 것은 아니다. 우리는 인류의 지속가능한 삶을 담보할 대안사회운동의 전선을 확장하기 위하여 두 가지의 외부적 조건을 추가로 고려할 필요가 있는데, 필자는 이제 그러한 조건을 하나씩 적시하는 것으로 이 글의 결론을 갈무리하려고 한다. 첫 번째 조건은 전술한 생태공동체의 내부적 노력에 조응하는 법적·제도적 기반이 조성되어야 한다는 것이다. 예컨대 한국의 현행 '자연환경보전법'[40]은 한국 영토 내 자연환경의 보전원칙을 포괄적으로 규정한 최상위법으로서 자연환경의 체계적 보전과 관리를 위하여 국가·지방자치단체 및 사업자가 수행해야 할 기본적 책무를 규정하고 있으나, 우리의 관심사인 생태공동체 관련 부분은 일차적으로 생태적 보전가치가 높은 특수지역을 '생태·경관보전지역' 및 '생태마을'로 지정하고 관리하는 방안을 상술할 뿐 평범한 마을과 평범한 주민을 친환경적 생활양식으로 이끌어 갈 만한 내용이 전무한 점에서 아쉬움을 남기고 있다. 나아가 대다수의 생태마을이 실제로 입지한 비도시지역을 배제한 가운데 '도시의 생태적 건전성 향상 등'에 관한 특수조항(제43조)을 두고 있는 점도 아쉬운 부분으로 지적된다. 이러한 이유로 전춘명은 '자연환경보전법' 내에 '생태마을의 육성 및 지원'에 관한 조항을 신설하고 '도시의 생태적 건전성 향상'에 관한 조항을 도시와 비도시에 공통으로 적용되는 '정주지의 생태적 건전성 향상'에 관한 조항으로 개편할 것을 제안한다.[41] 필자는 능력의 한계로 이러한 법제적 기반과 관련된 주제를 본론에서 다루지 못했으나, 이 주제에 관한 논의는 별도의 지면과 학제적 접근이 필요한 과제일 것으로 사료된다.

---

[40] 2015년 6월 4일부로 시행 중인 이 법의 전문을 보려면 대한민국 법제처 국가법령정보센터 홈페이지(http://www.law.go.kr) 참조.
[41] 이에 관해서는 전춘명, 「생태공동체 확산을 위한 기반제도」, 국중광 엮음, 『한국 생태공동체의 실상과 전망』, 298쪽 참조.

생태공동체의 성공적 확산을 위한 두 번째 외부적 조건은 농촌 소재 공동체의 내부적 노력에 조응하는 '생태도시'의 실천노력이 활성화되어야 한다는 것이다. 필자가 이 글에서 다뤄 온 생태공동체는 궁벽한 시골에 비장된 은일의 이상향이 아니라 인간과 자연의 공생 시스템이 지속가능한 방식으로 구현된 인간정주지 일반을 가리키는 것이다. 그러한 점에서 우리는 도시를 "정치적 통제와 행정적 관리의 원리가 삶의 세목에까지 가장 강력하게 작동되는" 동시에 "경제적 효율의 원리가 인간의 모든 사소한 관계에까지 파고드는 곳"으로만 낙인찍던 사고의 습관을 탈피할 필요가 있다. 그러한 사고에 따르면 "대도시에서의 인간의 삶은 끊임없이 파편화되고 자신도 모르는 사이에 자본주의 물신에 노예로 전락되기 쉽다. 이런 도시의 작동시스템에서 완전히 벗어나지 않는 한, 아무리 혼자 발버둥쳐도 자신의 생명권의 온전한 주인으로 우뚝 서기는 불가능하다."[42] 물론 도시라는 공간은 산업문명의 소비주의적 생활양식과 그것의 온존을 목적으로 한 대중조작의 메커니즘이 손쉽게 배양되는 최적의 온상으로 작용해 왔던 것이 사실이다. 그러나 우리는 녹색 '전원'과 갈색 '도시'를 절대적으로 구별하는 상투적 이분법에 머물러 있는 한 대안적 생활양식의 확산을 추구할 수 없는 자가당착에 빠지게 될 것이며, 이러한 상황에서 도시의 정주자는 '귀농'이라는 이름의 엑소더스를 스스로 감행하지 않는 한 도저히 구제될 방법이 없는 생태학적 난민으로 간주될 것이다.

그러나 이러한 상황은 우리의 시대가 필요로 하는 생태주의적 사유의 지평을 더더욱 넓은 범위로 확장하지 못하고 오히려 외딴 시골에 유폐해 버리는 결과를 초래할 것이 뻔하다. 이러한 이유로 우리는 사람이 정주하는 모든 도시의 '지금'과 '여기'를 불모의 땅에서 생명의 땅으로 변모시켜 나갈 생태도시 프로젝트에도 적극적 관심을 기울일 필요가 있다.

---

[42] 박경장, 「생태공동체와 지역사회와의 공존방안」, 국중광 엮음, 『한국 생태공동체의 실상과 전망』, 201쪽.

실제로 미국의 우드랜즈(Woodlands)와 데이비스(Davis), 브라질의 꾸리 찌바(Curitiba), 네덜란드의 흐로닝언(Groningen) 및 독일의 프라이부르크 (Freiburg)와 같은 도시들은 생태통로와 소생물권을 곳곳에 조성하고, 재 생가능한 에너지를 상용화하며, 보행자 중심의 도로건설로 교통수요를 최소화하는 등의 생태주의적 도시설계를 통하여 '인간과 자연의 지속가 능한 공생 시스템'을 구현한 생태도시의 성공사례를 만들어 가고 있음이 보고되고 있다.[43] 아울러 한국에서도 '생태보전시민모임', '인천도시농업 네트워크', '전국귀농운동본부', '부산시농업기술센터', '서울 강동구청' 등 이 옥상텃밭, 상자텃밭 및 베란다텃밭과 같은 작지만 뜻깊은 '도시농업' 의 단초를 확산시키며 도시민의 '지금'과 '여기'를 생태적으로 건전한 정 주의 시공간으로 만들어 나가는 사회적 실험에 착수한 상태다.[44] 이러 한 생태도시 건설 노력과 전술한 법제적 기반 조성은 본론에서 규명한 다섯 가지의 가능조건과 결합하여 생태공동체와 관련된 미래의 전망을 더욱 밝게 하는 데 크게 기여할 것이다.

이 글은 『철학논집』 제42집(서강대학교 철학연구소, 2015)에 수록된 「생태공동체 건 설의 가능조건에 관한 소론」을 수정·보완한 것이다.

---

[43] 이에 관해서는 공명수, 『생태학적 상상력과 사회적 선택』, 212~230쪽 참조.
[44] 이에 관해서는 박원순, 『마을, 생태가 답이다』, 172~243쪽 참조.

지리산권의
생태마을 실천과정에 관한 연구

서정호

Ⅰ. 연구의 배경과 선행연구 현황

1. 문제의 제기

산업화의 급진전으로 인하여 날로 심화되는 환경오염과 자원고갈로 인간과 생태계가 생존의 위협을 받고 있으며, 이에 환경보존을 주장하는 사람들은 특히 삼림파괴로 인한 동식물의 멸종과 토양유실이 인류에게 큰 재앙을 가져올 것이라고 경고한 바 있다. 또한 1992년의 리우 환경회의를 계기로 기후변화, 생물다양성 보존 등과 관련한 국제적 협약체결 및 공동이행의 체제가 갖춰지게 되었으며 이에 발맞추어 생태마을에 대한 관심 또한 높아지게 되었다. 이는 쾌적한 환경에서 살고자 하는 인간의 욕구와 함께 그러한 장소를 찾는 휴양객도 증가하고 있기 때문이다.

형태적으로 약간씩의 차이는 있으나, 세계 대부분의 나라에서는 생태마을이 실천되고 있으며, 한국에도 이미 300여 개소의 생태마을이 실천되고 있다. 생태마을에 정주하기를 희망하거나 현재 정주하고 있는 주민들은 그들이 정주하거나 잠시 머물 수 있는 이상적 생태마을을 추구하게 되었으며, 이에 따라 생태적 삶의 공간으로서 새로운 활력소가 될 지속가능한 생태마을들이 실천되고 있다.

한국의 지리산권에서는 50개소의 생태마을이 실천되고 있다. 지리산은 예로부터 청학동이 있었다고 전해지고 있어 이상사회를 추구하던 지역으로 알려져 있다. 오늘날의 이상사회와는 그 성격이 달랐겠지만, 필자는 지리산권의 생태마을 실천과정을 연구함으로써 지속가능한 이상적 생태마을 실천에 기여하고자 한다.

본 연구에서 지리산권으로 공간적 범위를 한정한 것은 지리산권의 생태마을이 생태마을의 개념과 사상에 비교적 부합하게 운영되고 있다는 점과 함께 현지조사의 편의성을 고려하였기 때문이다.

필자는 연구목적 달성을 위하여 문헌연구와 현지조사를 병행하였다. 문헌조사를 통하여 생태마을의 사상, 개념 그리고 세계 및 한국의 생태마을 실천사례를 연구하였으며, 2009년 5월부터 2010년 5월까지 1년여에 걸쳐 지리산권의 생태마을 현장을 조사하였다.

2. 선행연구 검토

지금까지 '모래군의 열두 달'[1], '생명지역주의'[2], '녹색사회론'[3] 등에서

---

[1] Aldo Leopold, "Some Fundamentals of Conservation in the Southwest", in: Susan L. Flader and J. Baird Callicott(eds.), *The River of the Mother of God: And Other Essays by Aldo Leopold*, The University of Wisconsin Press, 1991, pp.86~97.

생태마을의 사상이 연구되었으며, 이 중 '모래군의 열두 달'과 '녹색사회론'은 각각 송명규와 대구사회연구소에 의하여 한국어로 번역되었다.[4] 그리고 생태마을의 개념에 관해서는 아르킨[5], 레이드[6], 에게베르그[7], 시마[8] 등이 연구하였으며, 한국 학자들도 생태마을을 정의[9]하고 구성원칙들을 정립하였다.[10] 한국 학자의 생태마을과 관련한 종합적인 연구로는 '참여로 여는 생태공동체'[11], '한국 생태공동체의 실상과 전망'[12], '생태학

2) Kirkpatrick Sale, *Dwellers in the Land: The Bioregional Vision*, New Society Publishers, 1991.

3) 루크 마텔, 『녹색사회론』, 대구사회연구소 환경연구부 옮김, 한울아카데미, 1998.

4) 알도 레오폴드, 『모래군의 열두 달, 그리고 이곳저곳의 스케치』, 송명규 옮김, 도서출판 따님, 1999; 루크 마텔, 『녹색사회론』.

5) L. Arkin, "Sustainability & Sustainable Communities, or Where is an Ecovillage Anyway", *Communities*, Summer 1996, Fellowship for International Community, pp.32~33.

6) C. Reid, *Eco-Village — Middle Class Fantasies?*, Diggers and Dreamers Pub., 1999, p.42.

7) O. Egeberg, "Setting Up an Ecovillage Where You Are", *Communities*, Summer 1996, Fellowship for International Community, p.36.

8) T. Sima, *"What is Ecovillage?", Communities Directory*, Fellowship for International Community, 2000, p.44.

9) (사)녹색연합 부설 녹색사회연구소가 2004년 환경부에 제출한 『생태마을 활성화 방안 연구』에는 생태마을의 다양한 정의들이 소개되고 있다. 이들 정의들은 약간의 차이가 있으나, ① 생활양식, 생산양식의 주변 생태계와의 조화, ② 자원, 에너지, 경제의 자립, ③ 지역의 역사적·문화적으로 안정된 공동체, ④ 환경적으로 지속가능한 발전, ⑤ 자연생태계의 다양성, 자립성, 안정성, 순환성, 탄력성을 유지하기 위한 구조와 기능을 갖춘 유기체적 마을 등으로 요약될 수 있다. 자세한 내용은 환경부, 『생태마을 활성화 방안 연구』, 2004, 9쪽 참조.

10) 앞의 책에서는 또 생태마을의 기존 구성원칙을 소개하고 있는데, 한국불교환경교육원은 '인간적 규모의 공동체'를 강조하고 있다. 자세한 내용은 환경부, 『생태마을 활성화 방안 연구』, 10쪽 참조.

11) 박병상, 『참여로 여는 생태공동체』, 아르케, 2003.

12) 국중광 외, 『한국 생태공동체의 실상과 전망』, 월인, 2007.

적 삶을 위한 모둠살이의 도전과 실천'13) 등이 있으며, '새로운 눈으로 보
는 독일 생태공동체'14) 및 '이타카 에코빌리지'15) 등에서는 선진 사례와
한국의 실천사례를 비교할 수 있도록 정리하였다. 그 외 세부적으로는
'국립공원 생태마을 조성'16), '녹색공동체마을법인'17) 등에 관한 연구가
있다.

이들 선행연구들은 대부분 생태마을의 개념, 사상에 관한 이론 또는 실
천사례 및 실천방향 등을 따로 분리한 연구이며, 일부는 에세이 형식으로
야생동식물을 비롯한 자연생태계의 관찰기록과 생태마을 실천에 관한 일
화들을 소개하고 있다. 특히 국중광 등18)은 국내 여러 학자들의 생태마
을에 관한 연구결과들을 한데 묶어 생태마을의 이론과 실천사례, 확산과
정, 전망 등을 집성함으로써 일반 연구자 또는 실천가들이 각자의 관심사
를 분야별로 이해하는 데 도움을 주었다.

본 연구는 생태마을의 개념과 사상 등 기존의 인문학적인 면 외에
생명지역주의, 녹색사회 등 사회과학적 측면과 생태, 환경 등 자연과학
적 측면을 함께 고려하였으며, 특히 한국 지리산권의 생태마을 실천사
례를 조사하고 그 전망을 고찰한다는 점에서 선행연구들과 차별성을
갖는다.

본 연구는 지금까지의 서론에 이어 제Ⅱ장에서는 생태마을의 개념,

---

13) 김성균 · 구본영, 『생태학적 삶을 위한 모둠살이의 도전과 실천: 에코뮤니티』,
    이매진, 2009.
14) 국중광 · 박설호, 『새로운 눈으로 보는 독일 생태공동체』, 월인, 2005.
15) 리즈 워크, 『이타카 에코빌리지』, 이경아 옮김, 황소걸음, 2006.
16) 장혜진, 『국립공원 생태마을조성에 따른 커뮤니티 해석에 관한 연구』, 서울시
    립대학교 조경학과 박사학위논문, 2007.
17) 김도종, 「문화자본주의 사회의 생활양식과 녹색공동체마을법인」, 『범한철학』
    제52집, 2009, 231~256쪽.
18) 국중광 · 박설호, 『새로운 눈으로 보는 독일 생태공동체』; 국중광 외, 『한국 생
    태공동체의 실상과 전망』.

사상 등 이론과 실천배경 등을 고찰하였으며, 제Ⅲ장에서는 지리산권 생태마을의 실천과정을 조사하였다. 제Ⅳ장에서는 제Ⅲ장에서 조사한 결과를 토대로 지속가능한 생태마을 실천을 위한 필요과제들을 제안하였다.

II. 생태마을의 실천배경

1. 생태마을의 개념과 사상

생태마을은 '생산·소비 등 생활양식이 자연생태계와 조화를 이루며, 자원과 에너지를 자급자족 또는 절감하며, 지역의 문화를 존중하는 소규모의 공동체로 형성된 공간'으로서[19], 그 특징은 인간적인 규모, 지속가능한 입지여건, 느슨한 관계를 바탕으로 한 구성원들의 공동체적 삶 실천, 그리고 모든 영역에서의 지속가능한 체제 등이다.[20]

또한 김성균·구본영은 GEN(국제생태마을네트워크)[21]의 사무총장 스벤슨(Svensson)이 주장한 것처럼 '생태마을은 영성·문화적 요소, 생태적 요소, 사회·경제적 요소를 고려하여 구성해야 한다'[22]고 주장한 바 있다.

이상을 종합하면 생태마을은 '자립적으로 생태적인 삶을 영위하며, 친

---

[19] 서정호, 「생태마을의 사상적 기초와 실천과제에 관한 연구」, 『농촌관광연구』 17집 1호, 한국농촌관광학회, 2010, 147쪽.

[20] 김성균·구본영, 『생태학적 삶을 위한 모둠살이의 도전과 실천: 에코뮤니티』, 170~171쪽.

[21] GEN(Global Eco-Village Network)은 지속가능한 인간정주지 공급, 정주지 간의 정보교류 지원, 생태마을의 개념 및 시범지역에 관한 정보 제공 등을 목적으로 1994년에 사무국을 설치하고 1996년에 정식으로 발족한 단체이다(http://gen.ecovillage.org 참조).

[22] 스벤슨(Svensson)의 생태마을 구성요소에 관한 주장은 김성균·구본영, 『생태학적 삶을 위한 모둠살이의 도전과 실천: 에코뮤니티』, 168~169쪽 참조.

근성에 근거하여 조직화할 수 있는 인간적 규모의 마을을 진행하는 일련의 과정'이다. 이 때문에 생태마을은 ① 공동체(Community), ② 생태학(Ecology), ③ 문화(Culture)를 포함하는 개념이다.

동양에도 고대 이전부터 생태마을 또는 생태적 삶을 지향했던 흔적이 다수 있다. 노자도덕경(老子·道德經) 80장의 '소국과민(小國寡民)'23)의 경지에 나타나는 소단위 자급자족 마을, 도가적 혹은 도교적 이상향24), 왕양명의 '물각부물(物各付物)'25) 등은 전술한 생태마을의 개념과 유사하다.

한편, 생태마을의 사상26)으로는 20세기 중반 미국의 생태학자 알도 레오폴드(Aldo Leopold, 1887~1948)의 에세이 '모래군의 열두 달(A Sand

---

23) 老子道德經 제80장의 '小國寡民 使有什佰之器 而不用. 使民重死 而不遠徙. 雖有舟輿 無所乘之 雖有甲兵 無所陳之. 使人復結繩而用之 甘其食 美其服 安其居 樂其俗. 隣國相望 鷄犬之聲相聞 民至老死 不相往來.'은 '나라를 작게 만들고, 백성의 수는 줄이되, 꼭 필요한 십여 가지의 물건만 갖게 하나, 그나마도 쓰지 못하게 하고, 죽음을 무겁게 여기도록 하고, 멀리 다니지 못하게 한다. 비록 배와 수레가 있어도 그것을 타고 다닐 곳이 없으며, 설사 무장된 군대가 있어도 진을 칠 곳이 없다. 사람들로 하여금 다시 새끼를 묶어서 글자로 쓰는 것으로 돌아가게 하고, 음식은 맛있게, 옷은 보기 좋게, 집은 편안하게, 풍속은 즐겁게 만든다.'는 의미이다. 여기서 제시되는 것이 자급자족하는 소단위로 이루어진 마을이다(二階堂善弘, "道家·道敎·民間信仰と 理想社會", 『2009 국제학술대회 동아시아의 이상사회 자료집』, 순천대학교 지리산권문화연구원, 2009, 33~34쪽).

24) 도가적 혹은 도교적 이상향의 기저에 있는 '인간세상'의 시대적·지역적 특성을 검토하는 것이 가능하다면, 도가 내지 도교의 이상사회상을 공동체적 삶 혹은 생태적인 삶이라는 현대적 가치와 연결할 수 있다(이동철, "道家·道敎·民間信仰と 理想社會에 대한 논평", 『2009 국제학술대회 동아시아의 이상사회 자료집』, 순천대학교 지리산권문화연구원, 2009, 59~60쪽.

25) '物各付物'은 "만물일체의 인(仁)을 철저하게 시행하게 되면 모든 사람들은 물론 모든 생명이 있는 사물들까지도 합일되어 하나의 신체를 이룰 수 있으니, 이것과 저것의 혈맥이 서로 상통하여 감응하게 된다"(楊祖漢, "從朱子思想看儒家的理想社會", 『2009 국제학술대회 동아시아의 이상사회 자료집』, 순천대학교 지리산권문화연구원, 2009, 27쪽)라고 하여 생태적 삶을 강조하고 있다.

26) 토지윤리, 생명지역주의, 녹색사회 등 생태마을의 사상에 관한 자세한 내용은 서정호, 「생태마을의 사상적 기초와 실천과제에 관한 연구」, 141~146쪽 참조.

County Almanac and Sketches Here and There)'에 언급된 '토지윤리(land ethics)'[27], 그리고 토지윤리의 토대인 '생명지역주의(bioregionalism)'[28], 생태위기를 극복하기 위하여 제안된 '녹색사회(green-society)'[29] 등이 있다.

토지윤리[30]는 보편적 토지관[31]과는 다른 개념이다. 레오폴드가 기존의 보편적 토지관을 비판하고 토지윤리를 제창한 데에는 찰스 다윈(Charles Robert Darwin, 1809~1882), 우스펜스키(P. D. Ouspensky, 1878~1947), 그리고 찰스 엘턴(Charles Elton, 1900~1991) 등이 사상적으로 가장 큰 영향을 미쳤다.[32] 영국 출신의 생물학자 다윈은 『종의 기원』(1859)에서 '개별 생

---

27) 알도 레오폴드의 에세이 『모래군의 열두 달』의 마지막 편에 실린 "The Land Ethic"을 한국에서는 '토지윤리', '대지윤리' 또는 '땅의 윤리' 등으로 번역하고 있는데, 본 연구에서는 '토지윤리'라는 번역어를 사용하였다.

28) 송명규, 『현대 생태사상의 이해』, 도서출판 따님, 2004, 204쪽.

29) Ted Trainer, *Abandon Affuence!*, Zed Books Ltd., 1985, pp.176~178.

30) 지구는 하나의 거대한 유기체로서 동식물, 토양, 물 등은 지구에 통합되며, 토지는 생명공동체로서 토양, 산, 하천, 대기와 같은 지구의 구성요소도 정해진 기능을 수행하는 어떤 통합된 조직(organ)의 일원이자 하나의 유기체의 일부이다. 그러므로 이러한 사고방식 속에서는 토양과 물도 인간과 동등한 전체 유기체의 구성원이 된다(Aldo Leopold, "Some Fundamentals of Conservation in the Southwest", 95쪽).

31) "우리는 토지를 경제적 자원으로, 과학은 거기에서 더 크고 더 나은 삶을 추출하는 연장으로 생각한다. 이것은 명백한 사실이지만 진리는 아니다. 왜냐하면 이 두 명제는 오직 반쪽만을 이야기하고 있기 때문이다. 토지가 우리에게 삶을 제공한다는 사실과 토지는 그런 목적으로 존재한다는 추론은 분명 다르다. […] 예술과 문학, 윤리와 종교, 법률과 민속 등은 여전히 토지 위의 야생동식물들을 우리의 적, 식량자원, 혹은 '미품(美品)'으로서 간직하여야 할 인형 같은 것으로 간주한다. 이 같은 토지관은 아브라함의 유산이다. 젖과 꿀이 흐르는 땅에서 아브라함의 발판도 언제나 불안전한 것이었지만 우리에게는 낡아서 더 이상 맞지 않는 것이 되었다. 우리의 발판도 불안전하지만 그것은 이것이 미끄럽기 때문이 아니라 우리가 토지를 사랑과 존중으로써 이용하는 것을 배우기도 전에 토지를 죽여 버리게 될지도 모르기 때문이다. 보전이란 인류에게 정복자의 역할이 맡겨지고 토지는 그 노예나 하인의 역할을 담당하는 한 하나의 몽상일 뿐이다."(Aldo Leopold, *A Sand County Almanac: And Sketches Here and There*, Oxford University Press, 1949, pp.281~282)

명체가 생존경쟁을 벗어날 수는 없지만 영원히 진화함으로써 모든 생물체는 혈족관계에 있다'라고 하였으며, 『인간의 유래』(1871)에서는 '윤리가 인간의 영역을 넘어 다른 동물에게 까지 확장될 것'이라고 예언하였다. 또 이것이 윤리의 진화방향이라고 보았다.[33]

한편, 생명지역주의(bioregionalism)는 1974년 캐나다의 알렌 반 뉴커크(Allen Van Newkirk)가 'Environmental Conservation'에 "생명지역주의: 인류 문화의 생명지역적 전략을 향하여"라는 에세이를 발표함으로써 알려지게 되었으며[34], 1985년 세일(Sale)의 "땅의 거주자들(Dwellers in the Land)"의 발간과 피터 버그(Peter Berg)와 레이먼드 대즈먼(Raymond Dasmann)에 의하여 일반에 전파되었다.[35] 생명지역이란 동식물상, 물, 기후, 토양, 지형 등 자연조건과 이러한 조건 하에 자연발생적으로 형성된 사람들의 정착지와 문화에 의하여 구분되는 공간을 의미한다.[36]

또한 녹색사회는 물질적 풍요가 아닌 정신적 풍요, 양적 풍요가 아닌 질적 풍요를 추구하는 '비개발(de-development)사회'이며[37], 경제적으로 절약과 노동집약적 자급자족, 자원재활용(또는 재생)을 추구한다. 그리고 녹색사회의 정치·사회적 특징은 분권화, 소규모, 평등을 지향한다는 점이며[38], 특히 소규모 공동체단위에서의 삶을 추구하는 것은 그러한 삶이 대도시지역과 같은 대규모단위에서의 생활보다 쾌적하기 때문

---

32) 송명규, 『현대 생태사상의 이해』, 64~65쪽.

33) Charles R. Darwin, *The Descent of Man and Selection to Sex*, J. A. Hill and Company, 1904, p.81; p.138; p.140.

34) Donald Summer Alexander, "Bioregionalism: Science or Sensibility?", *Environmental Ethics* 12, 1990, p.161.

35) Kirkpatrick Sale, *Dwellers in the Land: The Bioregional Vision*, p.43.

36) 같은 곳.

37) Ted Trainer, *Abandon Affuence!*, pp.176~178.

38) 송명규, 『현대 생태사상의 이해』, 192쪽.

이다.[39] 녹색사회의 기술적 특징은 대안기술, 적정기술(중간기술), 연성 기술의 광범위한 사용과 유기농업(organic farming)을 통한 농산물 생산 및 소비이다.

그러나 현대의 일반적인 생태마을들은 생태마을의 사상들을 모두 명시 하거나 실천하고 있지는 않다. 그러면서도 토지윤리, 생명지역주의, 녹색 사회 등 생태마을의 사상과 밀접한 관계가 있음을 강조한다. 이 외에도 생태마을의 사상들이 숱하다. 그러나 이들 사상들은 대부분 국가, 지역, 마을의 인적·물적 자원과 특성에 따라 다르게 실천될 수 있으므로 본 연 구에서는 토지윤리, 생명지역주의, 녹색사회 이외의 다른 사상과 이론들 을 제외하였다.

2. 생태마을의 출현과 실천과정

생태마을은 산업사회가 초래한 환경문제를 해결하려는 차원에서 출현 하였다. 산업사회가 빚은 소외, 경쟁, 갈등 등의 사회현상이 공동체적인 삶을 어렵게 하면서 인간과 인간 또는 인간과 자연이 공존하는 새로운 삶을 향한 돌파구로 생태마을의 필요성이 제기되었다.

세계 최초의 생태마을은 '보포엘레스카베르(Bofoellesskaber, 공동체 생활)'라 불리는 1960년대 덴마크의 "코하우징 커뮤니티(Co-housing Community"로 보는 설이 가장 유력하다. 생태마을에 관한 관심과 실천 은 1960년대 초반부터 있어 왔지만 생태마을이 본격적으로 논의된 것 은 1990년대부터이다. 근대화, 산업화의 산물로 나타난 지구온난화 등 의 현상으로 환경친화적인 쾌적한 정주공간에서의 생명공동체 운동(서 구의 이념에 따르면 생명지역주의 실천)이 시작된 것이다. 이 때문에 이론적 접근보다는 실천적인 관심에서 생태마을 논의가 출발한 측면이

---

[39] Edward Goldsmith et als., *A Blueprint for Survival*, Penguin 1972, pp.50~53.

지리산권의 생태마을 실천과정에 관한 연구 · 69

강하다.

이에 따라 생태마을이 보편화된 미국을 비롯한 서구에서도 생태마을에 관한 개념이 명확하게 정립되지 않은 채 실천 위주로 확산되기에 이르렀다. 그것은 어쩌면 당연한 결과로도 받아들일 수 있다. 왜냐하면 생명지역주의, 토지윤리, 녹색사회 등 일련의 사상들의 태동과 때를 같이하여 생태마을(도시)이 만들어져 왔기 때문이다.

생태마을은 인간이 자연과 공존하기 위하여 모든 일상생활에서 생태마을의 사상적 기초를 실천하려는 일종의 실험으로, 유기농법의 개발과 보급 및 안전한 식품의 생산과 소비 등을 통하여 생태계를 보전하며 살아가는 공동체이다. 인도의 생태마을 오로빌(Auroville)[40]은 널리 알려진 대표적인 생태마을이며, 그 외에도 세계적으로 유명한 생태마을이 여러 곳에 산재해 있다[41].

한편, 한국의 생태마을은 환경부 지정, 산림청 지정, 민간운영마을 등 여러 종류이다. 2008년 12월 31일 현재 환경부가 지정한 생태우수마을은 107개 마을[42](자연생태우수마을 89개소, 생태복원우수마을 18개소)이다. 이들 생태마을은 위에서 언급한 사상에 기초한 생태마을이라기보다는 환경부에서 2001년부터 '자연환경이 잘 보존되어 있고 멸종위기종 등 야생

---

[40] 오로빌(Auroville)은 인도의 생태사상가이자 독립운동가인 오로빈도(Sri Aurobindo) 의 이름과 마을(Village)의 합성어인 듯하다. 이곳은 마티르만디르라는 명상의 성소를 중심으로 한 직경 5㎞의 원형도시다. 이 원형의 도시에서 유기농법과 환경친화적 적정기술, 대체의학, 에너지 재활용, 토양과 수자원 보존, 내면교육 등에 관한 다양한 실험이 전개되고 있다. 오로빌에 관한 자세한 내용은 http://www.auroville.org 참조.

[41] 2008년 4월 10일, 미국 경제전문지 포브스 인터넷판이 전 세계에 현존하는 유토피아 도시 8곳을 선정하여 보도한 바 있는데, 여기에서 선정된 생태공동체는 미국의 아르코산티, 에코빌리지, 더팜, 트윈옥스, 호주의 크리스탈워터스, 스코틀랜드의 핀드혼, 일본의 야마기시, 독일의 제크 등이다. 자세한 내용은 매일경제신문 2008년 4월 12일자 참조.

[42] 환경부 지정 107개 생태마을의 현황 및 지정사유 등은 환경부 홈페이지 (http:// www.me.go.kr) 참조.

동·식물이 서식하며, 특히 주민들의 자발적 환경보전 활동이 우수한 지역'을 자연생태우수마을 또는 자연생태복원우수마을로 지정·육성하면서 생태마을로 불리게 된 것이다.

이와는 별도로 산림청에서도 산촌생태마을을 육성하고 있다. 2008년 말 현재 153개소의 마을이 조성 완료되었거나 조성 중에 있으며, 2012년 까지 147개소를 추가로 육성하여 총 300개소의 마을을 조성할 계획으로 있다.[43]

그 외 민간 차원의 생태마을도 헤아릴 수 없을 만큼 많이 운영되고 있다. 전남 장성의 한마음공동체와 단양의 한드미마을[44], 충남 홍성의 문당리마을, 경남 산청의 간디학교 등 47개 마을이 여기에 해당된다.[45]

III. 지리산권의 생태마을 실천과정

1. 지리산권의 특성과 생태마을 현황

지리산권의 공간적 범위는 지리산국립공원과 이를 둘러싸고 흐르는 동쪽의 경호강, 서쪽의 섬진강이 지나는 지역으로 행정구역상 전북 남원시, 장수군, 전남 곡성군, 구례군, 경남 산청군, 함양군, 하동군 등 7개 시·군이 이에 해당한다. 국립공원 지리산은 천왕봉(1,915m), 반야봉(1,732m), 노고단(1,507m)의 3대 주봉을 중심으로 20여 개의 봉우리가 병풍처럼 펼쳐져 있으며, 20여 개의 능선이 있다. 그 속에는 칠선계곡,

---

43) 농림수산식품부, 『2009 농림업사업시행지침서』, 2009, 2221쪽.
44) 윤도현, 「한국 생태공동체 체험학습의 실태와 발전방안」, 국중광 외, 『한국 생태공동체의 실상과 전망』, 117쪽.
45) 국중광 외, 『한국 생태공동체의 실상과 전망』, 303~313쪽.

한신계곡, 대원사계곡, 피아골, 뱀사골 등 큰 계곡이 있다. 지리산은 또 수많은 동·식물들이 서식하고 있어 크고, 깊고, 넓을 뿐 아니라 1989 년부터 정부가 심원계곡과 피아골 일대를 자연생태계보존구역으로 지정, 관리하고 있다.

또한 이인로(1152~1220)는 파한집(破閑集)에서 고려 후기 전후부터 지리산 어느 곳인가에 청학동이라는 이상향이 있었다고 전하고 있다. 지리산 청학동은 조선시대의 유학자들에게 선경(仙境)이자 이상향의 상징적 장소였을[46] 뿐 아니라, 청학동을 비롯한 심산형 유토피아는 분지지형으로 묘사할 수 있었다고 한다.[47] 지리산의 자연과 생태적 여건 그리고 이상향으로서의 청학동의 상징성 등은 이상적 생태마을이 입지할 수 있는 적합한 여건이 된다. 이 때문인지는 단언할 수 없으나, 지리산권에는 〈표 1〉과 같이 2009년 말 현재 최소한 48개소 이상의 생태마을이 운영되고 있다.

〈표 1〉에서 나타나는 바와 같이 지리산권의 생태마을은 환경부 지정 생태마을, 산림청 지정 생태마을 및 민간 자율운영 생태마을 등 여러 종류가 있으며, 이들 마을들은 지정 또는 운영 주체, 목적 등이 서로 다르지만 일부 중복되는 경우도 있다.

이 외에도 본 연구자가 조사하지 못한 민간운영의 생태마을이 있을 것이다. 왜냐하면 지리산권은 역사·문화·지리·생태적 특성상 생태마을이 실천되기에 적합한 지역이기 때문이다.

---

[46] 최원석, 「지리산 청학동의 공간적 변이와 장소성 쇄신에 관한 연구」, 『2009 국제학술대회 동아시아의 이상사회 자료집』, 순천대학교 지리산권문화연구원, 2009, 96쪽.

[47] 정치영, 「조선시대 유토피아의 양상과 그 지리적 특성」, 『문화역사지리』 17권 1호, 2005, 77쪽.

<표 1> 지리산권의 생태마을 현황

구분	마을명	위치	구분	마을명	위치
환경부 지정	와운마을	남원시 산내면	산림청 지정 (진행 및 사전 설계)	고기마을	남원시 주천면
	삼산마을	남원시 운봉읍		장항마을	남원시 산내면
	수분마을	장수군 장수읍		용광마을	장수군 천천면
	가정마을	곡성군 고달면		연평마을	장수군 천천면
	신촌마을	산청군 차황면		유봉마을	곡성군 죽곡면
	음정마을	함양군 마천면		광평마을	함양군 병곡면
	부전마을	함양군 서상면		서리마을	하동군 적량면
	오현마을	함양군 서하면		송정마을	구례군 토지면
	상평마을	하동군 악양면		내동마을	구례군 토지면
	정금마을	하동군 화개면		단사마을	곡성군 오산면
	소계	10		추성마을	함양군 마천면
민간 운영	두레마을	함양군 함양읍		대성마을	하동군 화개면
	간디학교	산청군 신안면		소계	12
	둔철마을	산청군 신안면	산림청 지정 (2008년 완료 마을)	장수 와룡, 남원 용궁	
	민들레마을	산청군 신안면		장수 대곡, 장수 동화	
	안솔기마을	산청군 신안면		장수 장안, 장수 임평	
	청미래마을	함양군 백전면		남원 대상, 곡성 원단	
	하늘소마을	장수군 계남면		구례 위안, 곡성 봉조	
	인드라망	남원시 산내면		함양 삼정, 산청 홍계	
	소계	8		하동 묵계, 하동 범왕	
기타	부운마을	남원시 산내면		함양 송전, 함양 창원	
	원천마을	남원시 산내면		소계	16
	소계	2	합계		48

※ 출처: 환경부(2008~2010), 산림청(2009), 연구자 조사

<표 1>의 생태마을에 대한 조사 결과 그 특징은 각각 다음과 같다.

와운(臥雲)마을은 구름도 쉬어 간다는 마을로 전라북도 남원시 산내면 지리산국립공원 뱀사골에 위치하고 있다. 마을 뒤에는 '지리산천년송'이 있다. 이 마을은 뱀사골 입구에서부터 지역주민 외에는 차량출입이 불허된다. 마을주민들은 주로 민박을 운영하고 있으며, 일부는 유기농업과 양

봉에 종사한다.

삼산마을은 남원시 운봉읍 산덕리에 위치하고 있고, 수령 300년 이상된 소나무 45그루가 군락을 이루고 있으며, 지리산 바래봉 철쭉군락지가 소재한 마을이다. 이 마을은 주민 스스로 오수처리, 재활용품 분리, 물 절약, 세제사용 억제를 비롯한 자연보호활동을 펼치고 있다.

전북 장수군 장수읍에 위치한 수분마을 역시 환경부 지정 생태마을로 40여 세대 120여 명의 주민이 청년회를 중심으로 영농폐기물 수거, 쓰레기 분리배출 등의 자연보호활동을 하고 있으며, 금강 발원지인 뜬봉샘이 위치한 산촌마을이다. 뜬봉샘 주변에는 두릅, 가시오가피, 산작약, 노루, 고라니, 담비 등이 서식하고 있다.

전남 곡성군 고달면에 위치한 가정마을은 섬진강과 보성강이 흘러 황어, 은어, 참게 등의 어종과 수변식물이 서식하는 곳으로 자전거 하이킹 코스 및 원두막, 물놀이장 등이 갖추어진 생태체험마을이다. 주민들은 마을청소 및 폐비닐 수거, 등산로 정비에 자율적으로 참여한다.

신촌마을은 경남 산청군 차황면에 위치한 환경부 지정 자연생태우수마을이자 농촌진흥청 지정 장수마을이다. 황매산 진입로에 가로변 자연생태를 보전·복원하고 전통식품체험장 및 친환경식품가공사업장을 설치하였으며, 친환경 메주, 된장, 간장, 취나물 등을 생산하고 있다.

함양군 마천면의 음정마을은 88고속도로와 대전-통영고속도로 교차점에 위치하고 있으며, 행정안전부 지정 정보화마을이기도 하다. 남강 상류지역에 형성되어 산과 계곡이 조화를 이루고 토종꿀, 곶감, 오미자, 고로쇠수액, 산나물, 약초 등을 생산하는 체험마을이다.

경남 하동군 악양면 평사리 상평마을은 천연늪지와 전통가옥 등 우수한 자연경관으로 인해 2007년 말 환경부의 자연생태우수마을로 지정되었다. 상평마을은 남쪽으로 섬진강이 흐르고, 북으로는 지리산 국립공원 마지막 봉우리인 형제봉이 있으며, 천연늪지인 동정호를 비롯하여 빼어난 자연경관이 산재하고, 당산나무, 철쭉 등 각종 생물종들이 다양하게 서식하고 있으며, 소설 '토지'의 무대인 최참판댁이 소재한 마을이다.

환경부가 지정한 나머지 생태마을들은 위치가 다를 뿐 대개 유사하다. 다만 하동군 화개면의 정금마을은 한국에서 가장 오래된 차나무가 있는 곳으로 하동녹차의 주산지이다.

한편, 함양군 함양읍 죽림리에 위치한 지리산두레마을은 서울 청계천의 활빈교회[48]가 그 모태이다. '땅과 사람을 살리는' 뜻을 추구하기 위한 가족공동체, 교회공동체, 농촌공동체, 생산공동체, 유통공동체 등의 성격을 지닌 복합적인 생태마을이며 풍력발전기를 가동하고 있어 생태마을의 이론과 실천에 관한 연구대상지로 알려져 있다.

경남 산청군 신안면 안봉리의 둔철생태마을은 간디학교 중학교과정 캠퍼스가 소재한 간디학교 배후마을이며 특용작물과 빵, 쨈, 과자 등을 자급자족하고 비누공장을 운영하고 있다.

산청의 안솔기마을(한자로는 內松里) 역시 간디학교의 배후마을로서 생태적인 삶을 실천하고 있다. 2000년부터 입주민들이 손수 생태적 재료들로 집을 짓기 시작하였으며 현재 완공단계에 와 있다.[49]

산청의 민들레마을 역시 간디학교 배후마을인 갈전리에 위치한 기독교인 중심의 생태마을이다. 이 마을은 풍력, 태양광, 자전거 등을 에너지원으로 사용하는 마을로 대안기술센터를 운영하고 있다.

---

48) 청계천 일대에서 빈민운동을 하던 사람들이 그들의 삶터가 도시계획에 의해 재개발되자 경기도 남양만으로 집단이주하여 유기농업을 기반으로 하는 두레마을 공동체를 만들었다. 남양 두레마을은 자체의 중·고등학교를 가진 생산공동체로 발전하였으며 미국과 괌, 중국 연변에도 그와 유사한 형태의 두레마을을 건설하고 전국의 주요 도시에 '두레유통'을 설립하였다. 2002년에 경남 함양에 새로운 지리산두레마을을 건설하였다(황대권, 「한국 생태공동체의 농업현황과 전망」, 국중광·박설호, 『새로운 눈으로 보는 독일 생태공동체』, 500~501쪽).

49) http://blog.naver.com/kyt1961?Redirect=Log&logNo=100023873252 참조.

경남 산청의 둔철마을, 안솔기마을, 민들레마을은 모두 신안면 간디학교 인근에 소재하며, 간디학교가 중심이 된 가운데 교육, 종교, 정주 등 다양한 목적에 따라 운영되고 있다. 간디학교는 1994년 산청군 신안면 외송리에 공동농장 설립을 계기로 탄생하였으며, 현재 중·고등학교 교과과정이 따로 설치되어 있는 대안학교이다. 이 학교는 일반중등학교와 달리 지식교과, 감성교과, 자립교과 과정으로 나누어 학생들을 가르치면서 철학교육을 강화함으로써 서구의 생태마을 사상을 추구하고 있다. 둔철마을, 안솔기마을, 민들레마을, 간디작은학교(중학교과정) 및 간디고등학교를 합하여 간디공동체 또는 간디생태교육마을로 일컫는다.

함양군 백전면의 청미래마을(지리산약초마을)은 온배움터(녹색대학) 재학생들과 교직원들의 생태학습장이자 삶의 터전으로 1977년부터 20여 만 평의 토지에 유기농업을 시작한 곳이다. 그 후 인근에 녹색대학이 개교되면서 부지 일부를 녹색대학에 양도하였으며, 현재 전국 각지에서 모인 사람들이 거주하고 있다. 세대주 평균연령이 40대로 비교적 젊은 세대들이 모인 곳이다. 이 마을에 입주하려면 일정 규모의 토지대금을 납부하여야 하며, 개인 토지 외에 임야와 전답은 주민 공동소유이다. 택지를 정리하고 집을 짓는 것은 각자가 하는 것으로 정해져 있다.[50] 또한 이 마을은 찜질방 운영과 함께, 장뇌삼, 지리오갈피, 지구자 등의 약초를 생산하고 있다.[51]

전북 장수군 계남면에 위치한 하늘소마을은 귀농자들이 만든 생태마을이다. 영농조합으로 출발한 순환농업단지로 생태관찰과 영농체험 프로그램을 운영하고 있으며 현재 도시 출신 10여 가구가 모여 사는 곳이다.

---

50) 김희윤, 「행복한 공동체, 청미래마을의 구체적 조명 — 25가구의 실제 공동체 구성에서 유지까지」, 2005. 10. 2 (http://www.herenow.co.kr) 참조.
51) http://jirisan.nasee.net 참조.

전북 남원 산내면에 위치한 인드라망공동체는 실상사 장기귀농학교를 마친 사람들이 실상사 주위에 지역공동체를 형성하면서 실천되기 시작하였다. 이 공동체에는 (사)한생명, 인드라망생협, 중학교과정의 대안학교인 실상사작은학교, 수련원, 실상사귀농학교 등이 있다.[52] 이 공동체는 특히 햇빛발전소를 가동하고 있으며, 전원마을을 조성하고 있다.

〈표 1〉에서 기타로 분류한 부운마을과 원천마을은 마을안내 간판에 부운생태마을, 원천생태마을 등으로 '생태'라는 용어를 사용하고 있으나 이들 마을은 농촌진흥청이 지정한 '농촌전통테마마을'이며, 이에 속하는 지리산권의 마을로는 구례 계산리마을(다무락마을), 황전리마을, 심원마을 등이 있다. 또 이와 유사한 마을로는 농림수산식품부가 지정한 녹색농촌체험마을, 농협이 주관하는 팜스테이 마을 등이 있으나, 이들 마을은 생태마을이 아니므로 본 연구의 대상에서 제외한다. 다만 정부 또는 농협 지정 마을이 환경부 지정 또는 민간 자율운영 생태마을과 중복되는 경우에는 본 연구의 대상에 포함한다.

산림청이 국가 공모사업으로 지정한 산촌생태마을은 산촌진흥지역에 소재한 법정리 산촌마을로 정부지원에 의하여 〈표 2〉와 같은 마을공동사업을 시행하는 마을이다. 따라서 사업의 명칭에 '생태'라는 용어가 포함되어 있을 뿐이지 생활기반 조성, 마을경관 개선, 생산소득기반 조성, 산촌체험프로그램 운영 등에 국한되므로 엄밀히 말하면 생태마을이라 단정할 수 없다. 다만 이들 산촌생태마을이 생태계 보전 및 복원, 생명지역주의 및 녹색사회를 추구하며 이를 실천해 가고 있다면 그것은 당연히 생태마을에 속한다. 이러한 의미에서 하동 서리마을 등 일부를 제외하면 산촌생태마을은 생태마을의 개념과 사상에 부합하는 진정한 생태마을이 아니다.

---

52) http://www.indramang.org/bbs/board.php?bo_table=indramang 참조.

〈표 2〉 산촌생태마을 지원대상 사업

사업종류		사업내용
주민역량 강화		· 지도자 양성: 마을경영 및 운영관리 등 · 전문가 육성: 특화품목 재배, 산촌체험프로그램 운영 등
주민소득	생산소득	· 생산소득기반 조성 · 특화품목 개발 및 재배 · 특화품목 B.I.(Brand Identity) 개발 · 생산품 홍보, 전자상거래 기반 등
	체험소득	· 프로그램 개발 및 운영 · 산촌체험시설 조성
생활환경 개선		· 생활기반 조성 · 마을경관 개선

※ 출처 : 농림수산식품부(2009)

2. 지리산권의 생태마을 실천과정

지리산권의 생태마을은 정부 지정 마을과 민간 자율운영 마을로 대별할 수 있으며, 정부 지정의 경우 환경부, 산림청 그리고 지방자치단체 지정 마을로 구분할 수 있다. 환경부 지정 생태마을은 자연생태우수마을과 생태복원우수마을로 나누어진다. 산림청에서 지정하는 산촌생태마을은 1995년 시범마을 지정을 시작으로 매년 조성되고 있으나 엄밀히 말하면 산촌생태마을의 목적이 '산촌지역의 풍부한 산림·휴양자원을 활용한 소득원 개발과 생활환경 개선을 통하여 산촌주민의 삶의 질 향상 및 지역 간 균형발전에 기여'[53]하는 것임을 감안한다면 생태마을의 개념 및 사상과는 거리가 있다.

그렇다면 황대권이 시도한 것처럼 생태공동체[54]를 정주형 생태공동체,

---

[53] 산림청, 『산촌생태마을 사업매뉴얼(마을주민용)』, 2008, 3쪽.
[54] 한국의 경우 일부 도시지역의 생태공동체를 제외하면 생태공동체와 생태마을은 같은 개념이다.

유통중심 공동체, 생산중심(농촌마을) 공동체, 치유중심 공동체, 교육중심 공동체, 종교영성 공동체, 사회복지 공동체, 생태마을, 지역공동체 등으로 실천 목적에 따라 분류하는 것이 타당해 보인다.[55] 그렇더라도 이와 같은 범주에 포함되지 않거나 또 다른 목적의 생태마을이 있을 수 있다. 예컨대 산림청이 지정하는 생태마을과 여러 가지 목적의 복합적 생태마을이 그것이다.

본 연구에서는 환경부 지정 생태마을과 민간운영 생태마을을 중심으로 현지조사 결과에 따라 〈표 3〉과 같이 그 실천항목을 요약하였다. 다만 〈표 3〉의 사례연구에 나타난 대부분의 마을들이 토지윤리를 실천하고 있지는 않으며, 정부 지정 마을을 제외한 대부분의 마을들이 생명지역주의를 실천하고 있으므로 녹색사회의 실천 여부와 목적을 마을별로 표시하였다.

〈표 3〉에서 나타나는 공통점은 대부분의 마을들이 정주, 생산, 지역성, 생태보전, 소득추구, 체험 프로그램을 실천하고 있다는 점이다. 어느 마을이든 각각의 지역적 특성과 주민들의 의지를 반영하고 있으며, 특히 환경부 지정 생태우수마을은 생태보전과 체험, 관광 프로그램 등을 통한 소득원 개발을 목표로 하고 있어 생태마을의 개념과 사상에 완벽하게 부합하지는 않는다. 다만 생태계의 보존 또는 보전을 추구하는 소규모의 생명지역이라는 점만은 틀림이 없다.

---

55) 황대권에 따르면 대표적인 정주형 생태공동체로 경기도 화성에 있는 야마기시경향실현지와 경남 함양의 두레마을, 전북 변산의 변산공동체, 경북 울진의 한농복구회 등을 꼽을 수 있으며, 그 외 유통(네트워킹)중심 공동체, 생산중심 공동체, 치유중심 공동체, 교육중심 공동체, 종교영성 공동체, 사회복지 공동체, 생태마을, 지역공동체 등이 있다. 자세한 내용은 http://farmmall.co.kr/bbs/view.php?id=data.farm&no=162, 2008. 5. 21 참조.

마을	녹색사회*	정주	생산	유통	치유	교육	종교	복지	생태	지역	소득	체험	관광	비고
		실천항목**												
와운마을		○	○						○	○	○		○	
삼산마을	○	○							○	○	○		○	
수분마을	○	○	○						○	○		○	○	
가정마을		○							○	○	○	○	○	
신촌마을		○							○	○	○			
음정마을		○	○						○	○	○			
부전마을		○	○						○	○				
오현마을		○	○						○	○				
상평마을		○	○						○	○	○		○	
정금마을		○	○	○					○	○	○			
두레마을	○	○	○	○	○	○	○	○	○	○	○		○	
간디학교	○	○					○	○			○	○		
둔철마을	○	○	○	○		○			○	○	○			
민들레마을	○	○	○	○		○	○		○	○	○			
안솔기마을	○	○	○			○			○	○	○			
청미래마을	○	○	○			○			○	○	○			
하늘소마을		○	○						○	○	○		○	
인드라망	○	○		○		○		○	○	○	○			
부운마을		○	○						○	○	○			
원천마을		○	○						○	○	○			
산림청지정***		○	○	○					○	○	○			

* 녹색사회는 경제적 절약과 자원재활용, 정치적 분권화와 소규모 공동체, 평등, 대안기술과 유기
 농업의 실천정도에 따라 표시함.
** 실천항목: 목적별 실천항목임.
*** 산림청이 지정한 산촌생태마을은 '산촌지역의 산림·휴양자원을 활용한 소득원 개발, 생활환경
 개선 등을 통하여 산촌주민의 삶의 질 향상 및 지역간 균형발전'에 기여하는 것을 목적으로
 하므로 대개 생산, 유통, 지역, 체험 등의 목적을 가지고 있음.

한편, 녹색사회의 측면에서도 경제적인 자립과 자원재활용, 정치적인
평등과 대안기술의 개발·보급이 충분하지 않다. 또한, 하늘소마을은 지
방자치단체가 집중적으로 육성하며, 도시민들이 이주해 온 경우에 속한
다. 이 마을은 정주 목적과 함께 유기농업과 체험, 관광을 목적으로 하므
로 넓은 의미의 친환경농업체험마을이다. 여기서 체험마을이라 함은 농
림수산식품부 지정 녹색농촌체험마을, 어촌체험마을, 농촌진흥청 지정

농촌전통테마마을, 산림청 지정 산촌생태마을 중 체험사업을 시행하는 마을을 말한다.

그러나 민간운영 생태마을들은 실천양상이 다소 다르다. 인드라망공동체, 지리산두레마을, 청미래마을, 둔철마을, 안솔기마을, 민들레마을 등은 생태마을의 개념과 사상에 근접한 진정한 생태마을이라 할 수 있다. 생태보전은 물론 특히 실상사작은학교(중학교과정), 실상사귀농학교, 두레자연유치원, 지리산초록학교, 온배움터(녹색대학), 간디학교(중학교과정, 고등학교과정) 등 교육과 자연치유, 종교(불교, 기독교) 및 생산, 유통, 소득, 체험관광 및 풍력, 태양력 등 대안기술 등에 관한 실천이 포함되어 있기 때문이다. 또한 이들 마을 중 일부(인드라망공동체, 청미래마을)는 전원마을을 조성 중에 있어 정주 목적이 포함될 뿐 아니라 비누, 빵 등의 자급을 위한 생산과 유통, 견학, 체험, 관광 등의 기능도 수행하고 있다.

한편, 〈표 3〉에서 부운마을과 원천마을 및 산림청이 지정한 생태마을은 명칭만 생태마을일 뿐이지 실천내용은 생태마을과 거리가 있다. 특히 산림청 지정 생태마을은 주민의 삶의 질 향상과 소득개발을 목적으로 하는 '소득개발 생태마을'이다. 마을별로 10억 원 내외의 직간접 사업비를 지원한다는 점과 지원분야가 산촌주민의 삶의 질 향상과 소득원 개발사업을 중심으로 한다는 점에서 생태마을의 본질을 벗어나 있다. 삶의 질 향상 역시 소득증가를 전제하므로 어떻게 보면 생태보전과는 동떨어질 우려도 있어 생태적 삶보다는 경제가 우선이며, 이러한 측면에서 생태마을의 개념과 사상에 부합한다고 할 수는 없다. 오히려 생태적 자연환경자원을 이용하여 임도, 숙박시설, 음식점, 자연생태전시관 등 인위적 시설을 짓고 이를 운영할 수 있는 소프트웨어를 정부정책으로 지원하는 것이 고작이다. 그렇더라도 이들 마을들이 하나의 생태마을인 것은 분명하다. 미국, 독일, 호주, 일본 등에 있는 세계적으로 유명한 생태마을들도 수많은 관광객들이 즐겨 찾는 관광지이자 체험활동이 이루어지는 곳이기 때문이다.

이상에서 고찰한 생태마을 실천과정은 어디까지나 현실적으로 나타나는 실상에 근거한 것이며, 무엇보다도 마을지도자의 역량, 계획단계에서부터 사업 추진 및 운영 단계에 이르기까지의 민주적 절차에 의한 의사결정, 소규모 생명지역주의의 실천의지, 경제적 자급자족 지향, 태양열, 풍력 등 환경친화적 에너지원의 사용, 입주자격의 제한 또는 주민의 동의 등을 필요로 함은 물론이다. 다만 지금까지 뿌리를 내린 생태마을의 공통점56)을 도외시할 수는 없을 것이다. 그것을 도외시할 경우 하루에도 몇 개씩 생태마을이 조성되었다가 없어지는 현상이 되풀이될 수밖에 없을 것이기 때문이다. 또한 생태마을이란 "자립적으로 생태적인 삶을 영위하며, 친근성에 근거하여 조직화할 수 있는 인간적 규모의 마을을 진행하는 일련의 과정"57)이기 때문이기도 하다.

IV. 요약과 전망

지금까지 생태마을의 개념, 사상 및 세계와 한국에서의 실천과정 그리고 지리산권의 생태마을 실천과정을 살펴보았다. 생태마을은 '생산·소비 등 생활양식이 자연생태계와 조화를 이루면서 자원과 에너지를 자급자족 또는 절감하며, 지역의 문화를 존중하는 소규모의 공동체로 현성된 공간'

---

56) 지금까지 뿌리를 내린 생태마을의 공통점은 ① 사상가 또는 실천가로서의 지도자가 있었으며, ② 마을의 의사결정체제가 민주적이며, ③ 생태계의 원형을 유지하는 소규모 공동체이며, ④ 경제적으로 자급자족을 지향하되 태양열, 풍력 등 환경친화적 에너지원을 사용한다는 점이다. 자세한 내용은 서정호, 「생태마을의 사상적 기초와 실천과제에 관한 연구」, 150쪽 참조.

57) 서정호, 「생태마을의 사상적 기초와 실천과제에 관한 연구」, 147쪽.

으로서 '자립적으로 생태적인 삶을 영위하며, 친근성에 근거하여 조직화할 수 있는 인간적 규모의 마을을 진행하는 일련의 과정'이다.

생태마을의 사상은 토지윤리, 생명지역주의, 녹색사회 등을 주요 내용으로 하고 있고, 그 실천방식은 소규모 공동체, 평등, 대안기술 및 적정기술, 노동집약형 자급자족, 생태적인 삶 등을 망라하며, 산업사회가 초래한 환경문제를 해결하려는 동기에서 출현하였다.

한국에는 300여 개소의 생태마을이 운영되고 있거나 계획 단계에 있다. 이 중 지리산권에서도 약 50개소의 생태마을이 실천되고 있으며, 지리산권은 생태마을이 입지하기에 적합한 지역이다. 이 지역에는 다양한 식생과 여러 종류의 식물군락, 야생동물과 고등균류가 서식하고 있어 생태계 보전이 필요할 뿐만 아니라 예로부터 이상사회를 추구해 왔던 지역이기 때문이다.

실천과정에 있는 48개소의 지리산권 생태마을을 조사한 결과 공통적으로 정주, 생산, 지역성, 소득, 체험 등의 목적으로 실천되고 있었으며, 나머지는 개략적으로 3가지 형태로 실천되고 있었다.

첫째, 환경부가 지정한 생태마을들은 자원재활용, 정치적 분권화, 대안기술의 개발과 보급 등을 골자로 하는 녹색사회 지향이 미흡하며, 절반정도만 생태계 보전을 지향하고 있었다. 따라서 이들 환경부 지정 생태마을들은 녹색사회를 지향하는 방향으로 실천되어야 진정한 생태마을로 발전할 수 있을 것이다.

둘째, 민간운영의 복합적 생태마을들은 생태마을의 사상과 개념에 부합하는 진정한 생태마을이라 할 수 있다. 이들 마을은 녹색사회를 실천할 뿐만 아니라 부가적으로 유통, 치유, 교육, 종교, 복지를 실천하는 복합적 생태마을이다. 따라서 이들 마을은 그들의 생태마을 실천방식과 경험들을 확산·보급하는 교육을 실시함으로써 생태마을을 실천하고자 하는 예비 생태마을 또는 기존 생태마을 중 생태마을의 사상과 개념에 부합하지 않게 실천되는 마을을 계도하는 역할을 수행할 수 있다. 또한 장기적으로 토지윤리를 실천하는 노력을 기울여야 할 것이다.

셋째, 산림청 지정 생태마을과 간판을 '생태마을'로 붙인 일반 생태마을들은 그야말로 이름만 생태마을이다. 생태계 보전, 생물다양성 보호와는 동떨어진 생산, 유통, 소득, 체험 등을 목적으로 실천되고 있으므로 이들 생태마을은 녹색사회는 물론 생태계 보전 및 복원을 실천함으로써 지속가능한 진정한 생태마을로 전환되어야 할 것이다. 따라서 산림청 등 지원기관은 사업매뉴얼에 지원조건으로 녹색사회 실천, 생태계 보전 및 복원, 생물다양성 증진 등을 포함하여야 할 것이다. 그러지 않으면 사업명칭에서 '생태'라는 용어를 제외시켜야 함이 마땅하다.

조사결과, 대부분의 생태마을들은 생태마을의 사상과 개념에 부합하며 지속가능한 생태마을로 발전하기 위하여 지도자 및 마을주민의 실천의지, 확고한 생태적 비전과 목표, 대안기술의 지속적 개발과 활용을 필요로 한다는 것이 밝혀졌다.

이러한 필요조건들이 충족될 경우, 생태마을의 미래는 희망적이다. 그것은 복잡한 도시생활에 싫증을 느낀 도시민들 사이에서 생태적 각성과 함께 인간적 규모의 이상적 공동체를 열망하는 분위기가 점점 강해지고 있으며, 생태마을은 그러한 열망에 맞는 공동체를 만들어 나가는 과정이기 때문이다.

이 글은『OUGHTOPIA』제25권 제2호(경희대학교 인류사회재건연구원, 2010)에 수록된「지리산권의 생태마을 실천과정에 관한 연구」를 수정·보완한 것이다.

지리산 서남권지역의 생태마을 실천 가능성 고찰

서정호

I. 연구의 배경과 선행연구 현황

1. 연구의 목적과 방법

20세기 중반부터 녹색사상가들은 세계적인 환경오염과 자원고갈을 우려하여 'sustainable'이라는 용어를 사용하며 그 필요성을 강조해 왔다. 또한 1972년 로마클럽이 펴낸 보고서 '성장의 한계(The Limits to Growth)'는 우리에게 급증하는 세계인구, 산업화의 급진전, 환경오염 심화, 식량생산의 한계, 자원고갈 등 포괄적 위기를 일깨워 주었다. 이 클럽은 19년 후인 1991년 '한계를 넘어서(Beyond the Limits)'를 발표하여 삼림파괴로 인한 동식물의 멸종과 토양유실이 인류에게 재앙을 가져올 것이라고 예고하였다. 한편, 1992년에 개최된 리우환경회의는 기후변화, 생물다양성 파괴 등에 관한 관심을 불러일으켰다.

이러한 일련의 인식과 활동으로 인하여 생태위기를 우려하는 주장이 설득력을 더해가는 가운데 생태마을에 대한 관심이 증가되고 있다. 쾌적한 환경에서 살고자 하는 인간의 욕구는 물론 이러한 장소를 찾는 휴양관광객도 증가하고 있기 때문이다.

한편, 한국의 지리산권은 널리 알려진 수려한 경관자원 외에도 국보 7점, 보물 29점 등 수많은 사적·명소·천연기념물이 산재하고 있어 문화적 가치가 높은 지역이다. 이 지역에는 다양한 식생과 여러 종류의 식물군락, 야생 동물과 고등균류가 서식하고 있어 생태계보전이 필요할 뿐만 아니라 예로부터 이상사회를 추구해 왔던 지역이기도 하다. 이들 지리산권 중 남원시, 장수군, 함양군, 산청군 등 동북부지역에는 여러 형태의 생태마을이 산재한 지역이다. 그러나 곡성군, 구례군, 하동군 등 서남부권지역에는 생태마을의 실천이 상대적으로 미흡한 실정이다.

이에, 생태마을의 개념과 입지조건을 정리하고, 이미 실천되고 있는 지리산 동북부권의 생태마을 현황을 살펴봄으로써 상대적으로 미흡한 곡성, 구례, 하동군 등 지리산 서남부권에도 생태마을 사상에 부합하는 생태마을을 실천할 수 있는지 그 가능성에 대하여 고찰하고자 하며, 그 실천을 위한 과제들을 제안하고자 한다.

본 연구를 위하여 문헌조사와 현지조사를 병행하였다. 생태마을의 사상적 기초가 되는 생명지역주의, 녹색사회 및 외국과 한국의 생태마을 사례 등에 관해서는 선행연구자 및 현황에 관한 문헌을 조사하였으며, 특히 지리산권지역의 생태마을에 대하여는 문헌조사와 함께 현장조사를 실시하였다.

그러나 생태마을의 사상적 기초에 부합하는 이상적인 생태마을은 한국에서 이미 형성된 생태마을과는 본질적으로 같지 않다. 한국의 생태마을들은 대부분 농산어촌체험 위주의 농촌관광, 교육, 친환경농업 등의 목적으로 형성되었거나 주민들이 자립과 생태적인 삶을 공동으로 영위하기 위하여 인위적으로 만들어가고 있는 과정에 있기 때문에 완전한 생명지역주의와는 거리가 있다. 따라서 생태마을의 사상에 부분적으로 부합할 따름이다.

2. 선행연구 검토

지금까지 생태마을 사상에 관해서는 주로 철학적 관점에서 연구되어 왔으며, 이른바 생명지역주의(bioregionalism) 및 녹색사회(green-society)의 실천을 목표로 하는 데서 비롯되었다. '생명지역주의'라는 용어는 미국의 Sale이 "1970년대 중반 Peter Berg와 Raymond Dasmann에 의하여 일반에 알려지게 되었다"[1]고 소개하였으며, Aldo Leopold의 '토지윤리'를 사상적 토대로 한다.[2] 녹색사회는 1980년대에 Trainer 등이 연구하였다.[3]

한국에서는 송명규가 생명지역주의의 토대인 토지윤리를 제안한 Aldo Leopold의 '모래군의 열두 달(A Sand County Almanac)'을 번역한 바 있으며[4], 그는 또 『현대 생태사상의 이해』에서 생명지역주의를 소개하였다. 이 연구에서는 철학적 관점에서 생태위기의 근원을 찾았으며, 녹색사회와 생명지역주의에 관한 이론들을 소개하였다. 또한 녹색사회연구소는 '생태마을 활성화방안 연구' 보고서를 환경부에 제출한 바 있다.[5] 최근에

---

1) Kirkpatrick Sale, *Dwellers in the Land: The Bioregional Vision*, Philadelphia PA: New Society Publishers, 1991, p.43.
2) 송명규, 『현대 생태사상의 이해』, 도서출판 따님, 2004, 204쪽.
3) Ted Trainer, *Abandon Affluence!*, London: Zed Books Ltd., 1985.
4) 알도 레오폴드, 『모래군의 열두 달, 그리고 이곳저곳의 스케치』, 송명규 옮김, 도서출판 따님, 1999.
5) 녹색사회연구소, 『생태마을 활성화 방안 연구』, 환경부, 2004.

는 김도종이 녹색공동체마을법인 관련 연구를 하였으며[6], 김성균·구본
영은 생태학적 삶을 위한 '모둠살이의 도전과 실천'에 관하여 연구하였
다.[7] 이 외에도 생태마을 사상 및 실천과 관련한 선행연구와 국내외 보
고서 등이 다수 있으나, 대부분 보편적 이론과 현황 설명 그리고 실천방
안 등에 관한 연구들로서 지리산권으로 한정한 생태마을 관련 연구는 전
무한 실정이다.

따라서 본 연구는 생태마을에 관한 사상적 기초에 근거하여 특정 공간
으로서의 지리산 서남부권의 생태마을 실천가능성을 고찰한다는 점에서
선행연구들과 차별된다.

본 연구는 지금까지의 서론에 이어 제Ⅱ장에서는 생태마을의 개념과
실천조건들을 정리하였으며, 제Ⅲ장에서는 생태마을 실천현황과 지리산
서남부권의 실천가능성을 고찰하였다. 제Ⅳ장에서는 본 논문을 요약하
고, 결론으로 지리산권은 이상적인 생태마을의 입지조건들이 갖추어진
지역임을 밝히며, 아직까지 상대적으로 미흡하게 실천되고 있는 서남부
권 생태마을의 실천을 위한 과제들을 제시하였다.

II. 생태마을의 개념과 실천조건

1. 생태마을의 사상과 개념

생태마을의 사상적 기초는 생명지역주의(bioregionalism), 토지윤리(land
ethics), 녹색사회(green-society) 등이다. 생명지역주의가 널리 알려지게 된

---

[6] 김도종, 「문화자본주의 사회의 생활양식과 녹색공동체마을법인」, 『범한철학』
제52집, 2009, 231~256쪽.
[7] 김성균·구본영, 『생태학적 삶을 위한 모둠살이의 도전과 실천: 에코뮤니티』,
이매진, 2009.

것은 1985년 Sale의 "땅의 거주자들(Duellers in the Land)"이 발간된 이후부터이다.[8] 여기서 생명지역이란 사람에 의하여 인위적으로 구분된 것이 아니라 식물상, 동물상, 물, 기후, 토양, 지형 등 자연조건과 이러한 조건하에 자연발생적으로 형성된 사람들의 정착지와 문화에 의하여 구분되는 공간을 의미하므로[9], 인간과 모든 동식물의 삶의 단위터전으로 정의할 수 있다. 따라서 생명지역은 지리적 영역(장소)임과 동시에 의식의 영역(이념)이다. 생명지역주의자들이 생명지역주의의 이론을 개발하고 실천하는 것은 궁극적으로 생태학적 원리에 따라 '생명공동체'를 복원하고 유지하는 데 귀결된다. 이 생명공동체에는 인간뿐만 아니라 동식물, 산, 하천, 바다, 들 등 모든 생태학적 실체가 포함된다. 이들은 또한 레오폴드의 토지윤리를 기본철학으로 신봉한다.

한편, 토지윤리[10]는 현대 환경윤리의 아버지로 불리는 미국의 Aldo Leopold(1987~1948)가 자신이 관찰해 왔던 야생 동식물의 생존과 자연생태계에 관하여 10여 년 동안 집필한 수필집 '모래군의 열두 달(A Sand County Almanac and Sketch Here and There)'에서 제창한 사상으로 그 핵심은 "토지는 생명공동체"라는 것이다. 일반적으로 토지는 자본주의사회에서 물질적으로 풍요롭기 위하여 개발되어야 할 자원으로 보는 견해와는 다른 개념이다. 그는 토지를 자산보유 또는 증식의 수단으로 보지 않

---

8) 송명규, 『현대 생태사상의 이해』, 206쪽.

9) 송명규, 『현대 생태사상의 이해』, 207쪽.

10) 알도 레오폴드의 에세이 『모래군의 열두 달』의 마지막 편에 실린 "The Land Ethic"을 한국에서는 '토지윤리', '대지윤리' 또는 '땅의 윤리' 등으로 표기하고 있는데, 본 연구에서는 '토지윤리'로 표기하였다. 토지윤리는 '지구는 하나의 거대한 유기체로서 동식물, 토양, 물 등은 지구에 통합되며, 토지는 생명공동체로서 토양, 산, 하천, 대기와 같은 지구의 일부를 정해진 기능의 일부를 수행하는 어떤 통합된 조직(organ)으로 하는 하나의 유기체이다. 그러므로 그 속에서는 토양과 물도 인간과 동등한 구성원이다'(Aldo Leopold, *The River of the Mother of God: And Other Assays by Aldo Leopold*, The University of Wisconsin Press, 1991, 95쪽)라고 보는 사상이다.

고 삶의 터전 또는 삶 그 자체로 보아야 할 사랑과 존중의 대상이라 하였다. 토지윤리에서는 또 '보전'을 강조한다. "보전은 인간이 토양과 물, 동식물들과 함께 공동체의 구성원이 될 때 가능하며, 개별 구성원들이 서로 의지하여 평등하게 자신의 몫을 차지하며 시민의 역할을 담당할 때 가능하다"[11]라고 보는 견해이다. '생태마을'이라는 공동체에서 토지가 그 공동체의 구성원이자 공동체 그 자체가 될 것을 기대하며 이를 실천해 나가는 의지가 그 사상인 것이다.

녹색사회는 생태적으로 지속가능한 사회 또는 자연생태계가 무리 없이 지탱될 수 있는 여건이 되어 있는 사회이다. 선행연구자가 정의한 문구를 인용하자면 물질적 풍요가 아닌 정신적 풍요, 양적 풍요가 아닌 질적 풍요를 추구하는 '비개발(de-development)사회'[12]를 의미하며, 경제적, 정치·사회적, 기술적 특징은 다음과 같다.

첫째, 녹색사회는 경제적으로 절약과 노동집약적 자급자족, 자원재활용(또는 재생)을 그 특징으로 한다. 이 때문에 경제적 효율성보다는 생태적 효율성을 더 중시하는 사회를 일컫는다. 둘째, 녹색사회의 정치·사회적 특징은 분권화와 소규모 평등이다.[13] 이는 주민참여에 따른 구성원들의 소속감이 높아짐으로써 생태보존에 대한 참여의식이 고양될 수 있기 때문이다. 또한 소규모 공동체 단위에서의 생활은 대도시의 대규모 단위에서의 생활보다 쾌적하기 때문이다.[14] 셋째, 녹색사회의 기술적 특징은 대안기술, 적정기술(중간기술)의 광범위한 사용이다. 대안기술(alternative technology)은 '단순하고 재미있고 생태감응적이며 누구나 쉽게 익혀서

---

11) Aldo Leopold, *A Sand County Almanac: And Sketches Here and There*, Oxford and N.Y.: Oxford University Press, 1949, 서문.

12) Ted Trainer, *Abandon Affuence!*, pp.176~178.

13) 송명규, 『현대 생태사상의 이해』, 192쪽.

14) Edward Goldsmith et als., *A Blueprint for Survival*, Harmondsworth: Penguin, 1972, pp.50~53.

활용할 수 있는 기술'15)이며, 적정기술(appropriate technology)·중간기술 (intermediate technology)은 자본집약적 첨단기술도 아니고 노동집약적 전통기술도 아닌 일반 시민이 쉽게 활용할 수 있는 '중간 정도'의 기술이다.16) 특히 녹색사회의 농업부문에서 강조되는 기술은 유기농법이다. 농약과 화학비료의 과다사용, 과잉 기계경운 등은 토양유실과 환경오염 등 생태계파괴를 동반하기 때문이다.

　이상의 생태마을 사상들을 종합하면 '생태마을은 생명지역에서 토지윤리에 근거하여 녹색사회를 추구하는 과정'이라 할 수 있다. 학자들마다 견해의 차이는 있지만, '목적을 가진 공동체의 한 형태'임에는 분명하다. 아르킨은 생태마을을 '경제·사회 그리고 삶의 질 향상과 갈등이 없는 생활을 기반으로 하는 인간적 규모의 지속가능한 주거체계로, 친구, 이웃, 그리고 가족과 함께 시간과 마음을 나눌 수 있는 물리적·경제적·사회적 환경으로 구성되어야 하며 이들 구성요소들을 복원시키면서 자연자원을 이용하는 마을'이라 정의하였다.17) 또한 레이드는 '자연환경에 근거하여 조화로운 활동이 보장되는 인간적 규모의 정주체계'를 생태마을로 정의하였으며18), 에지버그는 생태마을의 인간적 규모는 '이웃과 쉽게 친해지고 조직화될 수 있으며, 너무 크지도 않고 도시만한 규모도 아니다'라고 하였다.19) 그리고 시마 역시 인간적 규모를 강조하며, '생태마을은 규모, 범위, 사회구조, 생태학 등을 계획에 반영하는 일련의 과정이며 모든

---

15) Ted Trainer, *Abandon Affuence!*, pp.249~279.

16) E. F. Schumacher, *Small Is Beautiful: Economics as People mattered*, N.Y.: Harper and Row, 1974, pp.150~159.

17) L. Arkin, "Sustainability & Sustainable Communities, or Where is an Ecovillage Anyway?," *Communities*, Summer 1996, pp.32~33.

18) C. Reid, "Eco-Village — Middle Class Fantasies?," *Diggers and Dreamers* Pub., 1999, p.42.

19) O. Egeberg, "Setting Up an Ecovillage Where You Are," *Communities*, Summer 1996, p.36.

곳에서 진행될 수 있는 곳'으로 정의하였다.[20] 서구 연구자들의 이러한 정의들을 종합하면 생태마을은 '자립적으로 생태적인 삶을 영위하며, 친근성에 근거하여 조직화할 수 있는 인간적 규모의 마을을 진행하는 일련의 과정'이다. 이 때문에 생태마을은 ① 공동체(Community), ② 생태학(Ecology), ③ 문화(Culture)를 포함하는 개념이다.

한국에서도 여러 연구자들이 생태마을을 정의하였다.[21] 한국 연구자들의 정의는 외국 연구자들의 그것과 다소 차이가 있다. '자립적이고 생태적인 삶' 부분은 일치하지만 인간적 규모 및 친근성에 근거한 조직화를 언급하지 않는 대신 지역의 역사 및 문화적으로 안정된 사회를 강조하고 있다. 다만 생태마을의 구성원칙[22]에서 '인간적 규모의 공동체'를 포함하고 있어, 한국 연구자들이 정의한 생태마을의 개념 역시 공동체, 생태학, 문화를 포함하는 개념으로 서구 연구자들이 지향했던 소규모의 공동체적·생태적 삶, 자급자족과 유사하다.

한국에서는 또 환경부에서 2001년부터 생태마을을 두 가지로 분류하여 매년 지정하고 있다. '자연환경이 잘 보전된 상태로 주민과 자연이 조화를 이루며 살고 있거나 지역주민의 공동 노력을 통해 자연친화적 생활양식으로 운영 중인 마을'을 자연생태우수마을로, '오염된 지역이나 생태계가 훼손된 지역을 자연친화적 공법을 활용하여 지자체, 지역주민들의 노

---

20) T. Sima, "What is Ecovillage?," *Communities Directory*, Fellowship for International Community, 2000, p.44.

21) (사)녹색연합 부설 녹색사회연구소가 2004년 환경부에 제출한 『생태마을 활성화 방안 연구』는 녹색연합, 이재준, 김귀곤·이준, 김귀순, 유상오·김신원·허준 등이 생태마을을 정의한 내용을 소개하였다. 이들 정의들은 약간의 차이가 있으나, ① 생활양식, 생산양식의 주변 생태계와의 조화, ② 자원, 에너지, 경제의 자립, ③ 지역의 역사, 문화적으로 안정된 공동체, ④ 환경적으로 지속가능한 발전, ⑤ 자연생태계의 다양성, 자립성, 안정성, 순환성, 탄력성을 유지하기 위한 구조와 기능을 갖춘 유기체적 마을 등으로 요약할 수 있다. 자세한 내용은 녹색사회연구소, 『생태마을 활성화 방안 연구』, 9쪽 참조.

22) 녹색사회연구소, 『생태마을 활성화 방안 연구』, 10쪽 참조.

력으로 본래의 기능으로 생태계를 복원한 지역'을 자연생태복원우수마을로 각각 지정한다.[23] 이는 어디까지나 매년 생태우수마을을 발굴하여 지정하는 포괄적 기준에 해당할 뿐 개념이라고 볼 수는 없다. 그러나 현대의 일반적인 생태마을들은 생태마을의 사상을 모두 명시하거나 실천하고 있지는 않다. 그러면서도 토지윤리, 생명지역주의, 녹색사회 등 생태마을의 사상과 밀접한 관계가 있음을 강조한다.

선행연구자들의 정의를 종합하여 생태마을의 특징[24]을 정리할 수 있다. 또한 국제생태마을네트워크(GEN)[25]의 사무총장 스벤슨(Svensson)은 '생태마을은 영성·문화적 요소, 생태적 요소, 사회·경제적 요소를 고려하여 구성해야 한다'고 하였다.[26]

이상 생태마을의 정의, 특징, 구성 요소들을 고려할 때 '생태마을은 생산, 소비 등 생활양식이 자연생태계와 조화를 이루며, 자원과 에너지를 자급자족 또는 절감하며, 지역의 문화를 존중하는 소규모의 공동체로 현성된 공간'이다.

---

[23] 환경부, 「보도자료−2008년도 자연생태 우수·복원우수마을 16개소 신규지정」, 2008. 12. 31.

[24] 김성균·구본영은 생태마을의 특징을 다음과 같이 정리하였다. 첫째, 생태마을은 인간적인 규모로 조성되어야 한다. 둘째, 생태마을에는 지속가능한 입지여건이 마련되어 있어야 한다. 셋째, 느슨한 관계를 바탕으로 구성원들은 공동체적 삶을 실천한다. 넷째, 생태마을은 모든 영역이 지속가능한 체제를 지니고 있어야 한다(김성균·구본영, 『생태학적 삶을 위한 모둠살이의 도전과 실천: 에코뮤니티』, 170~171쪽).

[25] GEN(Global Eco-Village Network)은 지속가능한 인간정주지 공급, 정주지 간의 정보교류 지원, 생태마을의 개념 및 시범지역에 관한 정보 제공 등을 목적으로 1994년 사무국을 설치하고 1996년에 정식으로 발족한 단체이다. 2000년까지 세계 160개의 공동체가 GEN에 연계되었으며, 현재 아시아+호주, 유럽+아프리카, 아메리카 등 대륙별 네트워크를 갖추고 있다(http://gen.ecovillege.org).

[26] 김성균·구본영, 『생태학적 삶을 위한 모둠살이의 도전과 실천: 에코뮤니티』, 192쪽.

2. 생태마을의 실천조건

생태마을의 기원은 1960년대 덴마크의 Co-housing Community로 보는 설이 가장 유력하다. '보포엘레스카베르(Bofoellesskaber, 공동체 생활)'라 불리는 이 공동체는 사람들이 사생활을 보장받는 동시에 강한 소속감을 느끼고 싶어 한다는 전제를 바탕으로 시작되었으며, 주민들은 공동체의 설계 당시부터 건설 노동, 운영 및 관리 등 전 과정에 참여한다. 이처럼 생태마을에 관한 관심과 실천은 1960년대부터 있어 왔지만 본격적으로 논의된 것은 1992년 리우환경회의 이후부터이다. 근대화, 산업화의 산물로 나타난 지구온난화 등의 현상으로 환경친화적인 쾌적한 정주공간에서 살고자 하는 생명공동체 운동(서구의 이념에 따르면 생명지역주의 실천)이 시작된 것이 그 시발점이다. 이 때문에 이론적 접근보다는 실천적인 면에서 출발하였고, '생태적 삶의 추구'가 우선이었으며, 산업사회가 초래한 환경문제를 해결하려는 차원에서 출현하였다. 즉 산업사회가 빚은 소외, 경쟁, 갈등 등의 사회현상이 공동체적인 삶을 어렵게 하고, 인간과 인간 또는 인간과 자연이 공존하는 새로운 삶을 향한 돌파구로 생태마을의 필요성이 제기된 것이다. 이와 때를 같이하여 1990년대부터 세계 각지에서 소규모로 산발적으로 불기 시작한 생명공동체 운동이 GEN(국제생태마을네트워크)의 발족으로 이어지게 되었다.

따라서 생태마을이 보편화된 미국을 비롯한 서구에서도 생태마을에 관한 개념이 명확하게 정립되지 않은 채 실천 위주로 확산되기에 이르렀다. 그것은 어쩌면 당연한 결과로도 받아들일 수 있다. 왜냐하면 생명지역주의, 토지윤리, 녹색사회 등 일련의 사상들이 이미 태동하였으며, 그 사상들을 기초로 생태마을(도시)이 만들어져 왔기 때문이다.

생태마을은 인간이 자연과 공존하기 위하여 모든 일상생활에서 생태마을의 사상적 기초를 실천하려는 일종의 실험으로, 유기농법의 개발과 보급 및 안전한 식품의 생산과 소비 등을 통하여 생태계를 보전하며 살아

가는 공동체이다. 널리 알려진 대표적인 생태마을은 이미 유토피아 단계
에 진입하였다.[27]

---

[27] 2008년 4월 10일, 미국 경제전문지 포브스 인터넷판이 선정, 보도한 전 세계
의 유토피아 도시 8곳은 미국의 아르코산티, 에코빌리지, 더팜, 트윈옥스, 호
주의 크리스탈워터스, 스코틀랜드의 핀드혼, 일본의 야마기시, 독일의 제크
등이다. 포브스의 기사를 요약하면 다음과 같다.
  미국 애리조나주 사막 한가운데 만들어진 친환경 생태도시 아르코산티. 이곳
은 사막 위의 낙원으로 불린다. 이탈리아 출신 생태건축학자인 파올로 솔레
리가 1970년 현무암 사막지대를 생태도시로 설계해 첫 선을 보인 곳이다. 아
르코산티 사람들은 태양열 에너지를 이용하고 유기농법으로 농작물을 재배하
며 차 없이 걸어 다니는 소박한 환경친화적 삶을 산다. 아르코산티는 인구
5,000명을 수용하는 도시를 목표로 지금도 건설되고 있다.
  호주 퀸즐랜드주에 위치한 크리스틸워터스는 1987년 건설돼 현재 240명이 살
고 있는 자족적 생태공동체다. 거주민들은 나무와 흙으로 집을 짓고 빗물을
담아 태양열로 데워 쓴다. 유기농법으로 퇴비를 만들고 텃밭을 가꾸며 산다.
  미국 뉴욕주 이타카에 위치한 에코빌리지도 마찬가지. 유기농법과 환경을 파
괴하지 않는 지속가능한 기술을 통하여 환경파괴를 최소화하며 살아간다.
1991년 건설돼 현재 60가구가 거주 중이다.
  스코틀랜드 핀드혼 공동체는 명상을 중시하고 자연과 더불어 사는 가운데 의
식주를 자연친화적으로 바꾸어 가고 있다.
  미국 버지니아주 트윈옥스 커뮤니티는 100가구의 거주민들이 모든 재정 수입
과 자원을 공유하는 것이 특징이다. 해먹과 두부를 만드는 커뮤니티 기업에
서 일하는 이들도 있고, 공동체 마을을 부양하기 위하여 기업체와 연구소에
서 일하는 사람들도 있다. 1967년 설립된 이래 트윈옥스는 비폭력, 평등, 환
경을 삶의 가치로 내세우고 있다.
  생태공동체 체험을 원하는 외부인들을 위해 교육 프로그램을 운영하는 곳도
있다. 1971년 설립된 미국 테네시주 서머타운 더팜은 유토피아식 삶을 꿈꾸
는 외부인들을 위한 트레이닝 센터를 운영한다.
  700여 명의 주민이 거주하는 일본 미에현에 위치한 야마기시는 안정되고 행
복한 공동체를 건설하는 것을 목표로 하는 자급자족 공동체로 1960년대 이래
일본에 30여 개가 생겨났다.
  비폭력적인 삶을 추구하는 독일의 제크 공동체는 베를린에서 남서쪽으로 80
km 부근에 위치하고 있으며 서구적 개인주의와 더불어 삶의 조화를 실험하는
곳이다.
  이들 생태공동체 거주자 대부분은 대학을 졸업하고 대도시에서 버젓한 직장생
활을 하다 새로운 삶을 선택한 이들이다. 그리피스대학 사회학자 빌 메카프는
"친환경적인 삶에 대한 동경뿐 아니라 디지털 시대에서 점차 사라지고 있는 인
간적인 유대관계를 그리워하는 현대인들이 늘어나면서 에코빌리지에 대한 관
심이 크게 증가하고 있다"고 말했다(매일경제신문 2008년 4월 12일자 참조).

    그러나 널리 알려진 인도의 생태마을 오로빌[28]을 빼놓을 수 없다. 1968년 2월, 이 마을의 착공식이 열렸을 때 124개국에서 2명씩의 대표들이 참석하여 자신들의 나라에서 가져 온 흙을 묻고 출발한 오로빌은 인도의 데칸고원 남동쪽 끝 뱅골만에 자리잡고 있다.

    이렇게 뿌리를 내린 세계의 생태마을들은 공통점이 있으며, 다음과 같은 공통점들은 오늘날 생태마을을 실천하기 위한 조건이다.

    첫째, 사상가 또는 실천가로서의 지도자가 있었다. 오로빌에는 인도의 사상가 스리 오로빈도(1872~1950)와 '마더(Mother)'로 불리는 그의 정신적 동반자 미라 알파사(1878~1973)가 있었다. 미국 아르코산티의 파올로 솔레리 등도 그 한 예이다.

    둘째, 지도자는 있었지만 '장(長, 대표)'을 두지 않는다. 즉 대표가 없다. 모두 동등한 자격에서 문제를 풀어 나감으로써 직접민주주의를 채택하고 있다. 총회 의장도 없다. 안건제안자가 사회자이자 의장이 된다. 이 제도에 관하여는 이견이 분분하다. 왜냐하면 만장일치를 결합한 소수의 의사 반영이 쉽지 않기 때문이다.

    셋째, 마을의 경우 인구는 1,000명 이내, 도시의 경우 5,000명 이내의 소수 공동체로 거주공간이 넓지 않고 외곽에서는 생태의 원형을 유지한다.

    넷째, 경제적으로 자급자족을 지향하며, 태양열, 풍력 등 환경친화적 에너지원을 사용하며, 입주자격을 제한하거나 주민의 동의를 얻어 입주가 허락된다.

    ---

    28) 오로빌(Auroville)은 인도의 생태사상가이자 독립운동가인 오로빈도(Sri Aurobindo)의 이름과 마을(Village)의 합성어이다. 이곳에서는 일주일에 한번 꼴로 수준 높은 연주회가 열리고 세계 건축가들이 맘껏 상상력을 발휘한 아름다운 건축물들이 곳곳에 세워지고 있다. 오로빌은 마티르만디르라는 명상의 성소를 중심으로 한 직경 5km의 원형 도시다. 이 원형의 도시에서 유기농법과 환경친화적 적정기술 연구, 대체의학, 에너지 재활용, 토양과 수자원 보존, 내면교육 등 다양한 실험이 전개되고 있다. 오로빌에 관한 자세한 내용은 http://www.auroville.org/를 참조 바람.

III. 지리산 서남부권의 생태마을 실천 가능성

1. 한국의 생태마을

생태마을의 사상에 부합하는 생태마을들은 미국과 유럽을 중심으로 형성되기 시작하였으며 현재도 번창하고 있다. 그것은 생태마을 사상의 발상지이자 농림·목축업의 발달, 협동조합운동, 실천가들의 조직화 등이 동양보다 앞섰기 때문으로 보인다.

그러나 한국의 생태마을은 세계적으로 널리 알려진 실천과정과 다르다. 한국에는 환경부 지정, 산림청 지정, 민간운영마을 등 여러 종류의 생태마을이 있다. 2008년 12월 31일 현재 환경부가 지정한 생태우수마을은 107개 마을[29](자연생태우수마을 89개소, 생태복원우수마을 18개소)이다. 이들 생태마을은 앞에서 언급한 사상과 개념에 기초한 생태마을이라기보다는 환경부에서 2001년부터 '자연환경이 잘 보존되어 있고 멸종위기종 등 야생 동·식물이 서식하며, 특히 주민들의 자발적 환경보전 활동이 우수한 지역'으로 자연생태우수마을, 자연생태복원우수마을을 각각 구분하여 지정한 데서 유래한다.[30]

이와는 별도로 산림청에서도 산촌생태마을을 육성하고 있다. 2008년 말 현재 153개소의 마을이 완료되었거나 조성 중에 있으며, 2012년까지 147개소를 추가로 육성하여 총 300개소의 마을을 조성할 계획으로 있다.[31] 엄밀히 말한다면 환경부 또는 산림청이 지정한 생태마을은 사상과 개념에 의하여 민간이 조성한 생태마을과는 다르다. 자연환경의 보전 및 복원활동이 활발한 마을이거나 도농교류 활성화를 통한 마을소득증대 차

---

[29] 환경부 지정 107개 생태마을의 현황 및 지정사유 등은 환경부 홈페이지(http://www.me.go.kr) 참조.

[30] 환경부, 「보도자료-2008년도 자연생태 우수·복원우수마을 16개소 신규지정」 참조.

[31] 농림수산식품부, 『2009 농림업사업시행지침서』, 2009, 2221쪽.

원에서 조성되는 마을이다.

　그렇다고 해서 민간에 의한 자발적 생태마을이 없는 것은 아니다. 녹색사회연구소가 환경부에 제출한 '생태마을 활성화방안 연구'에서는 9개의 생태마을[32]을 선정하여 조사하였는데, 이 대상마을에는 환경부가 지정하지 않은 생태마을이 다수 포함되어 있다. 이들 마을 중 물만골공동체를 제외하면 공히 농산어촌체험을 시행하는 농산어촌 관광마을이다.

　또한 한국에도 200여 개소의 생태공동체가 운영되고 있다는 것이 조사를 통해 밝혀졌다. 황대권은 생태공동체를 정주형 생태공동체, 유통중심 공동체, 생산중심(농촌마을) 공동체, 치유중심 공동체, 교육중심 공동체, 종교영성 공동체, 사회복지 공동체, 생태마을, 지역공동체 등으로 분류하였다.[33]

---

[32] 조사대상마을 선정기준으로 ① 자연과 순환, 공생하는 생산양식 혹은 생활양식을 마을주민이 공동으로 추구하는 마을, ② 국내 생태마을의 유형별 흐름을 대변할 수 있는 마을, ③ 폐쇄적인 종교집단, 이념체는 제외, ④ 지리적 특징, 조성경위, 조성주체별 특징을 갖는 마을 등을 정하여 안솔기(경남 산청군 신안면 외송리), 진도리(전북 무주군 안성면 진도리), 청미래(경남 함양군 백전면 대안리 일대), 명달리(경기도 양평군 서종면 명달리), 양지리(강원도 철원군 동송읍 양지리), 문당리(충남 홍성군 홍동면 문당리 일대), 대포천(경남 김해시 상동면 대포천 일대), 장화리(인천시 강화군 화도면 장화2리 일대), 물만골공동체(부산시 연제구 연산2동, 7동 일대) 등을 조사하였다((녹색사회연구소, 『생태마을 활성화 방안 연구』, 26~27쪽).

[33] 황대권은 대표적인 정주형 생태공동체로 경기도 화성에 있는 야마기시경향실현지와 경남 함양의 두레마을, 전북 변산의 변산공동체, 경북 울진의 한농복구회 등을 꼽으며, 그 외의 공동체는 다음과 같이 분류하였다.
　가. 유통(네트워킹)중심 공동체: 한살림, 인드라망생명공동체를 비롯한 지역의 각종 생협, 종교단체 내의 도농교류센터, 지역화폐(안산 고잔품앗이, 부산 Y공동체, 광주 나누리, 미내사클럽, 진주 상봉품앗이, 서울 송파품앗이, 경기 광명그루, 과천품앗이, 대전 한밭레츠), 공동체연대(전남 광주).
　나. 생산중심 공동체: 한마음공동체(전남 장성: 영농조합, 유통매점. 주로 광주전남과 경남에 46개), 야마기시경향실현지(경기 화성), 한농복구회(경북 울진을 비롯한 전국 10곳 1,500가구 2,500명, 해외 10지부), 변산공동체(전북 부안), 방주공동체(경북 울진), 팔당생명살림(경기 남양주: 1995년 팔당상수원유기농업영농조합+소비자생협), 쌍호공동체(경북 의성), 솔샘일터(서울), 눈비산마을(충북 괴산), 풀무평화공동체(충북 괴산), 새누리공동체(경부 영주: 옥방교회공동체, 영주 일대를 아우른 생산자공동체로 서울 영락교회 지원), 한울

이들 마을들은 또 산림청이 지정한 산촌생태마을과도 대부분 다르다.

이상을 종합하면 한국에는 300개소 내외(산림청 지정 산촌생태마을을 포함할 경우 400여 개소)의 생태공동체가 운영되고 있음을 알 수 있으며, 황대권이 분류한 생태공동체 중 정주형 생태공동체, 농촌마을 공동체, 교

타리공동체(경남 거제), 솔뫼농장(충북 괴산: 1994년 시작. 유기농 생산공동체. 현재 13가구 참여) 등.
다. 치유중심 공동체: 의료생협(서울, 대전, 안산, 원주, 안성, 인천), 라파공동체(대전: 2000년 기독교 알콜중독자 치유), 한마음치유공동체(경기 평택: 1998년 기독교 정신질환치유), 하비람살림마을(충남 금산: 1992년 장길섭 전원살림마을의 영성수련회에서 시작. 2005년 현재 6,000여 명 이수. 내적 치유, 자아발견).
라. 교육중심 공동체: 현재 90여 개 확인(한겨레신문 2005. 9. 26) - 풀무학교(충남 홍성), 간디학교(경남 산청), 과천 무지개학교(경기 과천: 교육마을), 둔철생태교육마을(경남 산청), 자유학교 물꼬(충북 영동: 1997년 생태공동체 지향+대안학교+기존마을공동체).
마. 종교영성 공동체: 가톨릭 수도원, 예수원(강원 태백), 두레마을(경남 함양), 디아코니아(경기도 포천: 기독교신자 공동체, 주로 목사, 전도사), 보은예수마을(충북 보은), 정토수련원(경북 문경), 민들레공동체(경남 산청), 예수살이공동체(서울: 박기호 신부).
바. 사회복지 공동체: 다일공동체(서울: 노숙자공동체), 나눔의 집, 다일천사병원, 다일교회(교회건물 없음. 대신 헌금의 51%를 구제와 선교에 씀), 동광원(귀일원 전국 6곳: 이현필 선생을 따르는 사람들로 1948년 시작. 장애인, 고아), 시골교회(강원도 화천: 임락경 영농 장애인공동체), 작은누리(경북 문경: 고아 위탁교육), 두레누리살림터(경남 거창: 유성일 목사가 이끄는 농사짓는 장애인공동체).
사. 생태마을: 안솔기마을(경남 산청), 청미래마을(경남 함양), 하늘소마을(전북 장수: 장수군이 마련한 귀농자마을).
아. 지역공동체: 문당리(충남 홍성: 풀무학교 출신 주형로. 전국 최초 오리농법 도입, 주변지역까지 200만평 확산), 물만골공동체(부산 연제: 철거반대투쟁을 통하여 공동체로 발전. 450세대. 노인회, 부녀회, 청년회, 주민학교, 풍물패, 공부방 운영. 생태마을 지향. 공동체 시설을 위하여 토지매입), 성미산주민공동체(서울 마포: 1994년 공동육아사업으로 시작. 방과 후 학교, 카센터, 각종 취미동아리, 마포두레생협 운영), 성미산 대안학교(학교를 마을공동체의 중심으로 함), 마포지역방송, 한생명(전북 남원: 실상들녘공동체, 귀농학교, 작은학교, 한생명, 지역농업센터 운영. 생명평화결사운동의 요람), 참삶공동체(전남 담양: 2005년 결성), 대덕군 유기농 영농공동체('자연을 따르는 사람들' 결성 후 지역공동체로 도약. 자세한 내용은 http://farmmall.co.kr/bbs/view.php?id=data.farm&no=162(2008. 5. 21) 참조.

육중심 공동체 중 일부, 그리고 생태마을, 지역공동체 중 일부 등에 한하여 진정한 생태마을로 볼 수 있다.

2. 지리산권의 문화·역사·생태적 특성

지리산권의 공간적 범위는 국립공원 지리산과 이를 둘러싸고 흐르는 동쪽의 경호강, 서쪽의 섬진강이 지나는 지역으로 행정구역상 전북 남원시, 장수군, 전남 곡성군, 구례군, 경남 산청군, 함양군, 하동군 등 7개 시·군에 걸쳐 있다.

1967년 한국 최초의 국립공원으로 지정된 지리산(智異山)은 사람이 이곳에 머물게 되면 지혜롭게 된다고 해서 붙여진 이름으로 알려져 있으며, 백두대간이 한반도를 따라 이곳에 까지 이어진다고 해서 두류산(頭流山)이라고도 한다. 또한 도교에서는 삼신산(三神山) 중의 하나인 방장산(方丈山)으로 지칭되어 왔다. 신비한 경관자원들이 12동천, 지리 10경으로 불릴 만큼 아름다운 지리산은 역사적으로는 문화의 산실이었다. 삼국시대 이전에는 산신신앙의 중심지였으며, 불교가 전래된 이후부터는 불교문화가 융성했던 곳이다. 조선시대 성리학이 만개하던 때에는 경상도의 남명학과 호남의 기호학이 활발하게 교류했던 지역이었다. 또한 지리산은 전라남북도와 경상남도의 산세(山勢)를 형성하며, 서쪽의 섬진강이 남원, 곡성, 구례, 하동을 거쳐 남해로 이어지고 동쪽의 경호강이 함양과 진주를 거쳐 낙동강으로 흘러감으로써 동서교통 및 문화교류의 활로가 되었다. 이 때문에 지리산은 융합과 조화·교류의 상징이었다.

한편, 지리산은 근대 이후 저항과 은둔의 장소이기도 하다. 동학농민운동, 여순사건, 빨치산 등 저항과 은둔의 뼈아픈 역사를 간직하고 있다. 이 때문에 지리산은 조정래의 『태백산맥』, 이병주의 『지리산』, 박경리의 『토지』 등 수많은 문학작품의 배경이 되기도 했다.

또 다른 한편으로는 지리산권은 관광자원의 보고이다. 고봉, 준령, 능선, 계곡은 물론 각종 문화유적이 산재한다. 천왕봉(1,915m), 반야봉(1,732m), 노고단(1,507m)의 3대 주봉을 중심으로 20여 개의 봉우리가 병풍처럼 펼쳐져 있으며, 20여 개의 능선이 있다. 그 속에는 칠선계곡, 한신계곡, 대원사계곡, 피아골, 뱀사골 등 큰 계곡이 있다. 지리산에는 또 수많은 동·식물이 서식하고 있어 크고, 깊고, 넓은 것만으로는 지리산을 설명할 수 없다.

한국정부는 또 1989년부터 심원계곡과 피아골 일대 20.2㎢를 자연생태계보존구역으로 지정, 관리하고 있으며, 2006년에는 한국 정부가 "지리산권 광역관광개발계획"을 확정하였다. 이에 따라 2008년부터 전라북도 남원시·장수군, 전라남도 구례군·곡성군 그리고 경상남도 산청군·함양군·하동군 등 지리산권에 속해 있는 7개 시군이 공동으로 지리산권 광역관광개발사업을 추진해 오고 있다.

3. 지리산권의 생태마을과 서남부권의 실천과정

지리산권의 역사·문화·생태적 제 특성은 생태마을들을 실천할 수 있도록 뒷받침하고 있다. 지리산권에는 2009년 10월 말 현재, 어떠한 형태로든 27개소의 생태마을이 운영되고 있다. 환경부가 지정한 생태마을로는 남원시의 와운마을(산내면), 삼산마을(운봉읍), 장수군의 수분마을(장수읍), 산청군의 신촌마을(차황면 법평리), 함양군의 음정마을(마천면 삼정리), 부전마을(서상면 옥산리), 오현마을(서하면), 하동군의 상평마을(악양면) 등 7개 마을이 있으며, 정주형 생태마을인 함양 두레마을, 교육중심의 공동체로서 산청의 간디학교와 둔철생태교육마을, 종교영성 공동체인 산청의 민들레공동체, 그리고 안솔기마을(산청), 청미래마을(함양), 하늘소마을(장수), 실상들녘공동체(남원) 등 8개 마을이 있다. 그리고 산림청이 지정하여 조성 중인 생태마을이 12개소[34]에 달한다. 이 중 비교적 생태마을 사상에 부합하게 운영되는 마을은 다음과 같다.

함양 두레마을의 역사는 우리나라 공동체 운동의 역사와 일치한다. 그
만큼 오래되었고 시대의 흐름과 함께 변화를 겪어 왔다. 두레마을 공동체
는 지금부터 30여 년 전 서울 청계천 일대에서 빈민운동을 하던 김진홍
목사의 활빈교회가 그 모태이며[35], 생태공동체의 이론과 실천의 연구대
상지로 알려져 있다.

간디학교는 1994년 산청군 신안면 외송리에 공동농장 설립을 계기로
탄생하였으며, 현재 중·고등학교 교과과정이 설치되어 있는 대안학교이
다. 이 학교에서는 일반중등학교와 달리 지식교과, 감성교과, 자립교과
과정으로 나누어 가르치면서 철학교육을 강화함으로써 서구의 생태마을
사상을 추구하고 있다.

둔철생태교육마을은 간디학교 중학교과정 캠퍼스가 소재한 마을이며
특용작물과 빵, 잼, 과자 등을 자급자족하고 비누공장을 운영하고 있다.

---

34) 산림청에서는 2009년 사업연도 현재 99개소의 산촌생태마을사업을 추진 중에
있다. 이 중 지리산권에 속해 있는 마을로는 남원 주천 고기, 남원 산내 장
항, 장수 천천 용광, 장수 천천 영평, 곡성 죽곡 유봉, 함양 병곡 광평, 하동
적량 서리 등 7개소의 마을에서 사업이 진행 중이며, 구례 토지 송정, 구례
토지 내동, 곡성 오산 단사, 함양 마천 추성, 하동 화개 대성 등 5개소의 마
을이 사전설계마을로 지정되었다(산림청, 『2009년도 주요업무세부추진계획』,
2009, 200쪽).

35) 청계천 일대가 도시계획에 의해 재개발되자 김진홍 목사는 교회를 중심으로
모여 있던 사람들을 이끌고 경기도 남양만으로 집단이주하여 유기농업을 기
반으로 하는 두레마을 공동체를 만든다. 이후 두레마을은 김진홍 목사의 카
리스마적 지도력과 회원들의 헌신적인 노력에 의해 남양만에 자체의 중·고
등학교까지 둔 90여 명의 생산공동체로 발전하였으며 미국과 괌, 중국 연변
에도 그와 유사한 형태의 두레마을을 건설하였다. 또한 두레마을은 전국의
주요도시에 '두레유통'이라는 유통체인을 두어 생산물들을 유통시키고 있다.
이 밖에도 두레공동체는 선교회, 연구원, 출판사 등 십여 개의 외곽조직을
거느리고 있다. 2002년에 두레공동체는 경남 함양에 새로운 마을을 건설하
게 되는데 이것은 전에 건설되었던 것과 같은 또 하나의 두레마을이 아니
다. 그들은 남양만에 건설되었던 두레마을이 일정하게는 실패했다고 인정하
고 함양에 생태공동체 형태의 새로운 마을을 만들기로 한 것이다. 이에 따
라 남양만의 두레마을은 학교만 남겨두고 발전적으로 해체되는 과정을 밟고
있다. http://blog.naver.com/sinatmul49?Redirect=Log&logNo=80016258710 참조.

안솔기(한자로는 內松里)마을은 간디학교의 배후 주거지역 마을로서 18가구가 공동으로 토지를 등기하고 생태적인 삶을 실천하고 있다. 2000년부터 입주민들이 손수 생태적 재료들로 집을 짓기 시작하였으며 현재 완공단계에 와 있다[36].

산청의 민들레공동체 역시 간디학교 배후마을인 갈전리에 위치한 기독교인 중심의 생태공동체이다. 민들레공동체는 또 풍력, 태양광, 자전거 등을 에너지원으로 사용하는 마을로 대안기술센터를 운영하고 있다. 경남 산청의 간디학교, 안솔기마을, 둔철마을, 갈전마을(민들레공동체) 등 4개소의 생태공동체는 모두 산청군 신안면에 소재한다. 간디학교가 중심이 되어 교육, 종교, 정주 등 목적에 따라 다양하게 운영되고 있다.

함양군 백전면의 청미래마을은 녹색대학 재학생들과 교직원들의 생태학습장이자 삶의 터전이다. 1977년부터 20여만 평의 토지를 구입하여 유기농업을 시작한 곳이다. 그 후 인근에 녹색대학이 개교되면서 3만8천 평의 부지를 녹색대학에 양도하였으며, 현재 전국 각지에서 모인 사람들이 거주하고 있다. 세대주 평균연령이 40대로 비교적 젊은 세대들이 모인 곳이다. 이 마을에 입주하려면 일정 규모의 토지대금을 납부하여야 하며, 개인 토지 외에 임야와 전답은 주민 공동소유이다. 택지를 정리하고 집을 짓는 것은 각자가 하는 것으로 정해져 있다.[37]

전북 장수군 계남면에 위치한 하늘소마을은 귀농자들이 만든 생태공동체이다. 영농조합으로 출발한 순환농업단지로 생태관찰과 영농체험을 실시하는 마을이며, 현재 도시 출신 10여 가구가 모여 사는 곳이다.

전북 남원 산내면에 위치한 실상들녘공동체(한생명공동체)는 실상사

---

36) http://blog.naver.com/kyt1961?Redirect=Log&logNo=100023873252 참조.

37) 김희윤, 「행복한 공동체, 청미래마을의 구체적 조명 — 25가구의 실제 공동체 구성에서 유지까지」, 2005. 10. 2, 자세한 내용은 http://www.herenow.co.kr/bbs/view.php?id=sym_lecture&no=18 참조.

장기 귀농학교를 마친 사람들이 실상사 주위에 지역공동체를 형성하면서 실천되기 시작하였다. 귀농자들이 중심이 되어 환경농업공동체를 만들어 활동하고 있으며, 공동농장, 실상사 작은학교, 산내면 어린이집, 정보화 교육장 등을 운영하고 있다. 특히 대안 중학교과정인 실상사 작은학교는 이들의 공동체 운동의 중요한 축으로 일반교과와 함께 농사, 지푸라기 · 나무 · 흙 다루기 등 생태적 삶을 가르치고 있다.[38]

그러나 지리산권 7개 시 · 군 중 곡성, 구례, 하동지역에는 앞서 언급한 남원, 장수, 함양, 산청지역에 비하여 상대적으로 알려진 생태마을이 부족한 실정이다. 물론 생태마을의 실천 여부가 지역을 평가하는 기준이 아닐 뿐 아니라 사상과 개념 및 실천조건에 부합하는 생태마을이 없거나 적다고 해서 그 지역이 뒤떨어지지는 않는다. 그렇더라도 생태마을은 환경오염과 자원고갈을 경감시키며, 방문객을 유인할 수 있는 수단이며, 특히 생태계 등 자연적 조건이 갖추어진 지역의 생태마을 실천은 바람직하다. 이들 3개 군 지역의 공통점은 지리산권의 서남권에 위치해 있으며, 섬진강이 흐르고 있는 곳으로 생태계의 보고라는 점이다. 따라서 이들 지역에도 생태마을이 성공적으로 실천될 수 있는지를 검토할 필요가 있다.

전라남도 곡성군, 구례군, 경상남도 하동군은 지리산권의 여타 시 · 군(남원시, 장수군, 함양군, 산청군)과 지형, 생태계, 문화, 생활여건, 산업 등의 면에서 유사하다. 다만 지리산의 서남권에 위치하여 상대적으로 기후가 다소 온화한 편이다. 이들 지역에도 환경부가 지정한 하동군 악양면의 상평마을이 있고, 산림청에서는 2009년 사업연도에 곡성군 죽곡면 유봉마을, 하동군 적량면 서리마을에서 사업을 진행 중이며, 곡성군 오산면 단사리, 구례군 토지면 송정리 및 내동리, 하동군 화개면 대성리 등 4개소의 마을이 사전설계마을로 지정됨으로써, 정부에 의한 생태마을 조성

---

38) http://hunn.or.kr/bbs/zboard.php?id=jung&no=437 참조.

사업이 시작단계에 있다.

환경부의 지정 또는 산림청의 진행 또는 사전설계 대상마을 지정에 힘입어 향후 정부지원 생태마을은 물론 민간이 자율적으로 운영하는 생태마을도 늘어날 전망이다. 이렇게 될 경우, 생태마을의 실천 및 운영 여하에 따라 앞서 열거한 남원, 장수, 함양, 산청 등지에서 발전단계에 진입한 생태마을들과 상호 보완적 관계를 유지하면서 생태마을이 발전할 수 있을 것이다. 다만 생태마을을 실천하고자 하는 마을의 민간 주도자의 의지와 역량 및 생태마을의 실천을 위한 제 조건의 구비가 전제되어야 한다.

이들 전제조건들은 마을지도자의 역량, 계획단계에서부터 사업추진 및 운영단계에 이르기까지의 민주적 절차, 소규모 생명지역주의 실천의지, 경제적 자급자족 지향, 태양열·풍력 등 환경친화적 에너지원 사용, 입주자격의 제한 또는 주민의 동의 등이다.

Ⅳ. 지리산 서부권의 생태마을 실천 과제

생태마을의 사상은 토지윤리, 생명지역주의, 녹색사회 등을 주요 내용으로 하고 있다. 이들 사상에서 나타나는 실천방식은 소규모 공동체, 평등, 대안기술 및 적정기술, 노동집약형 자급자족, 생태적인 삶 등을 망라한다. 만약 생태마을의 이념적 기초와 부합하게 실천하는 마을이 있다면 이는 곧 이상사회와 가까울 것이다. 특히 자본주의 경제체제 하에서는 토지윤리의 실천은 어려우며 어떠한 공동체도 레오폴드가 제창한 토지윤리를 실천하고 있다고 단정할 수 없다. 레오폴드의 토지윤리는 '토지는 물, 동식물, 사람 등과 동등한 생명공동체의 한 구성원일지언정 자원이 아니다'라고 보는 견해이지만, 자본주의 사회에서 '토지는 물질적 풍요를 추구하는 자산보유 또는 증식의 수단이 아니다'라고 단정할 수 있을까? 당연히 그렇지 않다. 따라서 지구촌 어디에서든 완벽한 이상사회는 존재하지 않는다.

다만 유토피아 또는 지상낙원이라 불릴 정도의 유명한 생태마을들은 특정 지역에서 마을 구성원들이 토지를 공동으로 소유하며 생명지역주의 및 녹색사회를 실천해 나가는 과정에 있다. 생태마을 역시 유토피아를 추구하는 과정이다. 이 때문에 지리산권 생태마을 역시 사상에 근접하게 계획, 실천, 운영되어야 하며, 이제 준비 또는 시작 단계에 있는 곡성, 구례, 하동지역의 생태마을 실천을 위하여 다음과 같이 선결되어야 할 과제들이 있다.

첫째, 생태마을을 조성하고자 하는 사람 또는 집단은 생태마을의 이념적 기초를 이해하여야 하며, 또 그것을 실천하려는 의지가 있어야 한다. 오늘날 대부분의 사람들은 자본주의 경제체제 하에 살고 있으므로 생산과 소비의 효율성을 경제적 측면에서 찾는 경향이 클 뿐 아니라 이 때문에 자칫하면 생태마을의 사상을 망각할 우려가 있다. 따라서 생태마을은 생태적 측면에서 효율성을 추구하여야 함을 염두에 두어야 할 것이다.

둘째, 생태마을에 대한 명확한 비전과 목표를 세워야 한다. 생태마을은 자원고갈과 환경오염을 사전에 방지하는 인간과 자연의 지속가능한 공생 시스템이며, 특히 생태마을에 대한 막연한 환상이나 기대심리를 가진 채 실천하려고 하는 것은 금물이다. 우리 주변에서 흔하게 만들어졌다가 없어지는 생태마을들은 비전과 목표를 명확히 하지 않은 데서 비롯된 것이다.

셋째, 구성원들은 생태마을에 속해 있는 토지에 한하여 토지의 소유권에 대한 미련을 버려야 한다. '이 땅 몇 제곱미터 혹은 이 땅 전체의 몇분의 몇에 해당하는 지분은 내 땅'이라는 인식을 가지게 되면 생태중심적 녹색사회를 건설할 수 없으며, 공동작업, 공동소비 등 자급자족의 틀을 유지할 수 없을 뿐만 아니라 토지윤리에 반하기 때문이다.

넷째, 생태마을에 대한 인식 또는 공동체의식의 지속적 개발이 필요하다. 사람과 토지도 생태계의 한 부분이라는 인식이 결여될 경우 생태마을에서 개인 스스로 삶의 주체가 될 수 없을 뿐 아니라, 생태적 삶이 개인의 생태적 구상(하수 및 쓰레기 처리 문제, 물 관리, 에너지 조달, 토지이용계획, 주변 식생에 대한 영향력 평가, 기계사용의 문제 등)을 완성시켜 나가는 과정이기도 하기 때문이다.

다섯째, 대안기술이 지속적으로 개발되고 보급되어야 한다. 생태계 보존을 위한 대안기술들을 개발하여 생활에 이용하는 것 자체가 생태적 삶이며, 유기농사로 100% 자급자족을 한다는 것은 거의 불가능하기 때문이다.

여섯째, 생명지역주의의 강화이다. 근세 이후 태동한 사회적 저항과 운동도 거의 대부분 중앙에 대한 도전 또는 이념적 마찰이었다. 설령 중앙이 몰락하더라도 자기완결 구조를 가진 지역공동체는 여전히 생명력을 유지할 수 있으며, 사상적으로 유사한 사람들이 실천하므로 마찰과 분쟁이 최소화될 수 있기 때문이다. 물론 지역 간, 공동체 간의 국내적·국제적 네트워크 구축도 필요하다.

끝으로, 생태마을 리더의 육성이 필요하다. 생태마을에 대한 개념과 사상적 기초를 바탕으로 하는 실천적 리더가 생태마을의 조성 및 운영을 주도하지 못할 경우, 그 생태마을은 사상누각에 불과하다. 물론 리더는 정신적 지주로서의 역할에 국한되어야 하며, 의사결정과정에서는 타 주민들과 동등한 위치에 있어야 한다. 리더는 지방자치단체 또는 민간 차원에서 육성되어야 한다. 중앙행정단위의 관주도형 리더육성과 지원정책은 관제화될 우려가 있기 때문이다. 생태마을들을 방문하는 관광객이 증가할수록 지역활성화는 물론 마을의 자립기반도 공고히 할 수 있으므로 민간에 의한 마을조성과 지방자치단체의 지원이 필요하다.

이러한 과제들을 풀어 나갈 수 있다면, 생태마을 사상에 부합하는 지리산권 서부지역 생태마을의 미래는 희망적이다. 세계의 어느 민족들이건 애향의식과 귀소본능이 강하다는 데서 그러한 전망의 근거를 찾을 수 있다. 또한 복잡한 도시생활에 싫증을 느낀 도시민들 사이에서 생태적 각성과 함께 인간적 규모의 이상적 공동체에 대한 요구가 점점 강해지고 있다. 생태마을은 존재해 왔던 것이 아니라 실천해 나가는 과정에 있으며, 이상사회의 상징적 지역이었던 지리산권은 그러한 실천에 더욱 적합하다. 나아가 지리산 서부권의 생태마을 실천은 지리산을 중심으로 한 동서남북의 균형유지에도 기여할 수 있을 것이다.

이 글은『남도문화연구』제17집(순천대학교 남도문화연구소, 2009)에 수록된「지리산 서남권지역의 생태마을 실천 가능성 고찰」을 수정 · 보완한 것이다.

지리산권의 지속가능한 생태관광 전략과 과제

서정호

Ⅰ. 문제의 제기

20세기 이후 산업화의 급진전에 따른 전 지구적 환경오염과 자원고갈이 인간의 생존에 영향을 미치게 됨에 따라 환경보전과 경제개발이 조화를 이루어야 한다는 주장이 설득력을 가지게 되고, 유엔인간환경회의(United Nations Conference on Human and Environment)를 비롯한 국제기구들이 지구의 환경보전문제를 세계의 공통과제로 채택하며 국제적으로 공론화하기에 이르렀다.

이러한 변화는 관광분야에서도 지각과 비판이 이루어지게 하였다. 경제성장에 비례하여 관광산업이 급속하게 성장하였으며, 특히 생태계의 수용능력을 초과하는 관광과 생태계를 파괴하는 관광개발이 이루어져 왔기 때문이다. 관광산업은 그동안 무공해산업으로 각광을 받으며 양적으로 신장하여 왔으나 1990년대에 들어와 지속가능성에 대한 비판과 제안이 활발해지면서 관광 관련 국제기구들이 대안관광(alternative tourism)에 관한 논의를 시작하였다. 특히 '지속가능한 관광개발(sustainable tourism development)'에 관한 논의가 집중적으로 이루어졌으며 그 결과물로 출현한 것이 생태관광(eco-tourism)이다. 또한 국제적으로 지속가능한 생태관광을 정착시키기 위한 원칙과 지침이 제안되고 실행되기에 이르렀다. 그결과 미국을 비롯한 선진국의 생태관광은 급속히 성장하였다. 한국에서도 1997년에 생태관광을 규정하는 자연환경보전법을 제정하고 1998년부터 시행하고 있다.

이에, 태동기를 지나 발전과 확산의 단계에 와 있는 한국의 생태관광의 전략을 제시할 필요가 있다. 여기서는 포괄적이고 전국적인 범위보다는 우선 지리산권의 여건을 고려하여 생태관광의 전략과 그 실천과제를 제안하고자 한다. 왜냐하면, 지역별로 위치와 자원유형이 다를 뿐 아니라, 지리산권은 2007년부터 3개 도, 7개 시·군이 연합하여 지리산국립공원을 배경으로 하는 '지리산권 광역관광개발사업'을 시행하고 있는 지역으로, 생태계보전지역(지리산 심원계곡 및 피아골 일대 원시림)과 관광특구(구례, 하동)가 포함되어 있는 지역이기 때문이다. 또한 2012년의 여수세계박람회 및 2013년의 순천만 국제정원박람회, 2013년의 산청 세계전통의약엑스포 등을 찾아온 세계 관광객의 배후 관광지이기 때문이다. 그러나 지리산권은 지속가능한 생태관광의 여건을 갖추고 있으나 일부 하드웨어와 대부분의 소프트웨어가 부족한 실정이다. 이에, 지리산권의 생태관광이 생태관광의 개념에 부합하면서 실천될 수 있는 전략을 수립하고 방문객과 지역주민 등 관광주체들을 만족하게 하는 실천과제를 제안하고자 한다.

이상의 논지를 전개하기 위하여 문헌연구와 현장조사를 병행하였다.

생태관광 및 지속가능한 발전 등의 이론과 생태관광의 성과 등에 관하여 선행연구자의 문헌을 조사하였으며, 사례연구 및 지리산권의 입지적 특성 그리고 생태관광의 전략 및 실천과제 등에 관해서는 현장조사 결과를 토대로 고찰하였다. 특히 성과사례를 발굴하기 위하여 2009년 5월부터 2011년 4월까지 지리산국립공원과 순천만을 여러 차례 답사하여 생태관광 프로그램을 참관하고 관계자로부터 의견을 청취하였으며, 2011년 6월에는 제주도의 올레 및 유네스코 세계자연유산지구를 답사하여 관계공무원, 학자, 운영자, 관리인, 관광객 등을 대상으로 면담조사를 실시하였다. 또한 2009년 5월에는 터키 파묵칼레를, 2010년 1월에는 대만 아리산국립공원을, 그리고 같은 해 4월에는 호주의 블루마운틴국립공원과 타운스빌 마그네틱아일랜드를, 8월에는 중국 태산을 방문하여 해설사, 관리인, 주민, 관광객, 여행사업자 등을 대상으로 면담조사를 실시하였다.

본 연구는 지리산권의 생태관광의 전략과 실천과제를 제시하기 위하여 국내외 현지조사를 실시하였다는 점에서 일반 선행연구와 차별되며, 지리산권은 국립공원구역, 생태계보전지역, 관광특구, 7개 시·군이 참여하는 광역관광개발사업지역임을 감안할 때, 향후 이러한 자원과 특성을 가진 지역 또는 유사한 자원유형에 따른 생태관광 전략수립에 기여하리라 판단한다.

II. 이론적 배경

1. 선행연구 검토

Wallace는 '생태관광'이라는 논문에서 "1965년 Hetzer가 Links라는 잡지에 일반 대중관광이 개발도상국에 미치는 영향을 비판하고, 그 대안으로 생태적 관광(ecological-tourism)을 처음 제안하였다"[1]고 하며 생태관광을 소개하였다. 한국에서는 한국관광공사[2], 나윤중[3] 등이 생태관광의 개념을 정의하였으며, 정숙희[4]와 야은숙[5]은 각각 생태관광 상품개발과 생태관광 개발에 관하여, 박종구[6]는 생태관광지의 계획모형을, 김길영[7]은 생태관광 프로그램을, 박석희[8]는 생태관광의 필요성과 유형을, 강미희[9]는 생태관광객의 여행동기를, 강신겸[10]은 생태관광의 시설 및 활동프로그램을 연구하였다. 환경부[11]에서는 생태관광지침개발 및 활성화 방안을 마련하였으며, 강정효[12]는 제주세계자연유산의 생태관광자원화 방안 등을 연구하였다. 특히 김현욱 등[13]은 선행연구자들의 생태관광 정의 내용을 종합하고 추진전략을 제시한 '자원유형별 생태관광 추진전략 수립연구'를 환경부에 제출하였다. 이 외에도 유네스코한국위원회 등[14]은 '생태관광

[1] D. R. Wallace, "Ecotourism", *Landscape Architecture* 82(8), 1992, p.36.

[2] 한국관광공사, 『생태관광 개발방향과 전망』, 1996.

[3] 나윤중, 「Destination의 새로운 해석」, 『한국공원휴양학회지』 2(1), 2000, 80~94쪽.

[4] 정숙희, 「한국의 생태관광 상품개발에 관한 연구」, 한양대학교 석사학위논문, 1993.

[5] 야은숙, 「생태관광 개발에 관한 연구」, 경희대학교 석사학위논문, 1993.

[6] 박종구, 「생태관광지의 계획모형 개발에 관한 연구」, 서울대학교 석사학위논문, 1994.

[7] 김길영, 「생태관광의 프로그램에 관한 연구: 산림지역을 대상으로」, 서울대학교 석사학위논문, 1995.

[8] 박석희, 「생태관광의 필요성과 유형」, 『환경과 조경』 9월호, 1998, 128~131쪽.

[9] 강미희, 『생태관광객의 여행 동기 및 태도』, 한국학술정보, 2006.

[10] 강신겸, 「생태관광의 시설 및 활동프로그램」, 『환경과 조경』 9월호, 1998, 138~143쪽; 강신겸, 『농촌관광: 새로운 농촌활성화 전략』, 대왕사, 2007.

[11] 환경부, 『생태관광 지침개발 및 활성화방안』, 2002.

[12] 강정효, 「제주세계자연유산의 생태관광 자원화방안 연구: 한라산국립공원 전문가 의견조사를 중심으로」, 제주대학교 석사학위논문, 2008.

[13] 김현욱 외, 『자원유형별 생태관광 추진전략 수립연구』, 환경부, 2000.

지침과 윤리'를 발간하였다. 또한 윤화영 · 김동석15)은 남양주시와 원주시의 산촌지역 생태관광개발에 대한 주민의식에 관하여 연구하였으며, 이혜영16)은 '지리산 둘레길 걷기여행'을 발간하여 800리 둘레길을 소개하면서 제주올레를 함께 다루었다. 그러나 지리산의 생태관광에 관한 연구는 흔하지 않다. 대부분 등산길 안내, 문화유적 답사 및 자연경관 설명서 등에 국한되어 있다.

이러한 선행연구들은 생태관광의 개념정의, 생태관광용 상품개발, 생태관광개발에 대한 주민의식 및 생태관광객의 여행동기, 그리고 자원유형별 종합추진전략 등을 다루어 왔다. 또한 특정 지역 또는 특정 자원에 관한 연구로는 제주도의 세계자연유산, 남양주시 운길산과 원주시 황둔리 등에 관한 연구가 있었다. 한편 생태마을 중 관광을 병행하는 마을에 관한 연구도 있으며, 사례지역으로 문당리마을, 간디학교 등 여러 마을을 꼽을 수 있다.

2. 생태관광의 개념과 출현배경

생태관광이라는 용어는 '1965년 Hetzer가 처음 생태적 관광(ecological-tourism)을 제안'한 데서 비롯되었음을 앞서 언급한 바 있다. 그 후 이 용어는 1983년에 미국의 Ceballos-Lascurain이 "조류관찰과 같은 생태관광이 지역경제를 부흥시키고 생태계 보전에 기여할 수 있다"고 강조하면서 사용했으며17), 그는 1988년에 생태관광을 '문화유산뿐 아니라 경관과 야생

---

14) 유네스코한국위원회 외, 「생태관광 지침과 윤리」, 제3회 자연포럼 참고자료, 1998.

15) 윤화영 · 김동석, 「산촌지역 생태관광 개발에 대한 주민의식과 참여에 관한 연구: 경기도 남양주시 운길산 지역과 원주시 황둔리 지역을 중심으로」, 『한국환경생태학회지』 22(30), 2008, 280~288쪽.

16) 이혜영, 『지리산 둘레길 걷기여행』, 한국방송출판(주), 2009.

17) J. Gilbert, *Ecotourism means business*, GP Publications, 1997.

동물을 감상하고 연구하며 즐기기 위하여 비교적 훼손되지 않은 자연지역으로 떠나는 여행'이라고 정의하였다.[18] 그리고 1991년에는 생태관광학회(The Ecotourism Society)[19]가 '자연자원의 보전이 곧 지역주민의 편익이 될 수 있는 경제적 기회를 창출하는 동시에 생태계의 균형을 깨뜨리지 않도록 주의를 기울이면서, 지역의 자연과 문화를 이해하기 위하여 자연지역으로 떠나는 의미 있는 여행'을 생태관광이라고 정의하였다. 그 이후에 다른 여러 학자들도 생태관광의 개념을 정의하였으며[20], Buckley[21]는 생태관광의 개념을 도식화한 틀을 제시하였다. 그가 제시한 생태관광의 틀은 기존의 일반 관광의 범주 내에서 자연기반 관광, 보전지지 관광, 환경인식제고 관광, 지속가능운영 관광을 구분하되 이 유형들은 상호간에 일부 중첩되어 있으며, 각각의 유형에 관하여 별칭, 차별적 특성, 환경이슈, 규모 성장, 운영요소, 환경관리수단, 정책옵션, 요구되는 정보 등이 기술되었다.

그러나 1990년대 중반까지만 해도 생태관광의 정의에 관하여 국제기구 간, 학자들 간의 합의는 이루어지지 않은 상태였으나[22], 최소한 Buckley의 정의, 즉 자연관광의 특성 외에 지속가능한 운영, 보전에 대한 지지, 환경인식제고 등을 포함하는 개념임에는 분명하다. 그 이후에도 여러 학

---

18) 김현욱 외, 『자원유형별 생태관광 추진전략 수립연구』, 8쪽; 강미희, 『생태관광객의 여행 동기 및 태도』, 21쪽.

19) The Ecotourism Society, *A Collection of Ecotourism Guidelines*, North Bennington, 1991.

20) 세계 각국의 학자들과 기구들이 정의한 생태관광의 개념은 김현욱 외, 『자원유형별 생태관광 추진전략 수립연구』, 8~10쪽; 강미희, 『생태관광객의 여행 동기 및 태도』, 21쪽 참조.

21) R. Buckley, "A Framework for Ecotourism", *Annals of Tourism Research* 21(3), 1994, 661~669쪽.

22) P. Wight, "Sustainable ecotourism: Balancing economic, environmental, and social goals within an ethical framework", *Tourism Recreation Research* 20(1), 1995, 5~13쪽.

자들과 국내외 관광 관련 기구들이 생태관광의 개념을 정립하였으며, 한국에서는 김현욱 등이 이들 개념들을 종합하여 도식화하였다.[23] 이 도식은 자연보전·교육프로그램·지역참여를 생태관광의 방법으로, 자연성 확보·특화서비스 제공·경제편익 제공을 생태관광의 결과로, 보존과 개발을 생태관광의 목표로, 지속가능성을 생태관광의 최종 목적으로 설정하였다.

생태관광에 관한 Buckley의 틀 또는 한국에서 도식화한 개념은 '지속가능한' 또는 '지속가능성'을 생태관광의 방법(수단)과 목표로 설정하고 있다. '지속가능한'이라는 용어는 1972년 로마클럽이 "성장의 한계"에서 제안한 '지속가능한 개발(sustainable development)'에서 비롯되었다. 그 후 이 개념이 공식화된 것은 1987년에 '환경과 개발에 관한 세계위원회(WCED)'가 제출한 '우리 공동의 미래(Our Common Future)'라는 보고서에 의해서이다. 이 보고서는 '지속가능한 개발'을 "미래세대가 그들의 필요를 충족시킬 수 있는 가능성을 손상시키지 않는 범위에서 현재 세대의 필요를 충족시키는 개발"이라고 정의하였고, 이때부터 '환경적으로 건전하고 지속가능한 개발(ESSD: Environmentally Sound and Sustainable Development)'의 규범이 뿌리를 내리게 되었으며, 1992년 브라질 리우에서 열린 국제연합환경개발회의(United Nations Conference on Environment and Development)에서 채택된 '의제 21'은 지속가능한 개발 실천의 구체적 내용을 담고 있다. 따라서 생태관광 개념정립의 기저에는 '지속가능한 개발'의 개념이 놓여 있다.

그러나 지속가능한 개발 및 생태관광의 개념정립과 더불어 생태관광을 통한 야외휴양(outdoor recreation) 또는 모험관광(adventure tourism) 등 생태적 관광요소들도 이미 오래전부터 제공되어 왔으며[24], 환경위기시대에

---

23) 김현욱 외, 『자원유형별 생태관광 추진전략 수립연구』, 6~7쪽.

진입한 이후부터 지역주민의 노력만으로는 자연환경을 보전하는 데에 한계가 있어 관광공급자도 자연환경보전에 기여할 필요가 있다는 인식이 확산됨으로써 생태관광에 대한 관심이 출현하게 되었다. 그렇다고 해서 생태관광이 어떠한 계기에 의하여 새롭게 출현한 것은 아니며, 오히려 기존의 관광개념으로부터 점진적으로 진보된 형태로 발전해 왔다. 더 나아가 생태관광은 무분별한 관광개발이 자연생태를 훼손하며 심지어 환경오염을 가중시킬 수도 있음을 우려하는 주장이 설득력을 더해 가고 있는 상황에서 발전단계에 접어들었다.

3. 생태관광의 전개과정

생태관광이 태동기를 지나 외형적인 발전과 확산단계를 거치면서 실질적인 생태관광의 운영에 대하여 지지와 우려의 견해가 각각 나타나게 되었다. 생태관광을 지지하는 견해는 생태관광이 관광지의 경제적, 사회적, 생태적 상황에 긍정적으로 기여하며, 지역사회 참여, 환경보전, 경제발전, 교육적 효과 등을 제고한다고 주장하는 데 반하여, 우려하는 견해는 소수의 관광운영자들이 생태관광이라는 용어를 마케팅의 수단으로 활용하고 있는 점과 보험, 녹색관광, 자연관광 등과 같은 다른 명칭의 과다현상 출현, 매력 있는 관광지의 자연환경 손상 등을 우려의 이유로 내세운다. 이러한 우려의 목소리를 해소하기 위하여 마련된 것이 생태관광의 지침과 윤리이다.

생태관광의 지침과 윤리는 여행자, 관광운영자, 지역주민, 가이드, 국가 등 참여주체들이 각각 준수해야 할 기본으로서 세계 각국 및 국제기구에서 마련하고 준수하도록 권고하고 있다.[25] 그럼에도 불구하고 실

---

24) B. J. Hill, "A guide to adventure travel", *Park & Recreation*, September 1995, pp.57~65.

25) 생태관광의 지침과 윤리에 관한 자세한 내용은 유네스코한국위원회 외, 「생태

제로 많은 지역에서는 생태관광의 권고사항들을 지키지 않고 기존 대중관광산업에서는 고객들을 유인하는 수단으로 형식적인 생태관광을 실시함으로써 대중자연관광으로 변질될 가능성을 내포하고 있다. 이러한 변질을 방지하기 위하여 Lindberg와 Hawkins[26], Wallace와 Pierce[27] 등이 생태관광의 원칙을 제시였으며, 한국에서는 산림청에서 녹색관광의 기본원칙을 제시하였다.[28] 이러한 생태관광의 윤리 또는 지침은 국가 또는 지역 단위는 물론 개별 관광지에서도 마련·시행되고 있다. 그렇지 않을 경우 난개발, 환경오염 등으로 인한 지속가능성 저해요인이 발생하게 된다.

이렇게 발전하고 있는 생태관광은 1990년대 중반에 세계 여행시장의 5~10%를 점유하고 있는 것으로 추정되었으며[29], 매년 10~15%씩 급성장하고 있다.[30] 이러한 추세는 기존의 대중관광보다는 자연의 모습을 갖춘 원시환경에서 모험을 즐기고 정신적인 재충전 기회를 가지면서 교육적인 경험을 얻고자 하는 사회적 가치관에 기인한다.[31]

관광 지침과 윤리」 참조. 이 자료는 유네스코한국위원회·환경부·강화도시민연대가 공동주최한 제3회 자연포럼 참고자료이며, 관광을 위한 자발적인 행위지침의 목표, 세계 관광·여행 위원회의 환경지침, 세계야생동물기금의 지속가능한 관광을 위한 지침 등 10여 편의 지침이 수록되어 있다.

[26] K. Lindberg and D. Hawkins, 『생태관광: 계획과 관리의 지침』, 김성일 옮김, 일신사, 1998.

[27] G. N. Wallace and S. N. Pierce, "An evaluation of ecotourism in Amazons, Brazil", *Annals of Tourism Research* 23(4), pp.843~873.

[28] 생태관광의 기본원칙에 관한 내용은 김현욱 외, 『자원유형별 생태관광 추진 전략 수립연구』, 17~19쪽 참조.

[29] F. Dimanche and G. Smith, "Is ecotourism an appropriate answer to tourism's environmental concerns?", *Journal of Hospitality & Leisure Marketing* 3(4), 1996, pp.67~76.

[30] E. J. Luzar et al., "Profiling the nature-based tourist: A multinomial logit approach", *Journal of Travel Research* 37, 1998, pp.48~55.

[31] K. Theophile, "The forest as a business: Is ecotourism the answer?", *Journal of Forestry*, March 1995, pp.25~27.

한국에서는 국립공원관리공단 또는 지방자치단체, 여행사, 개인, 단체 등이 일반적인 생태관광을 실천하는 외에 2007년부터 제주도 올레걷기여행과 지리산둘레길 걷기여행 등이 시행되고 있다. 여기서 한국의 "제주도 올레걷기여행과 지리산둘레길 걷기여행이 생태관광에 속하는가?" 하는 문제가 제기될 수 있으나, 필자는 그 또한 생태관광에 속한다는 견해를 가지고 있다. 왜냐하면 생태관광이 길을 걸으면서 '문화유산뿐 아니라 경관과 야생동물을 감상하고 연구하며 즐기기 위하여 비교적 훼손되지 않은 자연지역으로 떠나는 여행'[32]이라는 점에서도 그렇지만, 김현욱 등[33] 이 생태관광의 개념을 종합적으로 도식화한 틀에서 제시한 바와 같이 자연기반, 보전지지, 환경인식제고, 지속가능성 등의 개념들이 그러한 걷기여행에 포함되어 있기 때문이다.

III. 생태관광 사례 연구

1. 사례지역 조사방법

국내외 생태관광지 10곳을 선정하고, 사례에 관한 문헌조사 또는 현지조사에 의하여 관광지별 생태관광 현황, 특이사항, 문제점 등을 파악하였다. 현지조사가 가능한 곳(지리산국립공원 및 지리산둘레길, 지리산권의 생태마을, 순천만, 제주도) 그리고 필자가 답사하였던 해외 생태관광지 등을 사례로 선정하였다. 현지조사는 문헌 및 인터넷 검색 등을 통하여 사례지의 현황을 미리 숙지하고 관계공무원, 관광사업자, 운영자 및 관리자, 해설사, 시민사회단체 관계자, 마을대표 및 주민, 관

---

32) 김현욱 외,『자원유형별 생태관광 추진전략 수립연구』, 8쪽; 강미희,『생태관광객의 여행 동기 및 태도』, 2쪽.
33) 김현욱 외,『자원유형별 생태관광 추진전략 수립연구』, 6~7쪽.

광객 등 생태관광의 여러 관계자들을 면담하는 방식으로 수행하였으며, 면담조사는 미리 작성한 질문항목에 따라서 묻고 답하는 형식을 취하였다. 질문내용은 주로 생태관광 개념과의 부합성 여부, 관광객의 관광지 내 이동수단, 생태관광 프로그램, 편의시설, 윤리 또는 지침 마련 및 적용 여부와 관광운영과정에서의 문제점, 장단점, 특이사항 등에 관한 것이었다.

생태관광의 개념 부합성 여부를 조사한 것은 이른바 명칭만 생태관광이지 내용은 그렇지 않은 사례가 빈번하기 때문이다. 따라서 생태관광의 개념을 자연보전, 교육프로그램의 시행, 지역참여 정도, 지속가능성 추구 등으로 세분하여 조사를 실시하였다.

관광지 내 이동수단을 조사한 것은 도로 또는 철로 개설, 케이블카 설치 등으로 생태계 파괴가 진행될 수 있는 가능성을 검토하기 위해서이다. 편의시설 역시 생태계를 파괴하면서까지 설치해야 할 필요성이 있는지를 검토하는 동시에, 반대로 설치된 편의시설이 너무 미흡하거나 아예 설치되어 있지 않아 관광객이 불편을 겪고 있는 것은 아닌지를 판단하기 위하여 조사하였다. 성수기에 관광객이 수용적정인원을 초과하여 방문할 경우 이에 대한 수용지표 산정의 필요성 여부를 검토하기 위하여 적정인원 초과여부를 조사하였으며, 지침 또는 윤리의 제정과 시행 여부에 대한 조사는 환경오염 방지, 자연생태 보전, 질서유지 등이 지속가능한 생태관광에 필수적인 요소라고 판단하여 실시하였다. 그 외 생태관광 관련자 및 지역주민, 관광객 등으로부터 사례지역별 특징과 장단점, 문제점 등을 조사하였다. 〈표 1〉은 현지면담조사 일정 및 면담대상자를 나타낸 것이다.

<그림/표 title>〈표 1〉 생태관광 사례지역 면담조사 일정 및 면담대상자</그림/표>

〈표 1〉 생태관광 사례지역 면담조사 일정 및 면담대상자

구분		조사일정	면담대상자
국내	지리산국립공원	2009.5~2011.4 수시 6회	국립공원 담당자 6, 관광객 8 등 14명
	지리산둘레길	2009.6~2011.3 수시 8회	관광객 9, 주민 2, 시민단체 관계자 2, 공무원 2 등 15명
	지리산권 생태마을	2009.5~2011.2 수시 4회	마을대표 8, 주민 7, 관광객 7 등 22명
	순천만	2009.9~2011.5 수시 4회	해설사 4, 관광객 6, 공무원 1 등 11명
	제주도	2011.6 1회	공무원 1, 전문가 2, 운영자 2, 관리자 3, 관광객 4, 주민 4 등 16명
	계(5)	23회	78명
외국	터키 파묵칼레	2009.5 1회	해설사 1, 관광객 2, 주민 2, 관리인 1 등 6명
	호주 블루마운틴	2010.4 1회	해설사 1, 관광객 3, 주민 1, 관리인 2 등 7명
	호주 타운스빌 마그네틱아일랜드	2010.4 1회	해설사 1, 주민(운영자) 3, 관광객 5 등 9명
	대만 아리산	2010.1 1회	해설사 1, 관광객 4, 주민 2, 관리인 1 등 8명
	중국 태산	2010.8 1회	관광객 4, 주민 2, 관리인 2, 전문가 2 등 10명
	계(5)	5회	40명
합계(10)		28회	118명

2. 지리산권의 생태관광

1) 지리산권의 생태관광 입지여건

지리산권의 공간적 범위는 지리산국립공원과 이를 둘러싸고 흐르는 동쪽의 경호강, 서쪽의 섬진강이 지나는 지역으로 행정구역상 전북 남원시, 장수군, 전남 곡성군, 구례군, 경남 산청군, 함양군, 하동군 등 7개 시·군에 걸쳐 있다.

1967년 한국 최초의 국립공원으로 지정된 지리산(智異山)은 사람이 이

곳에 머물면 지혜롭게 된다고 해서 붙여진 이름으로 알려져 있으며, 백두대간이 한반도를 따라 이곳에까지 이어진다고 해서 두류산(頭流山)이라고도 한다. 또한 도교에서는 지리산을 삼신산(三神山) 중의 하나인 방장산(方丈山)으로 지칭한다. 경관자원들이 12동천, 지리 10경으로 불릴 만큼 아름다운 지리산은 역사적으로는 문화의 산실이었다. 삼국시대 이전에는 산신신앙의 중심지였으며, 불교가 전래된 이후부터는 불교문화가 융성했던 곳이다. 조선시대 성리학이 만개하던 때에는 경상도의 남명학과 호남의 기호학이 활발하게 교류했던 지역이었다. 또한 지리산은 전라남북도와 경상남도의 산세(山勢)를 이루는 외에도 서쪽의 섬진강이 남원, 곡성, 구례, 하동을 거쳐 남해로 이어지고 동쪽의 경호강이 함양과 진주를 거쳐 낙동강으로 흘러감으로써 동서교통 및 문화교류의 활로가 되었다. 이 때문에 지리산은 융합과 조화·교류의 상징이었다.

한편, 지리산권은 관광자원의 백화점이다. 고봉, 준령, 능선, 계곡은 물론 각종 문화유적이 산재한다. 천왕봉(1,915m), 반야봉(1,732m), 노고단(1,507m)의 3대 주봉을 중심으로 20여 개의 봉우리가 병풍처럼 펼쳐져 있으며, 20여 개의 능선이 있다. 그 중에는 칠선계곡, 한신계곡, 대원사계곡, 피아골, 뱀사골 등 큰 계곡이 있으며 거기에 수많은 동·식물이 서식하고 있다.

정부는 또 1989년부터 심원계곡과 피아골 일대 20.2㎢를 자연생태계보존구역으로 지정·관리하고 있으며, 2006년에는 "지리산권 광역관광개발계획"을 확정하였다.[34] 이에 따라 2007년부터 전라북도 남원시·장수군, 전라남도 구례군·곡성군 그리고 경상남도 산청군·함양군·하동군 등 지리산권에 속해 있는 7개 시군이 공동으로 630억 원의 예산으로 지리산권 광역관광개발사업을 추진하고 있다. 이러한 여건으로 미루어 볼 때 지

---

34) 문화관광부,『지리산권 광역관광개발계획』, 2006.

리산권은 생태관광의 필요조건을 갖춘 지역이라고 생각된다.

2) 지리산권의 생태관광의 현황과 문제점

(1) 지리산국립공원

국립공원관리공단에서는 제주도 한라산국립공원을 제외한(한라산은 제주도 자체 시행) 전국 19개 국립공원의 지사무소별로 탐방프로그램을 마련하여 생태관광을 시행하고 있다. 국립공원관리공단은 생태관광이 "지역의 자연과 문화를 즐기고 배우는 여행, 자연의 경이로움을 느낄 수 있는 여행으로 자연생태 보전 및 지역사회발전에 기여"[35]한다는 취지하에 그것을 적극적으로 운영하고 있다. 국립공원관리공단의 생태관광은 〈표 2〉에 나타난 것처럼 2003년부터 2010년까지 양적으로 급신장하였다. 참여인원은 25,992명에서 497,805명으로 19.1배, 프로그램 수는 89개에서 377개로 4.2배, 운영횟수는 1,124회에서 16,324회로 14.5배 증가하였다. 국립공원 중 지리산국립공원이 차지하는 비중은 2010년 기준으로 탐방객 수 7%, 프로그램 참여인원 15.6%, 프로그램 수 15.4%, 프로그램 운영횟수 17.1%이다. 탐방객 수가 차지하는 비중이 7%에 불과하지만 프로그램 운영실적은 15% 이상을 차지하고 있어 다른 국립공원에 비하여 생태관광이 상대적으로 활성화되어 있음을 나타낸다. 또한 공단 측은 탐방프로그램의 내실화를 위하여 2007년부터 탐방프로그램인증제를 실시하고 있어 프로그램 운영실적 중 프로그램 수 및 운영횟수가 그때부터 참여인원 증가와 동반적으로 증가하지 않고 있다. 인증프로그램은 지사무소별로 자체 검증 및 외부전문가의 심사를 거쳐 시행한다.[36]

---

[35] http://ecotour.knps.or.kr/board/Index.aspx?MODE=View&BD_CD=ECONEWS&page=1&IDX=21(2011. 4. 30)

[36] 국립공원 생태탐방 인증프로그램은 http://ecotour.knps.or.kr/info/Info2.aspx#2007 참조.

<표 2> 지리산국립공원 탐방객 수 및 탐방프로그램 운영실적

구분		2003	2004	2006	2007	2008	2009	2010
탐방객 수(천 명)*	전국	25,366	25,841	24,948	37,975	37,702	38,219	42,658
	지리산	2,956	3,002	2,620	2,724	2,726	2,745	3,044
프로그램 운영**	참여인원 (명) 전국	25,992	65,266	184,877	225,096	294,569	382,099	497,305
	지리산	4,017	5,443	35,847	52,952	61,367	73,648	77,658
	프로그램 (개) 전국	89	117	252	294	377	379	377
	지리산	16	15	33	44	67	63	58
	운영횟수 (회) 전국	1,124	3,700	9,156	13,109	13,963	15,679	16,324
	지리산	157	309	1,238	2,298	2,472	3,398	2,793

* 탐방객 수는 제주도 한라산국립공원 포함
** 프로그램 운영실적은 한라산국립공원 제외. 지리산은 지리산, 지리산북부, 지리산남부, 국립공원 연구원, 멸종위기종복원센터의 실적을 합한 것임.
※ 출처: http://main.knps.or.kr/Pds/Statistics.aspx(2011. 1. 15)

이로써 지리산국립공원의 생태관광은 양적으로 계속 증가하고 있으며, 질적 향상을 꾀하고 있다고 평가할 수 있다. 이는 2007년 국립공원 입장료 폐지, 주5일제 근무, 심신단련을 위한 이용자 선호 증가, 국립공원관리공단의 홍보 및 프로그램 운영의 내실화 등에 기인한다. 또한 국립공원구역 내 문화유적과 자연생태 등을 탐방하는 관광으로 인증된 프로그램과 전문적 지식을 갖춘 해설사 등에 의하여 계절별, 장소별로 생태관광이 실천되고 있다는 점도 중요하다.

그러나 연간 3백만 명 이상에 달하는 탐방객과 5십만 명의 탐방프로그램 참여인원이 있고 앞으로도 지속적인 인원증가가 예상되는 상황에서 성수기의 적정 수용인원을 제한하는 제도가 마련되어 있지 않아, 이에 대한 지표설정이 요구된다. 왜냐하면 적정 수용인원을 초과하여 탐방객이 일시적으로 몰릴 경우 생태계 훼손이 우려되기 때문이다.

(2) 지리산둘레길

지리산둘레길 걷기여행은 2007년 1월 창립된 '사단법인 숲길'이 주관하는 생태관광으로, 지리산권 3개 도(전북, 전남, 경남), 5개 시군(남원, 구례, 하동, 산청, 함양), 16개 읍·면, 80여 개 마을을 잇는 300여 km의 장거리 도보길을 구간별로 나누어 걷는 여행이다. 지리산둘레길 운영자는 이용수칙을 마련·시행하고 있으며, 이용수칙은 스스로 준비하는 여행, 작은 모둠여행, 농작물 훼손금지, 사진촬영 시 주민허락, 대중교통 이용, 반려동물 동반자제 등에 관한 도보여행자의 약속을 규정한다. 또한 보전중심, 안전중심, 경관중심, 자원중심 등의 정비원칙과 '지역의 우수한 자연환경과 다양한 역사문화자원을 활용하는 신개념의 지속가능한 발전 모델 창출'이라는 목표를 추구하며 운영되고 있다.

지리산둘레길의 목표, 정비원칙, 이용수칙 등 다양한 윤리와 지침에도 불구하고 2010년 이후 방문객이 급격히 늘어남에 따라 성수기에는 둘레길이 심한 몸살을 앓고 있다. 대중교통 외면, 무분별한 야간촬영 및 농작물 절취 등으로 인한 농축산농가 피해, 쓰레기 무단투기 등으로 지역주민들의 불만이 제기되고 있다. 이들 주민들은 '야간 사진촬영 금지', '논밭·과수원 출입금지', '쓰레기를 버리지 마십시오' 등의 푯말을 설치하고 있다. 이 때문에 일부 마을의 지역주민만 이 사업에 참여하고 있으며, 화장실, 매점 등 기초적인 편의시설이 부족한 실정이다. 또한 특화된 기념품이 개발되어 있지 않아 전국 어느 곳에서도 구매할 수 있는 값싼 외제 기념품이 판매되고 있어 지역주민마저 외면하는 사례가 발생하고 있다. 따라서 생태관광의 개념 또는 원칙에 부합하는 자연생태보전과 관광객의 즐거움, 주민참여 정도, 지역활성화 기여 등에 관한 세부적인 실천과제가 정립되어야 하며, 그러지 않을 경우 갑작스럽게 증가한 관광객으로 인한 자연훼손 때문에 사업의 지속가능성이 저해될 우려도 제기된다.

(3) 지리산권의 생태마을

지리산권에서 생태관광을 실천하는 또 하나의 주체는 일부 농산촌체험 마을 그리고 생태마을 등이다. 필자가 조사한 결과, 지리산권에는 2010년 말 현재 여러 형태로 30여 개소의 생태마을이 운영되고 있다. 환경부가 지정한 생태마을로는 남원시의 와운마을(산내면), 삼산마을(운봉읍), 장수군의 수분마을(장수읍), 산청군의 신촌마을(차황면 법평리), 함양군의 음정마을(마천면 삼정리), 부전마을(서상면 옥산리), 오현마을(서하면), 하동군의 상평마을(악양면) 등 7개 마을이 있으며, 정주형 생태마을인 함양 두레마을, 교육중심의 공동체인 산청의 간디학교와 둔철생태교육마을, 종교영성 공동체인 산청의 민들레공동체, 그리고 안솔기마을(산청), 청미래마을(함양), 하늘소마을(장수), 한생명공동체(남원) 등 8개 마을도 있다. 그리고 산림청이 지정하여 조성 중인 생태마을이 12개소[37]에 달한다. 생태마을들은 녹색농촌체험마을 등 농산촌체험마을과 일부 중복된다. 이들 생태마을의 지역주민들은 친환경 영농 및 자연환경 체험 등을 목적으로 하는 관광객들이 방문하면 마을안내와 더불어 체험프로그램을 시행함으로써 지역활성화에 기여하는 생태관광을 실천하고 있다. 다만 생태관광을 실천할 수 있는 편의시설 등 관광기반과 생태관광 프로그램 등 소프트웨어 측면에서 개발되어야 할 여건들은 여전히 미흡한 상태이다.

3. 순천만과 제주도의 생태관광

1) 순천만

전라남도 순천시에 소재한 순천만은 '물새 서식지로서 특히 국제적으로 중요한 습지에 관한 협약(약칭 람사르협약)'에 2006년 1월, 연안습지로는 우리나라 최초로 등록되었다. 순천만이 자연생태공원으로 널리 알려

---

[37] 산림청에서는 2009년 사업연도 현재 99개소의 산촌생태마을사업을 추진 중에 있다. 이 중 지리산권에 속해 있는 마을은 남원 주천 고기, 남원 산내 장항, 장수 천천 용광, 장수 천천 영평, 곡성 죽곡 유봉, 함양 병곡 광평, 하동 적량 서리 등 7개소가 있으며, 구례 토지 송정, 구례 토지 내동, 곡성 오산 단사, 함양 마천 추성, 하동 화개 대성 등 5개 마을은 사전설계마을로 지정되었다(산림청, 『2009년도 주요업무세부추진계획』, 2009, 200쪽).

지면서 이곳을 찾는 방문객 수는 〈표3〉과 같이 급증하고 있다. 특히 가을철 성수기에는 수용력 이상의 많은 탐방객이 찾고 있다. 필자가 답사한 2008년 10월의 전국 평생교육원대회, 2009년 및 2010년 10월의 순천만축제 등 대형 행사시에는 그 정도가 더욱 심각하였다.

〈표 3〉 순천만 자연생태공원 연도별 방문객 수

연도	2006	2007	2008	2009
방문객 수(만 명)	31	180	263	233

※ 출처: http://www.suncheonbay.go.kr/community(2010. 07. 27)

이렇게 방문객 수가 급증함으로써 생태계 훼손이 심각하다는 지적을 받고 있다. 방문객 증대를 위하여 각종 편의시설과 관람시설 등 인공시설물을 잇달아 설치한 데 따른 것이다. 이로 인하여 환경단체들은 "순천만 갈대의 식생이 극상상태(제대로 자라지 않는 현상)를 보이면서 육지화가 진행되는 등 종 다양성의 감소가 우려되는 생태계 변화가 나타나고 있다"고 주장한다. 실제로 편의시설 및 관람시설의 설치와 갈대숲 건너편의 용산전망대, 하구둔치의 포장도로 등은 생태계 보전보다는 관광객 증대를 위한 설비이며, 이 때문에 생태계 보전은 다소 등한시되고 있는 실정이다. 또한 순천만 생태관광의 프로그램은 그다지 다양하지 않으며, 순천시가 주관하는 관계로 주민참여율이 저조하다. 프로그램은 자연생태전시관 및 천문대 관람, 갈대열차 탑승, 선상투어 등 프로그램과 갈대숲에서의 생태관찰 등으로 일반 관광객이 경유하는 장소로 자리매김한 인상이 짙다.

2) 제주도 세계자연유산과 올레

제주도의 한라산(1,950m)은 천연보호구역, 천연기념물, 국립공원, 유네스코 생물권보전지역 등으로 지정되어 있어 보존가치가 높은 국립공원이다. 또한 제주도의 화산섬과 용암동굴 등(18,845ha로 제주도 전체 면적의 10%)은 2007년에 세계자연유산으로 등재[38]된 이후부터 국내·외 관광객이 급속히 증가하는 곳이다. 제주도의 이러한 자연적 여건으로 인하여 한라산국립공원을 중심으로 하는 생태관광에는 여러 단체가 참여하여 대부분 체험형 생태문화관광을 추구하며, 관광코스와 프로그램은 주관단체별, 시기별로 각각 다르다.[39]

〈표 4〉는 제주도 자연유산지구별 방문객 추이를 나타낸 것이다. 한라산, 성산일출봉, 만장굴 등 주요 자연유산지구 방문객은 2007년도에 238만 2천 명에서 2008년에 283만 6천 명으로 무려 19.1% 증가하였으며, 2009년 6월 11일 현재 144만 명으로 전년 동기 대비 10.4% 증가폭을 보였다.

〈표 4〉 연도별 제주 자연유산지구 방문객 추이(단위: 명)

연도	계	한라산	성산일출봉	만장굴
2004	2,308,976	668,794	1,197,296	442,886
2005	2,380,575(증가 3.1%)	734,238	1,226,623	419,714
2006	2,252,556(감소 5.4%)	745,308	1,093,097	414,151
2007	2,381,988(증가 5.7%)	804,887	1,192,556	384,545
2008*	2,836,000(증가 19.1%)	926,000	1,394,000	516,000
2009**	1,440,000(2009. 6. 11)	-	-	-

* 2008년도는 잠정치임.
** 2009년도는 2009년 6월 11일까지임.
※ 출처: 강정효, 「제주세계자연유산의 생태관광 자원화방안 연구: 한라산국립공원 전문가 의견조사를 중심으로」, 56; 제주특별자치도, 『제주 세계자연유산 등재 2주년 성과와 향후 계획』, 2009, 7.

---

[38] 세계자연유산으로 등재된 지역은 한라산 천연보호구역, 뱅뒤굴, 만장굴, 김녕굴, 당처물동굴을 포함하는 거문오름 용암동굴계와 성산일출봉 응회구 등이다.
[39] 제주도 한라산국립공원에서의 생태관광 사례는 강정효, 「제주세계자연유산의 생태관광 자원화방안 연구: 한라산국립공원 전문가 의견조사를 중심으로」, 67~69쪽 참조.

한라산을 비롯한 세계자연유산지구에 대해서는 적정 수용한계를 초과한 방문객 수, 자연훼손, 중국산 관광기념품, 주민참여 미흡 등의 면에서 비판적 의견이 제기되어 왔다.

한편, 제주도에서는 2007년 9월부터 '올레 걷기여행'이 시작되었다. 필자는 '제주도 올레 걷기여행과 전술한 지리산둘레길 걷기여행이 생태관광에 속한다'는 견해를 이미 밝힌 바 있다. 그러나 이 올레길이 각광을 받으면서 방문객이 늘어나 길가의 카페, 음식점, 숙박시설, 매점, 화장실 등 편의시설이 부족하다는 지적과 함께 일반주민의 참여의식도 부족하다는 지적이 제기되고 있다.

4. 해외 생태관광 사례

1) 터키 파묵칼레

파묵칼레(Pamukkale)는 터키의 서남부 소도시로 기원 이전부터 알려져 온 온천휴양지이다. 목화의 성이라는 이름으로도 유명한 석회암 온천지대로서 온천수 속에 함유되어 있는 석회가 굳어서 산을 온통 하얗게 만들었다고 하여 '목화의 성(Cotton Castle)'이란 이름이 붙여졌다고 한다. 노천온천 풀이 형성된 높이 70m 언덕의 한쪽 경사면은 언덕 정상에서부터 흘러내린 석회암층으로 덮여 하얗게 빛난다. 경사면은 자연 그대로의 굴곡을 따라 층층이 쌓인 다랑논처럼 보인다.

파묵칼레 입구 주차장에 도착하여 입장권을 구매하면 거기에서 약 10분 거리에 파묵칼레 온천욕장과 원형극장이 있다. 1988년 유네스코 고대복합유산으로 등재된 이곳 파묵칼레 온천욕장에서 예전에는 방문객 누구든지 온천욕을 즐길 수 있었으나, 방문객이 많아지자 온천욕 금지는 물론 탐방시간도 제한하고 있다. 2009년 5월 필자가 탐방하였을 때 그 이전 4~5년 전부터 노천온천에서는 발만 담글 수 있었다. '발만 담글 수 있다'라고 하는 것은 일종의 지침이며, 지속가능성을 추구하고 있는 하나의 예로 볼 수 있다.

2) 호주의 블루마운틴 국립공원

호주의 블루마운틴(Blue Mountain) 국립공원은 시드니 교외에 위치한 해발고도 1,100m의 낮고 넓은 산이며 필자 일행이 탄 버스로 거의 정상까지 올라갈 수 있었다. 현지 안내자는 "이 국립공원 일부는 옛날 탄광지역이었으며, 키가 100m에 이르는 유칼립투스(Eucalyptus)라고 하는 나무가 전체 식생의 70% 가량을 차지하고 50~60년 성장한 고사리도 서식하고 있다"고 설명하였고, 필자 일행은 이를 관찰로 확인할 수 있었다.

정상부근에서 필자는 낭떠러지 아래 숲속 관찰로까지 구간이 짧고 가파른 모노레일(레일웨이)을 타고 이동하였다. 그곳에서 식물상과 탄광흔적을 관찰하고 다시 케이블카(케이블웨이)와 스카이웨이를 번갈아 탔다. "왜 이러한 이동시설물들이 숲속과 정상부근에 설치되었는가?"라는 필자의 질문에 안내자는 "모노레일은 원래 탄광시설로 석탄을 실어 나르기 위하여 설치되었고, 케이블카는 숲속 유적지에서 정상부근까지 도보로 이동할 수 없는 급경사로를 연결한 것이며, 스카이웨이는 양쪽의 절벽을 연결하기 위하여 불가피하였다"고 답하였다. 이들 이동수단은 가파른 경사길과 낭떠러지, 절벽과 절벽 사이 등 사람이 도보로 이동할 수 없는 곳에 극히 일부만 제한적으로 설치되어 있었다.

3) 호주 타운스빌 마그네틱아일랜드

마그네틱아일랜드(Magnetic Island)는 호주의 케언즈(Cairns)에서 남쪽으로 350㎞ 떨어진 타운스빌(Townsville)에 위치한 화강암 기반의 섬이다. 이곳에서는 열대식물들을 관찰하고 동물들을 직접 만져 볼 수 있는데, 각종 파충류, 조류, 코알라 등 호주 고유의 동물들은 성격이 온순하여 거부감이 없다. 또한 스쿠버 다이빙, 씨 카약(Sea Kayak) 등 해양스포츠, 승마,

각종 음식 등을 즐길 수 있으며, 민박이 성행하고 있다. 특히 가구 단위로 숙박, 식사, 동·식물 체험을 할 수 있도록 주민자치위원회에서 내부 규약을 제정하여 실천함으로써 지침의 공론화와 주민참여를 통한 소득창출을 지향하고 있다.

4) 대만 아리산 국립공원

대만에는 3,000m 이상인 산이 200여 개 있으며, 가장 높은 산이 아리산 (3,997m)이다. 옥산을 포함하는 18봉의 명산 아리산은 축산(2,700m)에서 보는 일출과 운해, 여러 그루의 신목(神木)과 이 신목에게 원주민들이 제를 올리며 추는 민속춤 등이 관광객을 유인한다. 그리고 세계 3대 산악철도 중의 하나인 삼림철도(Alishan Forest Railway: 阿里山森林鐵路)[40]가 유명하다. 그러나 대만인들이 자랑스럽게 여기던 이 삼림철도는 해발 2,000m 이하 대부분이 2009년 태풍 모라꼿이 몰고 온 홍수로 유실되었다. 게다가 철로유실로 인하여 대규모 산사태와 주변의 식생파괴가 발생하였으며, 이로 인하여 차(茶)산업과 관광산업도 막대한 타격을 입게 되었다. 필자가 방문하였던 2010년 1월 현재까지도 대형버스가 다닐 수 없어 꼬불꼬불하고 울퉁불퉁한 산길을 이용해야 했다.

한편, 대만은 아직까지 생태계 보전 또는 생태관광에 대한 인식이 충분히 발전하지 않은 나라처럼 보였다. 일반 관광이 대부분으로 아리산 관광도 마찬가지이다. 그럼에도 불구하고 당초 일본인들에 의하여 가설된 아리산 국립공원 삼림철도가 태풍으로 유실됨으로써 이로 인한

---

[40] 삼림철도는 원래 일본인들이 아리산의 목재를 실어 나르기 위하여 가설하였다. 평지인 가의에서 출발하여 70여 km의 수림을 지나 종착역인 축산역(해발 2,790m)에 도착한다. 또한 삼림욕과 2~3천년 수령의 수많은 나무, 해발 1,000m 이상 되는 곳에서 2,000m에 이르는 곳에 위치한 차밭과 제다(製茶)공장이 아리산의 상징이다. 또한 이곳을 방문하는 관광객들은 고지대에 산재해 있는 녹차밭 또는 제다공장에 머물면서 차를 시음하고 구매함으로써 지역주민의 소득창출에 기여하고 있다.

식생파괴와 산사태로 좁고 꾸불꾸불한 비포장도로 이용이 불가피하였다. 이로 말미암아 차, 제다, 음식·숙박 등 지역 관광산업에도 악영향이 미치게 되었다.

5) 중국 태산 세계자연유산

중국 산동성 제남시와 태안시에 걸쳐 있는 태산은 자연과 문화유산 보호지역으로, 1983년 중국 국무원이 제11회 전체회의에서 정식으로 주요 국가명승지 지정을 수락하였으며, 1987년 12월 11일 유네스코 세계유산위원회의 승인으로 24,200ha의 면적이 자연유산지구로 지정되었다. 태산이 생태관광지로 각광을 받게 된 것은 1950년대 이전 남획으로 황폐하던 지역에 1950~60년대 10여 년 동안 "식목과 조림으로 녹화조국을"이라는 캠페인이 벌어지면서 노동자, 농민, 학생, 군인 등이 참여하여 1만 ha에 육림사업을 실시하였고, 또한 인근에는 공자(孔子) 유적지가 소재한 데 기인한 것이다. 그럼에도 불구하고 태산의 지속가능한 생태관광의 전망은 그다지 밝지 않다. 그 이유는 연간 1,000만 명 이상의 과밀 관광객 쇄도, 난개발, 가축방목, 낙후된 시민의식 등 여러 면에서 찾을 수 있다. 중국 자국민이 태산을 오악 중 으뜸인 신산(神山)으로 믿고 있는 가운데 국민소득증가에 발맞추어 방문객이 지속적으로 급격히 증가하고 있다. 더욱이 증가하는 방문객을 수용하기 위하여 케이블카 2개 노선을 설치·운영하고 있으며, 난개발은 물론 염소 등 가축방목, 문화유적인 비석 또는 2,000년 이상의 노거수에 기대어 사진을 찍는 등의 행위가 허용되고 있다. 중국 산동성과 태산관리위원회는 자연보전을 통한 지속가능한 개발과 생물다양성 보전 등을 추구하고 있지만 실상은 수익증가에 치우쳐 그러한 지향이 제대로 실천되지 않고 있는 셈이다. 각종 편의시설 역시 증가하는 방문객의 수요를 충족시키느라 과다하게 설치되어 있다.

Ⅳ. 지리산권 생태관광의 전략과 과제

1. 사례연구결과 요약 및 시사점

이상의 생태관광 사례지역 현황을 생태관광의 개념 부합성, 관광지 내 이동수단, 편의시설 수준, 지침 또는 윤리의 제정과 적용 여부 등으로 나누어 조사한 결과를 요약하면 〈표 5〉와 같다.

〈표 5〉 생태관광 사례지역 조사결과

생태관광지		생태관광의 개념 부합성*				이동수단**	편의시설 수준	성수기 적정인원	지침·윤리 적용*
		자연보전	프로그램	지역참여	지속가능				
국내	지리산국립공원	○	○	×	○	1	적정	우려	○
	지리산둘레길	○	×	△	△	1	미흡	초과	×
	지리산권 생태마을	○	△	○	△	1	적정	–	×
	순천만	○	○	△	△	1, 4	과다	초과	△
	제주도	○	×	△	△	1, 2	미흡	초과	×
외국	터키 파묵칼레	○	○	○	○	1	적정	초과	○
	호주 블루마운틴	○	○	×	○	1, 3	적정	–	○
	호주 마그네틱아일랜드	○	○	○	○	1, 4	적정	–	○
	대만 아리산	○	×	△	×	1, 2	미흡	–	×
	중국 태산	△	×	×	×	1, 3	과다	초과	×

* ○표는 부합 또는 적용, △표는 일부 부합 또는 적용, ×표는 불부합 또는 미적용을 나타냄.
** 1-도보, 2-차량, 3-케이블카·모노레일 등, 4-배(선박)

〈표 5〉에서 나타나는 바와 같이 사례지역 10곳 모두 자연보전을 실천하고 있으며, 지속가능성을 추구하고 있으나, 일부 관광지에는 교육프로그램이 없거나 지역주민이 참여하지 않은 생태관광이 이루어진다. 엄밀히 말하면 이는 생태관광을 표방하고 있지만 생태관광의 개념에 부합하지 않는다는 의미이다. 또한 현재까지 설치되어 이용되는 도로, 도보탐방로, 철도, 케이블카 등은 대만의 아리산 삼림철도와 중국의 태산 케이블카를 제외하고 생태관광을 위한 최소한의 시설임을 확인하였다. 따라서 개발을 동반한 추가 이동시설은 엄격한 타당성 조사를 거쳐 설치되어야

할 것이다. 왜냐하면 비록 대만인들이 설치하지는 않았지만 일본인에 의하여 가설된 아리산 삼림철도는 재앙을 불러일으키고, 중국 태산의 케이블카는 생태계 파괴를 가중시켰기 때문이다.

성수기 적정수용인원은 순천만, 제주도(세계자연유산지구 및 올레), 지리산둘레길, 터키의 파묵칼레, 중국 태산 등에서 이미 초과된 상태였으며, 지리산국립공원은 탐방객 수가 현재와 같은 속도로 증가한다면 조만간 초과될 전망이다. 따라서 성수기에 일시적으로 적정수용인원이 초과된 경우 이를 분산 또는 감소시킬 방안이 마련되어야 하며, 지리산국립공원과 같이 초과될 우려가 있는 경우에 대비하여 적정수용인원 산출과 적용시점에 관한 연구가 필요하다.

지침 또는 윤리의 제정과 시행 역시 필요하다. 지리산국립공원, 파묵칼레, 블루마운틴, 마그네틱아일랜드 등과 같이 이미 지침과 윤리가 제정되어 시행되고 있을 경우 자연생태보전 및 질서유지 등을 통한 지속가능한 생태관광이 이루어질 수 있지만 그렇지 않을 경우 지속가능성을 해할 우려가 있기 때문이다.

2. 지리산권의 지속가능한 생태관광 전략

생태관광 사례연구에서 나타난 결과에 근거하여 지리산권의 생태관광 전략과 과제를 제시하기 위하여 〈표 6〉과 같이 생태관광의 특성 및 장단점을 비교하였다. 필자는 〈표 5〉의 사례별 요약과 〈표 6〉의 사례별 특징 및 장단점에 근거하여 다음과 같이 지리산권의 생태관광 전략을 제시해 보고자 한다.

첫째, 지속가능한 개발이다. 대만 아리산 삼림철도가 태풍으로 유실되면서 식생을 파괴하고 기존의 녹차재배를 비롯한 차(茶)산업을 위축시킴으로써 지역소득창출을 어렵게 한 것은 당초에 철로개설이 지속가능하지 않았음을 의미한다. 또한 순천만의 무분별한 개발로 인하여 식물이 제대로 자라지 못하고 서식 조류가 감소하는 현상 역시 지속가능한 개발을 도외시한 결과이다. 중국 태산의 경우 현재에도 난개발이 이루어지고 있다. 이와 같은 전례를 되풀이하지 않기 위하여 지리산권 관광개발은 생태적으로 지속가능한 개발이어야 함은 두말할 나위가 없다. 호주의 블루마운틴 국립공원과 같이 시설물이 없으면 이동과 탐방이 전혀 불가능한 경우가 있는 것처럼 자연환경과 문화유산 보전을 전제로 하는 최소한의 이동시설 설치는 불가피하다. 그러나 앞의 사례연구에서 나타나듯 한라산처럼 자연환경이 가시적으로 훼손되고 있는 경우 지속가능한 생태관광을 위한 시설설치와 관광행위는 환경적 수용력의 범위 내에서 이루어져야 한다.

〈표 6〉 생태관광의 사례별 특성 및 장단점 비교

생태관광지	특성 및 장단점	비고
지리산국립공원	프로그램 인증제 도입, 적정인원 초과 예상, 주민참여 미흡	
지리산둘레길	성수기 적정인원 초과, 농작물 피해, 편의시설 부족 등	
지리산권 생태마을	프로그램 미흡, 지침·윤리 미비, 수익성 불확실 등	
순천만	성수기 수용인원 초과, 과다한 개발, 프로그램 미흡	
제주도 한라산, 올레 등	수용력 초과, 획일적 기념품, 편의시설 부족, 주민참여 미흡	
터키 파묵칼레	지속가능성 추구, 지침 제정 및 운영	
호주 블루마운틴	모노레일·케이블카 등 이동시설물 최소화, 지침 제정·운영	
호주 마그네틱아일랜드	적극적 주민참여, 지침 제정·운영, 특화상품, 프로그램 다양	
대만 아리산	삼림철도 유실, 식생파괴, 지역산업 위축	
중국 태산	성수기 수용인원 초과, 방목, 난개발, 시민의식 결여	

둘째, 생태관광지의 수용적정지표 산출과 적용이다. 제주도의 세계자연유산지역 방문객이 2008년 이후 급속히 증가한 사례 및 중국 태산의 사례 등에서 그 필요성을 찾을 수 있으며, 입장료가 면제된 다른 국·공립 자연공원도 마찬가지이다. 우리나라의 일부 국립공원에서는 생태계 보전 및 자연환경훼손 방지를 위하여 탐방 지정로를 제한하고 있으며, 계절별

또는 연도별 휴식년제로 출입금지구역을 지정하고 있다. 그러나 이는 생태적 적정수용력을 산출하여 적용하는 것이 아니라 생태계 보전이라는 명목 하에 관리의 효율성과 탐방객의 안전을 고려하여 시행되는 것이다. 여기서 수용력(carrying capacity)이란 관광객의 관광자원 이용에 따르는 사회적·생태적 영향이 균형을 이루도록 표시되는 틀로, 관광자원을 적절하게 보호함과 동시에 이용자를 만족시키는 가운데 일정 기간 동안 관광자원이 감당할 수 있는 관광이용량을 말한다.[41] 이러한 수용적정지표를 산출하기 위하여 생태관광지의 물리적 환경과 주변 생태계 현황, 방문객의 증가추세 및 향후 예측 등에 관한 조사연구가 필요하다. 예컨대 제주 거문오름의 경우처럼 '1일 300명 이내 입장'과 같은 방식으로 탐방객 수를 제한하거나 특정 동물의 산란기에는 출입을 제한하는 등의 조치와 함께 금지행위 및 허용행위에 관한 포괄적 지침을 마련하여야 할 것이다.

셋째, 생태관광에 관한 지침과 윤리의 공론화이다. 우리나라(산림청)는 물론 세계의 생태관광 관련 기구에서는 관광주체(방문자, 운영자, 주민 또는 관광사업자)별로 생태관광지침을 마련해 두고 있으며 윤리규정을 만들어 운영하고 있다. 그러나 대부분의 생태관광지에는 지침이 없거나 있어도 제대로 준수하지 않는 경우가 많다. 자연환경 보전, 지역경제 활성화, 참여주민의 편익증대, 사업자의 이익창출 등 개별 주체의 목적이 서로 다르기 때문이다. 그렇더라도 자원별로 생태관광의 지침과 윤리가 공론화됨으로써 주체별로 양보와 협력을 통한 윈윈전략이 수행되어야 한다. 터키 파묵칼레의 '온천욕 금지, 발만 담그기'는 본받아야 할 예이다.

마지막으로, 지리산권의 특화상품 개발이 필요하다. 생태관광은 일반 대중관광과 뚜렷이 구별되지만 같은 생태관광이라 할지라도 지리산권의 고유한 상품이 체계적으로 개발되어야 지리산권 생태관광의 고유한 특성

---

41) 박석희, 『신관광자원론』, 일신사, 1997, 180쪽.

이 부각될 수 있다. 앞서 언급한 바와 같이 지리산권은 빼어난 자연경관자원, 국립공원 제1호, 반달가슴곰, 둘레길, 동서교류, 불교, 성리학, 민속신앙, 근현대문학, 저항과 은둔 등 여러 측면에서 독창적이고 차별화된 관광자원을 가지고 있다. 이들 자원과 상징성은 이상, 지식, 유람의 즐거움 등을 제공할 소재가 되므로 호주의 마그네틱아일랜드처럼 개개의 자원을 소재로 하거나 몇 가지의 자원을 융합한 테마가 있어야 한다. 또한 획일화된 외국산 관광기념품의 전시 · 판매도 지양되어야 하며, 지역주민이 기술을 익혀 만들고 관광지 특성을 살린 기념품이 개발되어야 한다. 이는 제주도에서 판매되는 저가의 중국산 기념품이 우리나라 어느 관광지에서도 구매할 수 있는 동일한 기념품이었다는 사례조사 결과에 따른 지적이다.

3. 지리산권의 지속가능한 생태관광 실천과제

앞서 지리산권은 지속가능한 생태관광의 여건을 충분히 갖추고 있으나 일부 하드웨어와 대부분의 소프트웨어가 부족한 실정임을 지적하였다. 이제 필자는 지금까지의 개념고찰과 사례연구에 근거하여 다음과 같은 실천과제를 제안하고자 한다.

첫째, 친환경적 편의시설의 확충이다. 제주 세계자연유산지구 및 올레에서 확충되어야 할 편의시설들은 카페, 매점, 주차장, 숙박시설, 화장실 등이었다. 그러나 이들 시설의 확충은 친환경적이어야 하며, 대규모의 사업시설보다는 주민 또는 주민단체가 운영 · 관리하는 소규모 시설을 지향하여야 한다. 왜냐하면 생태관광은 지역주민의 참여와 소득창출을 통하여 유지되기 때문이다. 이를 위하여 특화상품 또는 관광기념품이 개발되어야 하며, 주민을 위한 공예기술교육이 병행되어야 할 것이다.

둘째, 주민참여의 제고이다. 국립공원의 생태관광, 순천만 생태관광, 제주 세계자연유산지구 생태관광의 경우 지역주민이 참여하는 비율이 낮다. 대만 아리산지역의 차(茶)산업에 주민이 직접 참여하는 것은 본받아야 할 사례이나 태풍으로 길이 없어지고 식생이 파괴되는 철로개설(일본에 의하여 개설되었다 하더라도)은 본받지 말아야 할 사례이다. 또한 호주의 마그네틱아일랜드처럼 개별 가구가 관광의 주체가 되는 주민참여와 이를 통한 지역소득창출은 생태관광의 대표적 성공조건으로 간주될 수 있다.

셋째, 생태마을의 육성이다. 생태마을이란 주로 농산어촌에 소재한 생태적 자원이 풍부한 마을, 생태계가 잘 보존되어 있는 마을, 마을지도자가 주민들과 함께 조직적으로 협력하여 운영되는 마을로서 녹색사회를 추구하는 마을을 말한다. 생태마을의 육성은 주민참여를 제고시키는 하나의 방편이기도 하며, 지리산권에는 약 30여 개소의 생태마을과 3개교의 생태적 대안학교가 소재하고 있다. 이들 생태마을과 대안학교들을 생태관광과 접목시킴으로써 교육과 체험, 소득창출과 관광객의 만족도 간에 긍정적인 시너지 효과가 만들어질 것으로 기대된다. 호주의 마그네틱아일랜드는 대표적 본보기이다.

끝으로, 생태관광 프로그램의 다양화와 인증제 확립이다. 순천만에는 경관, 갯벌, 갈대군락, 동식물 서식처 등 천연적 생태관광자원이 풍부함에도 불구하고 체험프로그램의 단순화와 주민참여 미흡 등의 요인 때문에 주민소득창출로 연결되지 못하고 있다. 반대로 호주의 마그네틱아일랜드는 동식물 체험, 승마, 해양스포츠, 가구 단위의 생태관광 등 다양한 프로그램을 운영하고 있다. 따라서 관광객의 연령, 직업, 계절 등에 맞는 다양한 프로그램을 개발함으로써 적극적으로 수요를 창출할 필요가 있다. 또한 개발된 이들 프로그램에 대하여 국립공원처럼 인증제를 실시하는 것이 바람직하다. 왜냐하면 생태관광도 공급자와 이용자 간의 상호 신뢰가 확보될 때에만 안정적으로 운영될 수 있기 때문이다.

V. 요약과 전망

그동안 관광산업은 무공해산업으로 각광을 받으며 양적으로 팽창해 왔으나 1990년대에 들어와 지속가능성에 대한 비판과 제안이 활발해지면서 지속가능한 대안관광(sustainable and alternative tourism)의 하나로 생태관광의 개념이 출현하였다. 생태관광은 '문화유산뿐 아니라 경관과 야생동물을 감상하고 연구하며 즐기기 위하여 비교적 훼손되지 않은 자연지역으로 떠나는 여행' 등으로 개념이 정립되고, 생태관광의 원칙, 지침, 윤리 등이 제정·운영되는 한편, 자연환경의 보전과 지역소득창출의 효과를 얻어 가는 발전단계에 와 있다.

한편, 지리산권은 지속가능한 생태관광지로서의 자연적 여건이 갖추어져 있으나 생태관광의 실천을 위해서는 생태관광의 개념, 원칙, 지침, 윤리 등에 부합하는 전략과 실천과제를 확립해 나가야 한다. 이에 필자는 지리산권 생태관광의 방향과 과제를 제안하기 위하여 생태관광의 개념에 관한 이론의 발전과정을 고찰하고, 국내외 10곳의 생태관광 실천사례를 연구하였다.

연구의 결과로서 필자는 지리산권의 생태관광 전략으로 지속가능한 개발, 생태관광지의 수용적정지표 산출과 적용, 생태관광지에 적용할 지침과 윤리의 공론화, 지리산권의 특화상품 개발 등을 설정하였으며, 지리산권의 지속가능한 생태관광을 위하여 친환경적 편의시설 확충, 주민참여의 제고, 생태마을의 육성, 생태관광 프로그램의 다양화와 인증제 확립 등의 실천과제를 제안하였다.

여기에서 제시한 전략과 과제를 기조로 생태관광이 운영된다면 지리산권 생태관광의 미래는 지속가능하며 희망적이다. 그러나 이와 같은 방향설정과 과제실천 외에도 지속가능한 생태관광이 성공하려면 인간, 자연, 관광 등이 어우러지는 관광지표의 설정과 관광주체들의 성공에 대한 확신이 뒤따라야 한다. 더구나 생태관광이 자원의 보전과 지역의 편익증진을 전제하는 한, 정부, 사업자, 지역주민, NGO 등의 광범위한 협력 여부가 생태관광의 성패를 좌우하게 될 것이다.

이 글은 『농어촌관광연구』 제18권 제1호(한국농촌관광학회, 2011)에 수록된 「지리산권의 지속가능한 생태관광 전략과 과제」를 수정·보완한 것이다.

지리산권 농촌문화관광마을의 발전 전략

곡성 상한마을과 구례 오미마을 사례를 중심으로

이기웅

—

Ⅰ. 문제의 제기

지리산권은 우리나라 생물종의 30%가 서식하는 생태계의 보고(寶庫)인 지리산 국립공원과 우리나라 최고의 청정수역인 섬진강을 축으로 천혜의 자연유산을 보유하고 있다. 역사적으로 보면 지리산권은 운봉 팔량치(남원시), 석주관(구례군)과 인월장(남원시), 화개장(하동군) 등을 구심점으로 경제·사회적 교류가 활발하게 이루어지던 동질적 특성을 보유한 통합문화권이다.

행정적으로는 전라북도(남원시, 장수군), 전라남도(곡성군, 구례군), 경상남도(함양군, 산청군, 하동군) 등 3개 도, 7개 시·군으로 면적은 전 국토 대비 4.5%에 해당하는 4,470.9㎢이다. 사상적으로 지리산권은 민족 신앙인 성모신앙, 선종과 교종의 융합체인 조계종, 조선 남명학 등의 민족정신 문화유산[1]의 발생지로서 이를 바탕으로 한 민족운동과 근현대 변혁운동의 발원지이다.

그러나 지리산권은 풍부한 자연 및 역사문화자원의 콘텐츠 개발 등 체계적 활용이 미흡하여 단순 관람형, 하계형 관광활동이 집중된 산악관광지로서 복합관광 체험형 관광지에 비해 경쟁력이 낮다. 아울러 지리산권은 인구 유출 및 고령화, 열악한 지역재정, 높은 농업 의존도, 분절된 경제생산활동 등으로 지역산업기반이 낙후되어 있거나, 지역산업과 관광산업 간의 연계가 미약하여 관광상품화의 기반이 미흡하다. 특히 호남권, 영남권 등의 배후시장으로부터의 접근성은 개선되었으나 최대 배후시장인 수도권으로부터는 4시간이 소요되어 접근성이 낮으며, 시·군간 연계 교통체계가 미흡하기 때문에 지리산권의 발전 잠재력을 개발·활용하여 지역사회 발전을 이끌어 나갈 통합적인 관광개발 미래상을 만들고, 이를 실현해 나가기 위한 정부 차원의 전략 수립과 집행이 절실하다는 지역 여론이 오래 이어져 왔었다.

이에 지리산권의 3도(전남, 전북, 경남) 7시군(남원, 장수, 곡성, 구례, 하동, 산청, 함양)은 1988년에 '지리산권자치단체장협의회'를 결성하고, 이를 가시화하기 위한 공동의 노력과 건의를 지속하여 왔다. 2006년에 '지리산권 광역관광개발계획'을 확정함에 따라 지역 관광개발이 본 궤도에 오르게 되었고, 문화체육관광부의 권고를 받아들여 시군 간 공동연계사업의 실현성을 높이기 위한 전담기구로 '지방자치단체조합', 즉 '지리산권

---

[1] 남원시의 '춘향전'과 '흥부전', 곡성군의 '심청전' 등 고전문학과 하동군의 대하소설 '토지'의 모태가 되는 등 지리산권은 한국문학의 산실로 민족정신 문화유산이 풍부하다.

관광개발조합'을 설립하게 되었다.

'지리산권관광개발조합'은 지리산권 7시군의 공동연계사업인 지리산권 연계 관광상품 개발 등 16개 주요 사업들을 10년 동안 연차적으로 추진해 나가게 된다. 특히 지리산권 자치단체 간의 불필요한 중복투자나 유사시설 도입 등으로 인한 예산 낭비를 없앰으로써 관광개발의 연계성과 집행력을 강화하게 되었다. 아울러 지리산권 광역관광개발 사업 중 공동연계사업에 대한 종합적, 체계적, 지속적인 전담 추진조직이 생기게 됨으로써, 앞으로 더욱 바람직한 지리산권 관광개발을 위한 새로운 필요 사업들도 적극적으로 발굴하여 추진할 것으로 전망된다.

한편 농촌문화관광마을 시범조성 사업은 지리산권관광개발조합에서 관광상품개발, 관광기반정비, 교통안내체계개선, 자연환경보전, 지역사회참여촉진 등의 사업 추진 중 관광기반정비 분야에 속해 있다. 이 사업은 마을별 특성을 고려한 관광시설 도입, 프로그램 개발 및 농촌관광을 통한 농산물 지역 순환시스템 구축을 위한 사업이고, 사업기간은 2009년부터 2013년까지 5년간이며, 사업비는 총 15,600백만 원 (국비 9,319백만 원, 지방비 6,281백만 원)이다. 1차 시범조성지는 남원 삼화마을, 장수 성암마을, 곡성 상한마을, 구례 오미마을, 하동 고전마을, 산청 대포마을, 함양 봉전마을 등 7개 마을이며 지금 조성 중에 있다.

본 연구는 우선 전남지역에 소재하고 있는 곡성 상한마을과 구례 오미마을을 대상으로 하여 발전 전략을 모색하는 데 일차적인 목적을 두었다. 이러한 연구목적을 달성하기 위하여 문화관광부, 지리산권관광개발조합, 곡성군, 구례군 등의 관공서와 해당마을의 자료를 수집하여 분석하였다.

II. 지리산권 입지현황과 전략과제

1. 자연 및 인문 현황

1) 통합문화권

전라북도, 전라남도, 경상남도 등 3개 도에 걸쳐 자리잡고 있는 지리산의 서쪽에는 섬진강과 보성강이 흐르고 동쪽에는 남강과 경호강이 흐르고 있는데 예로부터 이들 강은 동서 교통 및 문화교류의 활로 역할을 담당하면서 동질의 문화권[2]을 형성하게 되었다. 전통사회에서 생활권, 학맥, 법맥, 통혼권 등을 형성하는 지리적 특성 및 역사배경에서도 지리산 통합문화권의 형성배경을 추론할 수 있다. 아울러 지리산을 중심으로 발생·전파된 종교와 사상, 외침과 변혁의 시기에 지리산을 중심으로 형성된 영·호남의 군은 연대의식 등을 고려할 때 지리산을 둘러싼 영·호남 주변지역은 지리산을 구심력으로 하여 동질의 문화권을 형성한 것으로 분석된다. 결과적으로 지리산 주변의 비옥한 토지에서 생산되는 풍부한 농산물을 교환하기 위하여 섬진강, 남강 등을 활용한 수운이 발달한 지역을 중심으로 장시가 형성되면서 영·호남 교류가 활성화됨에 따라 자연스럽게 지리산 통합문화권이 형성되었다고 할 수 있다.

2) 장소성

지리산권은 자연·생태적으로 천혜의 수려한 산수가 어우러진 청정지역이다. 3개 도를 아우르는 지리산과 여러 시·군을 흘러가는 섬진강·보성강·경호강 등의 물길은 7개 시·군의 지형 형성에 있어 공통분모이자,

---

[2] 섬진강과 보성강은 남원시, 곡성군, 구례군, 하동군을 거쳐 남해로 흐르고, 남강과 경호강은 함양군, 산청군, 진주시를 거쳐 남해로 흐르면서 사람, 물류, 사상의 연결로 역할을 담당함으로써 지리산을 중심으로 문화환경의 동질성을 구축하게 되었다.

다양한 동·식물을 보유한 생태계의 보고이다. 또한 산업입지의 제약으로 청정 농촌경관 및 산악경관을 보유하고 있는 지리산권은 농촌체험관광 중심의 '5都2村사회'에 대응할 수 있는 전원휴양, 농촌체험 잠재력이 풍부하다.

역사적으로는 다양한 사상적 층위의 성장무대이자 국난 극복의 현장이다. 고유신앙에서 불교·유교·도교에 이르기까지 수많은 사상과 이념이 지리산에서 배태되고 성장하였으며, 격변기에는 혁신적 사상이 발화·전파되면서 지리산권은 한국사상의 산실이자 보고로 자리매김된다. 특히 지리산권은 황산대첩, 임진왜란, 동학혁명 등 외침과 변혁의 시기에 저항과 혁신의 역사 현장[3]으로서, 우리 역사와 사회관계 속에서 늘 역동적인 모습으로 민족사의 주요 고비마다 호흡을 같이해 왔다.

이와 함께 지리산권은 문화적으로 전통예술문화와 생활문화가 살아 있는 문화콘텐츠의 보고이다. 지리산권은 고전 '춘향전'에서 현대 소설 '토지'에 이르는 수많은 문학작품의 배경지이며, 우리나라 판소리계의 한 맥인 동편제를 배태하는 등 다양한 예술·문화콘텐츠를 보유하고 있다. 예부터 섬진강 일대에는 남원의 인월장, 하동의 화개장 등 수많은 장시가 성행하여 활발한 인적·물적 교류가 이루어졌으며 오늘날 민속 재래시장으로서 지리산권 고유의 생활문화 교류의 장이 되고 있다.

3) 주요 경관 자원

지리산 등산지도를 처음으로 제작하여 배포했던 지리산 산악회가 1972년 지리산의 가장 대표적인 자연경관 10곳을 '지리산 십경(十景)'으로 선정하였다. 그것은 천왕일출(天王日出), 노고운해(老姑雲海), 반야낙조(般若

---

[3] 영·호남이 임진왜란과 구한말 때 지리산을 중심으로 농민군의 연계를 모색한 것에서 볼 수 있듯이 지리산은 영·호남을 구분짓는 경계선이 아니라 오히려 영·호남의 사람과 사상이 화합하고 공존하는 역사의 광장이었다.

〈그림 1〉 지리산권 7개 시군 입지 현황[4]

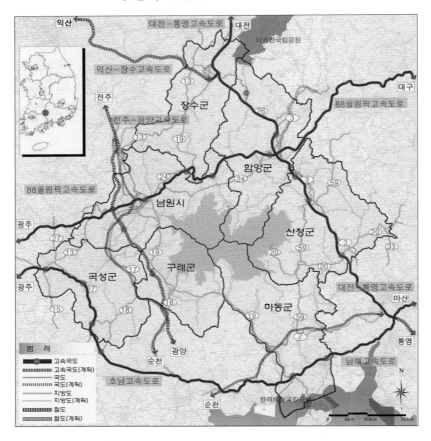

落照), 벽소명월(碧宵明月), 연하선경(煙霞仙境), 불일현폭(佛日顯瀑), 직전
단풍(稷田丹楓), 세석(細石)철쭉, 칠선계곡(七仙溪谷) 등이다. 지리산 12동
천은 청학, 화개, 덕산, 악양, 마천, 백무, 칠선동의 7동과 피아골, 밤밭골,
들돌골, 연곡골, 뱀사골의 5천이 해당된다.

---

4) 이 그림은 한국문화관광정책연구원, 『지리산권 관광개발계획 수립 연구』, 문
화관광부, 2005에서 가져온 것이다.

이와 함께 지리산권 7개 시·군 중 5개 시·군이 주요 경(景)을 선정하였고, 이들 주요 경들은 지리산과 섬진강이라는 주요 자연자원의 공유로 인하여 대부분 공통적인 경관을 보여주고 있으며 일부 역사문화자원 경(景)에 있어서 차별성을 보인다. 일부 시·군에서는 주요 경(景)을 테마로 여행 코스를 설정하여 정보를 제공하는 등 적극적인 홍보를 추진하고 있으나, 일부 경(景)은 계절적 가변성을 띄는 자연경관자원에 집중되는 경향이 있다.

2. 전략과제

1) 현재 시장적 측면

현 상황에서는 계절별 관광수요를 반영한 관광공급 전략 수립이 요구된다. 즉, 비수기와 성수기 관광객 행태 및 수요의 차이를 반영하여 합리적인 관광공급량을 산정하고 계절별 격차를 해소할 수 있는 관광공급 전략 수립이 요구된다. 아울러 지속적 관광수요 창출을 위한 친환경적 관광개발 체계 수립이 필요하다. 자연 자원의 오염 및 방지 대책의 수립이 가장 중요한 과제이며, 지속적 관광수요 창출을 위해서 난개발을 억제하고 지리산권의 관광매력을 제고할 수 있는 친환경적 관광개발·관리 체계의 구축이 요구된다.

특히 가족 단위 관광객을 위한 체험적 관광 프로그램 개발이 필요하다. 지리산권 방문 및 잠재 관광객의 동반행태가 가족 중심인 점을 감안하여 가족 중심 관광객을 표적시장으로 설정하여 이와 관련된 다양한 체험 중심의 관광시설 및 프로그램 개발을 추진하여야 한다. 마지막으로 접근성 및 연계성 향상을 위한 관광교통체계 개선이 급선무이다. 관광객이 주로 이용하는 교통수단이 자가용이고 잠재 관광객의 지리산권 비방문 이유가 접근성 불편에 있으므로 이를 극복할 수 있는 관광교통체계의 개선이 필요하다.

2) 잠재 시장적 측면

관광객 요구의 다변화에 따른 다각화된 관광개발 전략 수립 또한 필요하다. 관광개발의 방향과 관련하여 방문 관광객은 생태관광과 역사·문화 관광에 집중되며, 잠재 관광객은 웰빙·휴양, 농촌체험, 레저·스포츠 등에 대한 의견이 비교적 다양하게 제시되고 있으므로 관광객의 다양한 요구에 부합되는 다각화 전략이 필요하다. 아울러 지리산권 주요 방문목적은 자연감상, 수변활동이며, 지금까지는 역사·문화, 모험 체험 활동을 주로 경험하였으나 향후에는 생태체험 욕구가 강한 것으로 나타나 생태 체험 및 역사·문화 체험 시설과 프로그램의 확충이 요구된다.

아울러 대규모 시설 개발보다 콘텐츠 및 서비스 경쟁력 제고에 역점을 두어야 한다. 대규모 시설보다 생태, 역사·문화 체험에 대한 관광객의 요구가 강하므로 이와 관련된 독창적인 콘텐츠 개발과 함께 성수기 관광객의 만족도를 제고시킬 수 있는 서비스 경쟁력 제고 방안을 모색하여야 한다. 또한 지리산권 관광 이미지 강화를 위한 홍보·마케팅 전략 수립이 필요하다. 지리산권에 대한 이미지는 방문 관광객과 잠재 관광객 두 경우 모두 지리산 국립공원 및 우수한 자연경관과 관련되어 있어 이를 연계한 체계적인 홍보와 마케팅을 통한 적극적 수요창출이 필요하다.

3) 지역적 측면

또한 지역사회 발전수단으로서 관광개발 필요성이 부각되어야 한다. 지역주민은 관광개발이 지역경제 활성화, 삶의 질 개선, 지역경관 및 정주환경 개선 등 경제적, 사회·문화적, 환경적 측면에서 지역사회에 기여도가 클 것으로 기대하고 있어 지역사회 발전수단으로서 관광개발 전략 수립이 필요하다. 또한 지역사회 중심적 관광개발이 추진되어야 한다. 지역주민이 생각하는 현재의 관광개발 문제점은 지역낙후와 관광자원 발굴 부족으로 요약된다. 이를 극복하기 위해서 지역 관광자원을 충분히 활용하고 지역과 밀착된 지역사회 중심의 관광개발 추진이 요구된다.

　이와 함께 지역산업 복융합을 통한 농가소득 증대가 전제된 전략이 강구되어야 한다. 지역발전을 위한 필요 사항으로 도농 교류를 통한 농가소득 증대, 지역특산품 개발 및 홍보, 관광객 유치 증대 등이 제시되어 농촌의 관광자원을 충분히 활용할 수 있는 관광자원 발굴 및 개발 전략 수립이 필요하다. 더불어 지역별 특화 관광개발 방향이 설정되어야 한다. 시·군의 관광개발 방향이 자연생태 체험, 도농교류형 농촌 체험, 관광코스 개발 등으로 다양하게 제시되어 있다. 따라서 시·군별 인프라, 산업구조 등의 여건 차이와 요구에 부합되는 관광개발 방향 및 특화 전략을 설정할 필요성이 있다. 마지막으로 관광자원 간 연계성을 강화한 관광상품 개발이 요구된다. 지역주민은 지리산권의 관광개발 방향으로 다양한 관광코스의 개발을 요구하고 있어 다변화된 관광수요에 대응하기 위해서 다양한 연계 관광상품과 관광코스 등의 개발이 요구된다.

Ⅲ. 농촌문화관광마을의 현황분석

1. 곡성 상한마을 현황과 SWOT 분석

　곡성군은 비교적 오염되지 않은 섬진강(38km)과 보성강(16km)이 울창한 산세와 조화를 이루어 초승달 형태로 흐르고 있어 자연경관이 수려하고 깨끗한 고장이다. 두 개의 강이 만나는 압록유원지를 비롯한 강변에는 맑은 물에서만 서식하는 은어, 참게, 쏘가리 등이 많이 잡히며, 강변을 따라 섬진강 기차마을, 천문대, 청소년 야영장, 래프팅 등을 체험하고 신숭겸 장군 등의 유적지에서 충의정신을 배울 수 있으며, 심청이 이야기마을 등에서 효를 배울 수 있는 안성맞춤의 장이기도 하다.

　상한마을[5]의 설촌조(設村祖) 강명화는 순천에서 살았는데 그곳에 괴질이 발생하여 많은 인명피해가 있자 부인과 함께 공기 좋고 물 맑은 이곳 상한리에 입향(入鄕)하여 마을을 세웠다고 한다. 이곳은 골짜기가 깊고 밀원이 많아 한봉이 잘되어 농가 부업으로 큰 몫을 하고 있다. 마을 주민이 근면성실하고 화합이 잘되어 자전거도 못 다니던 곳에 마을진입로 5km를 개설하여 차량운행이 가능하도록 하였으며 마을 앞에 하한분교를 세우기도 했다.

마을 인구는 총 56명으로 남자 32명, 여자 24명이며, 40대 이하 인구는 6명으로 타지역에 비해 노령화가 심하고, 가구수는 총 22호로 이 중 18호가 농가이다. 농경지 면적은 총 143ha인데, 이 중 임야가 120ha, 답 18.3ha, 전(과수원) 4.7ha로 전형적인 산골지역이다. 주요 재배작목은 벼, 고추이나 생산량과 재배면적은 소규모이며, 밤과 한봉꿀이 지역 특산물이고 유통형태는 주로 도시민과의 직거래 방식을 취하고 있다. 2007년도에 밤과 감 작목반을 중심으로 친환경인증을 받았으며, 참여농가는 각각 11호, 15호이다. 마을공동체 활동은 주로 작목반, 마을회, 부녀회 등으로 이루어지며 각종 축제 및 단합대회를 계기로 이루어진다.

〈표 1〉 상한 농촌문화관광마을(곡성군 죽곡면 하한리 상한마을) 현황 집계표[6]

항목	세부 지표	수량	세부 현황
기본 현황	인구수(가구수)	56(22)	- 남 32, 여 24명(농가 18, 비농가 4가구)
	가옥수	24	- 공가수 1, 독거노인수 2
농업 여건	표고(m)	220	- 220m로 채광성이 좋아 농작물 재배에 문제가 없음.
	방위	서남	- 마을의 진입부는 서를 향하고 있으나 마을 건물 대부분이 남향을 취하고 있음.
	특산물 품목 개수(개소)	5	- 밤, 매실, 감을 재배하고 있으며 인삼 또한 재배하기 시작하였음. 청정지역을 이용하여 한봉꿀을 생산함.
	환경농업 가구 비율(%)	7.2	- 마을 전체 22가구 중 4호가 비농가이며 현재 13농가가 환경농업으로 딸기를 재배하고 있음.

5) 상한리는 곡성군 죽곡면의 한 지역으로 한 배미 위라는 뜻에서 '윗 한배미'라 불렀는데 1914년 행정구역 변경으로 하한리에 병합되어 하한리로 개칭되었으나 행정운영 리로는 하한2구라 한다.

관광 여건	관광자원(개소)	9	- 인근에는 태안사를 비롯해 국가지정문화재 5개 등 총 12개의 문화재가 있음.
	민박(개소)	22	- 농촌체험테마마을로 지정되어 체험민박형식으로 마을이 꾸며져 있으며 민박을 운영하고 있음.
	관광관련시설(개소)	3	- 마을회관, 농기구체험박물관, 사방댐 수영장
	역사전설(개소)	0	- 역사전설이 유래한 곳이 없으며, 마을주민의 적극적인 참여로 시설개선 및 환경개선이 지속되고 있음.
	연간 관광객수(명)	2,000	- 연간 관광객수가 약 2천 명(숙박관광객 1천2백명)임.
	접근성(분)	30	- 18번 국도에서 30분 거리에 있어 접근성이 양호함.
경관 매력성	경관 위해 시설(개소)	1	- 마을입구 진입로 파손이 있어 정비가 필요함.
	경관 우수 시설(개소)	4	- 유선각, 다봉관, 농기구체험장, 물놀이장
인적 잠재력	주민 참여도(%)	83	- 이장을 중심으로 마을주민 대부분이 안내와 프로그램 운영에 참여함.
	40대 이하 연령분포(%)	10	- 상한마을의 전체 인구는 56명이며, 그 중 40대 이하 주민은 6명 정도로 약 10%를 차지함.
지역 발전성	소속 읍면의 인구(세대)	944	- 상한마을이 있는 죽곡면의 세대수는 944세대임.
	주요 읍과의 거리(km)	8	- 상한마을에서 죽곡면까지의 거리는 약 8km임.

〈표 2〉 상한마을 SWOT 분석

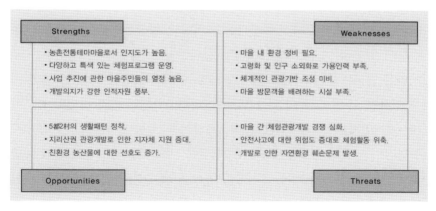

---

6) 이하의 2개 표는 지리산권관광개발조합, 「지리산권 농촌문화관광마을 조성계획(안)」, 2011에 있던 원자료를 편집·인용한 것이다.

2. 구례 오미마을 현황과 SWOT 분석

구례군은 관광과 휴양을 겸한 지리산권의 유일한 관광특구로서 한국의 남단 중심부에 위치한 국립공원 제1호 지리산과 청정유수 섬진강을 배경으로 영·호남 3개 도시 5개 시군과 접해 있는 교통의 요충지이다. 또한 삼국시대 때 창건된 화엄사, 천은사, 연곡사 등 불교문화의 요람으로서 많은 문화재와 선열들의 유적지가 원형 그대로 보존되어 있고, 지리산 자락에서 계절 따라 생산되는 고로쇠 약수, 송이버섯, 섬진강 은어 및 참게 등은 무공해 건강식품으로 각광받고 있으며, 게르마늄 지리산 온천은 최대 규모의 시설을 자랑하는 온천관광 휴양지이다.

오미마을은 영조 24년(1748년) 당시 삼수부사(三水府使)인 문화 유씨 류이주(柳爾胄)가 풍수지리설의 금환낙지를 찾아 이주해 와서 99칸의 대가로 유씨가를 이룩하였다는 설과 1924년 경 상원갑에 환동과 추동에 금환낙지의 터를 잡아 서산 유씨, 성산 이씨 등이 이주하면서 마을이 형성되었다고 하는 설이 있다. 오미의 오동은 내죽, 하죽, 백동, 추동, 환동을 말하며, 또한 오미의 다섯 아름다움은 월명산, 방장산, 오봉산, 계족산, 섬진강이 있다 하여 오미라 불렀다고 한다.

마을 인구는 총 86명으로 남자가 38명, 여자가 48명이며 상한마을에 비해 여자가 더 많고, 40대 이하 인구도 28명이나 되어 인적 자원이 풍부하다. 경지면적은 총 21.9ha인데, 이 중 답이 19.4ha, 전(과수원)이 2.5ha로 전형적인 답작지대이다. 주요 재배작물은 벼와 청보리이며 쌀은 2008년도에 무농약 인증을 받아, 토지작목반 중심으로 15.9ha에서 229톤을 생산하여 구례농협 RPC에 출하하고 있다. 특히 오미마을은 전통가옥인 운조루와 곡전재가 있어 전라남도 행복마을 및 한옥보존시범마을로 지정되어 있으며 수많은 관광객이 방문하고 있다.

<표 3> 오미 농촌문화관광마을(구례군 토지면 오미리 오미마을) 현황 집계표[7]

항목	세부지표	수량	세부 현황
생태적 건강성	생태자연도 1등급 면적비율(%)	30	- 자연환경보전법에 따라 환경부장관이 지정·고시한 면적비율임.
농업여건	표고(m)	100	- 마을과 인접하고 있어 표고는 100m 이하임.
	경사도(°)	3 이하	- 거의 평지에 가까움.
	방위	남, 남서	- 마을이 남향에 입지하고 있음.
	특산물 품목	1	- 쌀, 청보리, 밀
	환경농업 가구 비율(%)	68	- 마을 전체 35가구 중 23농가가 환경농업으로 벼를 재배하고 있음.
관광여건	관광자원(개소)	2	- 운조루 등 한옥
	민박(개소)	1	- 곡전재 민박이 있음.
	관광관련시설(개소)	2	- 마을회관, 유상각 등
	역사전설(개소)	1	- 운조루, 곡전재
	연간 관광객수(명)	3,500	- 연간 관광객수가 약 5천 명임.
	접근성(분)	3	- 19번 지방도에서 1분 거리에 있어 접근성이 양호함.
경관 매력성	경관 위해 시설(개소)	2개 이상	- 빈 창고, 담장(전통 농업마을로서 마을담장, 안길 등 마을 경관정비가 필요한 실정임)
	경관 우수 시설(개소)	2	- 내한계곡과 내한마을, 당산숲
인적 잠재력	주민 참여도(%)	68	- 35가구 중 24농가가 친환경 농업에 적극 참여함.
	40대 이하 연령분포(%)	11.8	- 오미마을의 전체 인구는 86명이며 그 중 40대 이하 주민은 52명 정도로 약 32%를 차지함.
지역 발전성	소속 읍면의 인구(세대)	1203	- 오미마을이 있는 토지면 세대수는 1,203세대임.
	주요 읍과의 거리(km)	7	- 오미마을에서 구례읍까지의 거리는 약 7km임.

---

[7] 이하의 2개 표는 지리산권관광개발조합, 「지리산권 농촌문화관광마을 조성계
획(안)」, 2011에 있던 원자료를 편집·인용한 것이다.

<표 4> 오미마을 SWOT 분석

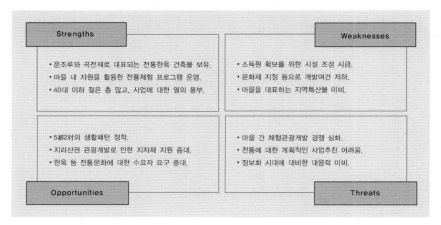

Ⅳ. 농촌문화관광마을의 발전 전략

1. 농촌문화관광마을의 기본과제

지리산권 농촌문화관광마을은 5都2村의 생활패턴이 형성됨에 따라 마을이 보유하고 있는 풍부한 자연·역사문화 자원을 활용하여 국내 생태·농촌·문화 관광시장을 선점하여야 한다. 또한 삶의 질에 대한 관심 증대로 건강 및 환경의 중요성이 주목되고 환경보전과 지역발전의 상호 의존성에 대한 인식 또한 증대되고 있다. 따라서 지역관광개발의 청정·생명·건강 이미지를 강화하여야 하며, 환경훼손을 최소화하도록 지리산권의 보전 중심적 관리체계 구축 등을 통해 관광개발의 친환경성에 중점을 두고 전략을 강구하여야 한다.

아울러 풍부한 자연·역사문화 자원을 활용하여 심화되는 지역 간 관광개발 경쟁에 대응하기 위해서 7개 시·군의 전략적 제휴로 관광개발의 통합 추진을 모색하는 전략이 필요하다. 즉, 지역별로 다양한 체험활동

가능성을 강점으로 부각하기 위하여 통합이미지 구축 및 공동홍보 등 광역진흥사업을 적극 발굴하여야 한다.

이와 함께 지역산업구조가 1차 농업 위주에서 벗어나 2, 3차 산업의 활성화로 부가가치를 창출할 수 있도록 지역산업과 관광산업의 연계성을 제고하여야 한다. 특히 경유형 관광지의 이미지를 탈피하고 관광객의 체재를 유도하기 위하여 농촌체험마을, 타운투어리즘, 휴양·레저스포츠 시설 등의 휴양형 관광시설을 개발하고 휴양형 복합관광지대를 조성하여야 한다. 또한 국가 균형 발전 및 관광산업육성 시책 추진을 활용하여 지리산권에 체계적인 관광기반을 조성함으로써 체재·휴양관광시장을 적극 유치할 필요가 있다.

또한 '국립공원 절대 보전'과 '先계획 後개발'의 원칙에 따라 보전·개발지역을 구분한 후 집적효과를 확보하고 완충지역에는 친환경적 편의시설을 설치하여 개발과 보전을 동시 실현하여야 한다. 더불어 역사문화유산의 체계적 정비를 통하여 역사경관을 보전하고 현대적·미래 지향적 재생산을 통하여 지역의 문화적 지속성을 창출하여야 한다.

마지막으로 하드웨어적 관광자원 개발에 있어서 비교우위와 파급효과가 높은 사업에 집중하도록 위계별 사업 추진을 도모하고, 소프트웨어적 관광기반 조성에 있어서 광역적 관광서비스의 통합 제공을 중시하여야 한다. 나아가 관광객의 편의 도모뿐만 아니라 지역주민의 삶의 질 향상이 조화된 내생적 관광개발을 추구하기 위해 계획 수립과 집행과정에서 지역 주민의 참여를 활성화하여야 한다.

2. 농촌문화관광마을의 발전 전략

농촌문화관광마을의 개발 추진은 곧 '마을가꾸기'의 과정이며, 3단계의 과정을 통하여 수행되어야 한다. 보다 구체적으로 말하면, '마을가꾸기'는 ① 마을개발의 기본방향 수립, ② 마을개발의 추진체계 정립, ③ 세부 추진계획의 추진 등으로 나누어진다. 그 첫째가 '마을개발 기본방향'을 수립하는 일이며, 이를 위해서는 주체적인 주민참여를 위한 프로그램을 개발하고, 전문가 집단과의 지속적인 협의를 거쳐 단기 및 중장기 계획을 수립하여야 한다. 또한 이와 관련된 총괄계획과 부문계획의 조화를 통하여 마을개발의 방향을 설정하여야 한다.

'마을개발 추진체계'는 9가지 단계를 거쳐야만 하는데, 그것은 이른바 ① 예비조사, ② 마을협의회 구성(지역주민), ③ 농촌테마마을 만들기 사업 제안(전문가/지역주민대표), ④ 부문별 기초조사, ⑤ 선진사례 답사, 전문가 강의, 주민회의 등, ⑥ 농촌테마마을 만들기 기본계획 수립, ⑦ 마을정보화 구축, 주민 서비스 교육 실시, 이벤트 개최, ⑧ 단기/중기/장기 계획 수행, ⑨ 평가 및 보완계획 수립 등이다.

그리고 이를 위해서는, ① 주민의 조직 및 교육, ② 농산물 생산 및 소득증대, ③ 마을환경 개선, ④ 녹색관광, ⑤ 특산품/기념품 개발 및 판매, ⑥ 마을이벤트, ⑦ 홍보 및 마케팅 등을 주요한 세부 추진계획으로 구성해야만 할 것이다.

〈그림 2〉 농촌문화관광마을 가꾸기의 추진방향

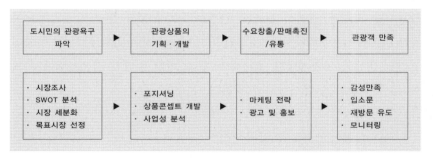

한편 농·산촌도 상품이고 마을도 브랜드(brand)이며, 따라서 마을을 상품으로 인식하고 팔아야 한다. 판다는 말에 거부감을 가질 수 있지만

지역을 좀 더 매력적인 곳으로 알리자는 의미이다. 이는 장소마케팅 (place marketing) 전략의 하나로서, 어떤 지역을 가치창조를 하는 하나의 상품으로 인식하고, 기업과 주민, 관광객이 선호하는 이미지와 제도, 시설을 갖추어 많은 관광객들이 찾고 기업이 찾도록 지역의 상품가치를 높여 활성화하자는 전략이다.

그런데 농촌문화관광 개발이라면 지금까지 개발해 오던 관광지와는 그 기준과 방식이 달라야 한다. 관광지개발이라고 하면 모든 지역의 도로를 넓히고 주차장과 화장실을 만드는 외형적인 부분에 신경을 쓴다. 이제는 달라져야 하며, 농·산촌마을 그 자체가 훌륭한 자원이 될 수 있다. 어느 곳이든 맑은 물과 깨끗한 공기가 있고, 특산물이 있으며, 그동안 마을의 주민들이 살아 온 얘깃거리가 있다. 기존과는 다른 역발상 아이디어로 새로운 농·산촌의 라이프스타일과 문화를 만들어 찾아오는 도시민들에게 체험을 제공하고 추억을 만들어 주어야 하며, 이를 위해 다음과 같은 농촌문화관광마을의 발전 전략이 요구된다.

1) 소비자 욕구의 맞춤과 차별화 전략

전국의 마을 수는 줄잡아 4만7천 개이며, 도시민이 기억하고 다시 방문하는 마을이 되기 위해서는 다른 지역의 마을과 구별되는 특성이나 개성이 있어야 한다. 다른 마을에는 없는 우리 마을만이 가지고 있는 장점 한 가지에 초점을 맞추어 특징적이고 의미 있는 차별성을 찾는 것이 중요하다. 또한 지금은 맞춤시대이기 때문에 다양한 도시소비자의 욕구를 만족시키는 동시에 농촌문화관광마을의 개성을 살려야 한다(예: 강원 화천군 토고미마을의 "고향이 되어드립니다", 충남 서산시 오학리의 "별마을, 꿈과 상상력을 채워드립니다"). 방문하는 장소마다 취급하는 상품이 비슷하고 분위기 또한 크게 차이 나지 않는다면 소비자들에게 외면당할 수밖에 없기 때문이다.

2) 변화와 희망이 있는 창조적 전략

농촌문화관광마을을 살리기 위해서는 '변화와 희망'이 동시에 필요하다. 정부에서 시키는 대로 혹은 지원해 주는 대로 우리의 미래를 맡기지 말고 마을 주민들 스스로가 나서야 한다. 정책은 농·산촌주민 스스로 나서도록 동기를 부여하면 되는 것이고, 중요한 것은 마을 주민들 스스로가 머리를 맞대고 고민할 때 비로소 지역의 자연이 살고 문화가 활성화될 수 있음을 깨닫는 것이다. '나부터 한번 해보자. 남은 안 하더라도 우리 마을부터 해보자'는 생각이 중요하다.

그래서 농촌문화관광마을도 간단한 것, 쉬운 것부터, 할 수 있는 것부터 바꾸고 변해야 한다. 도시민을 불러오기 위하여 무조건 큰 돈 들여 대형 건물부터 짓고 보자는 태도는 위험하다. 특히 도시를 모방하고 도시의 관점에서 봐서는 안 된다. 흔히들 쉽게 권하는 민박조차 평생 농사만 짓던 농업인들에게는 벅찬 벤처사업이다. 농촌문화관광마을 주민들이 가장 잘 할 수 있는 것부터 시작해야 한다. 예를 들자면 어떤 행사가 끝나고 난 다음 도시민들에게 휴식공간을 제공하고 무공해 산나물 등을 주는 식으로 도시민의 감성에 호소하는 것부터 시작하는 것이 좋다.

또한 농촌문화관광마을이 활성화되기 위해서는 끊임없이 혁신적인 아이디어로 활로를 찾는 '창조적인 농·산촌'이 되어야 한다. 현대를 일컬어 정보화시대, 디지털시대, 스피드가 경쟁력인 시대라고 말한다. 농업과 농·산촌 환경도 시시각각 급변하고 있으며, 변화하는 환경에 적응할 수 있는 창의적인 사고와 변화능력이야말로 생존의 필수조건이 되고 있다.

3) 상품화 성공전략

또한 농촌문화관광마을 주민들 스스로가 함께하는 공감대를 형성해 이를 바탕으로 마을가꾸기 등에 관한 장기적 마을발전계획을 수립해야 한다. 돈을 버는 목적이 아니라 마을주민 스스로가 공동체의식을 가져 도시민을 끌어모을 수 있게끔 의기투합하여야 한다. 아울러 차별화된 콘텐츠나 상품을 기획하여 브랜드 파워를 높여야 한다. 농·산촌관광사업은 시장의 요구와 추세를 읽고 농·산촌다움을 상품화하는 것으로 친환경농산물을 비롯한 농특산물, 민박, 체험프로그램, 기념품, 향토음식 등이 상품이 될 수 있다.

농촌문화관광마을의 관광상품 및 체험프로그램은 세상에서 하나뿐인 유일한 것을 만들어야 한다. 차별화는 농가와 마을이 가진 잠재자원과 능력을 극대화하는 것이다. 남의 것을 흉내내는 것은 함께 망하는 길이라는 점을 명심하여 차별화해야 한다. 또한 모든 마을이 민박과 체험프로그램으로 승부할 수는 없다. 마을이 처한 입지여건이나 능력에 따라 적합한 비즈니스 모델로 승부를 걸어야 한다. 감동적인 체험이 핵심 상품이고 경쟁력이다. 내가 먼저 가슴 설레지 않으면 남을 감동시킬 수 없다. 마을주민들의 마음을 담아 도시민들이 기대하지 않은 1%를 더 전달할 수 있는 감동적인 서비스가 필요하다.

마을의 차별화된 이미지와 브랜드, 상품을 만들었다면 시장홍보를 위해 표적시장, 즉 특정지역과 계층, 연령을 집중 공략할 필요가 있다. 특히 각종 언론매체와 인터넷 홈페이지, 입소문을 적절히 활용하는 노하우를 터득해 마케팅을 그러한 표적에 집중할수록 좋다.

이와 함께 농촌문화마을 주민들은 시설, 상품개발, 마케팅 등 사업을 추진할 만한 핵심역량이 부족하므로 외부전문가와 네트워크를 구축해 도움을 받는 것이 좋다. 마을을 찾는 도시민이나 소비자단체와 네트워크를 구축하여 전문적인 지식을 전수받는 것도 좋다. 또한 홍보와 마케팅에 많은 투자를 하지 못하는 농·산촌으로서는 재방문이 중요하다. 자매결연이나 회원제, 인연 만들기 이벤트를 통해 다시 마을을 찾는 재방문자를 얼마나 확보할 것인가 하는 것이 성공 포인트이다.

마지막으로 마을주민들의 리더십과 경영능력이 중요하다. 마을 전체

공동사업과 개별농가 단위 사업의 조화가 중요하며, 비전과 창의적인 아이디어와 열정이 핵심이다. 끊임없는 실전경험과 이를 통한 학습, 노하우를 나누어야 함은 물론이며, 창의적인 아이디어와 열성으로 마을을 경영할 수 있는 마을리더가 있어야 한다.

V. 요약과 전망

주5일 근무제 도입 후 관광활동이 원거리형, 시간소비형, 가족중심형으로 전환되면서 관광수요가 지방으로 분산되고 있다. 특히 주말에는 농촌에서 생활·생산 체험관광을 하는 '5都2村'의 생활패턴이 형성되고 있어 전원휴양, 농촌체험 잠재시장이 확대될 전망이다. 아울러 정부는 국가균형발전 관련 3대법 제정, 제1차 균형발전 5개년계획 수립, 신활력지역 선정 등 국가균형발전 정책을 강력히 추진하고 있으며, 신성장동력산업으로서 관광산업을 전략적으로 육성하고 있다.

특히, 7개 시·군이 연계되어 있는 지리산권은 아름다운 자연환경과 우수한 역사, 문화자원을 보유하고 있으나 대부분 지역특산물 또는 자연경관을 소재로 하고 있어 관광자원이 유사할 뿐더러 현재 운영 중인 관광시설 또한 시·군 간 차별성이 미흡한 실정이다. 이에, 기존 7개 시·군의 지역적 특성을 반영하여 차별화되고 경쟁력 있는 관광자원을 발굴하고 침체된 지역을 재생하고자 하는 목적으로 농촌문화관광마을 조성사업에 대한 계획이 수립되어 추진 중에 있다.

본 연구는 이미 선정된 7개 농촌문화관광마을 중 전남지역에 소재한 곡성군 죽곡면 상한마을과 구례군 토지면 오미마을을 중심으로 발전전략을 모색하는 데 그 목적을 두었으며, 이에 관한 지금까지의 논의를 다음과 같이 요약코자 한다.

1. 지리산권은 자연·생태적으로 천혜의 수려한 산수가 어우러진 청정 지역이고, 역사적으로 다양한 사상적 층위의 성장무대이자 국난 극복의 현장이며, 문화적으로 전통예술문화와 생활문화가 살아 있는 문화 콘텐츠의 보고이다.

2. 지리산권 농촌문화관광마을은 마을이 보유하고 있는 풍부한 자연·역사문화자원을 활용하여 국내 생태·농촌·문화관광시장을 선점하고, 지역관광개발의 청정·생명·건강 이미지를 강화하여야 하며, 환경훼손을 최소화하도록 지리산권의 보전 중심적 관리체계를 구축함으로써 관광개발의 친환경성에 중점을 두고 전략을 강구하여야 한다.

3. 심화되는 지역 간 관광개발 경쟁에 대응하기 위해서 7개 시·군의 전략적 제휴를 통해 지역별로 다양한 체험활동 가능성을 강점으로 부각하고, 이를 위하여 통합이미지 구축 및 공동홍보 등 광역진흥사업을 적극 발굴하여야 한다. 또한 지역산업구조가 2, 3차 산업의 활성화로 부가가치를 창출할 수 있도록 지역산업과 관광산업의 연계성을 제고하여야 한다. 특히 경유형 관광지의 이미지를 탈피하고 관광객의 체재를 유도하기 위하여 농촌체험마을, 타운투어리즘, 휴양·레저스포츠 시설 등의 휴양형 관광시설을 개발하고 휴양형 복합관광지대를 조성하여야 한다.

4. 역사문화 유산의 체계적 정비를 통하여 역사경관을 보전하고 현대적·미래 지향적 재생산을 통하여 지역의 문화적 지속성을 창출하여야 한다. 아울러 하드웨어적 관광자원 개발에 있어서 비교우위와 파급효과가 높은 사업에 집중하도록 위계별 사업 추진을 도모하고, 소프트웨어적 관광기반 조성에 있어서 광역적 관광서비스의 통합 제공을 중시하여야 한다. 나아가 관광객의 편의 도모뿐만 아니라 지역주민의 삶의 질 향상이 조화된 내생적 관광개발을 추구하기 위해 계획 수립과 집행과정에서 지역 주민의 참여를 활성화하여야 한다.

5. 지리산권 농촌문화관광마을이 발전하기 위해서는 마을의 개성을 살

린 소비자 욕구의 맞춤과 차별화 전략, 변화와 희망이 있는 창조적 전략, 관광상품 및 체험프로그램으로 세상에서 하나뿐인 유일한 것을 만들어 내는 상품화 성공전략 등을 강구하여야 한다.

이 글은 『동북아관광연구』 제7권 제4호(동북아관광학회, 2011)에 수록된 「지리산권 농촌문화관광마을의 발전 전략: 곡성 상한마을과 구례 오미마을 사례를 중심으로」를 수정·보완한 것이다.

—

에코페미니스트 여신의례

지리산 여신축제를 중심으로

유기쁨

—

Ⅰ. 에코페미니즘과 여신의례의 개념

에코페미니즘(ecofeminism)이라는 분야는 프랑소아즈 도본느(Françoise d'Eaubonne)가 1974년에 처음 그 용어(éco-féminisme)를 사용한 이래 여러 방향에서 성장해 왔다. 여성들은 환경운동, 다양한 유형의 대안정치운동, 페미니스트 영성운동 등 여러 방향으로부터 에코페미니즘으로 결집해 왔다.[1] 에코페미니즘은 이러한 다양한 지향들을 포괄하는 용어이지만, 공통적으로 서구 문화들에서 자연에 대한 학대와 여성에 대한 학대 사이에

---

[1] 샤를린 스프레트낙, 「생태여성주의: 우리의 뿌리와 꽃피우기」, 아이린 다이아몬드 · 글로리아 페만 오렌스타인 편저, 『다시 꾸며보는 세상: 생태여성주의의 대두』, 정현경 · 황혜숙 옮김, 이화여자대학교 출판부, 1996, 30~32쪽.

는 역사적, 상징적, 그리고 정치적 관계가 존재한다는 통찰을 가진다.[2]
그러나 여성과 자연의 관계에 대해서는 그것이 생물학적인 것인지 아니
면 주로 사회적이고 문화적인 것인지, 그리고 그 연관성을 강화할 것인지
단절할 것인지에 대해 서로 다른 견해들이 공존하고 있다. 본고에서는 여
신의례를 통해 여성과 자연의 밀접한 연관성을 체현하는 에코페미니즘의
한 갈래를 검토하고자 한다.

우리나라에서는 1990년대 이후, 에코페미니즘이 주로 철학적, 사상적
대안으로서 소개되었지만,[3] 에코페미니즘으로 분류되는 또 다른 한 갈래
인 영적 페미니즘,[4] 곧 여신의례를 중심으로 하는 페미니즘 운동은 논의
에서 주목을 받지 못했다. 주로 '위카(Wicca)'라는 이름으로 여신을 새로
운 상징으로 복원하고, 다양한 의례들을 창출해 온 여성들은 대개 스스로
를 에코페미니스트로 지칭한다. 그들은 달, 동물, 여성의 몸을 중시하는
고대 의례의 부활이라고 알려진, 여성과 자연과의 관계를 찬양하는 여신
의례들을 행한다.[5]

---

2) Charlene Spretnak, "Critical and Constructive Contributions of Ecofeminism", in:
Mary Evelyn Tucker & John A. Grim(eds.), Worldview and Ecology: Religion,
Philosophy, and the Environment, Orbis Books, 1999, 181.

3) 허라금, 「제3의 물결로서의 생태여성주의」, 『철학과 현실』, 40권, 1999; 문순
홍, 「에코페미니즘이란 무엇인가」, 『여성과 사회』, 6권, 1995; 신두호, 「남성과
에코페미니즘」, 『영미문학 페미니즘』, 9권 1호, 2001; 김욱동, 「에코페미니즘
의 철학적 기초」, 『영미문학 페미니즘』, 4집, 1997; 문영석, 「환경과 여성, 에
코페미니즘—자연, 여성, 종교: 나눔과 섬김의 통전적 인간성회복을 위하여」,
'98 세계 환경의 날 기념 캠퍼스 환경포럼 발표문, 카톨릭교육연구소, 1998;
장우주, 「에코페미니즘의 논리와 과제」, 『녹색 한국의 구상』, 계간 환경과생
명 엮음, 숲과 나무, 1998 등 참조.

4) 페미니스트 영성운동으로 지칭되기도 한다.

5) 본고에서 여신의례는 곧 페미니스트 여신의례를 뜻한다. 여신의례의 형식은
고정되어 있지 않다. 어느 정도 형식을 갖춘 개인의례와 집단의례뿐 아니라
강의, 콘서트, 미술 전시, 거리 및 극장 상영, 직접적인 정치 행동으로 펼쳐
지는 여신의례들은 모두 자연과 여성을 강력한 힘으로 새롭게 바라보는 사례
들이다. 캐롤린 머천트, 『래디컬 에콜로지』, 허남혁 옮김, 이후, 2001, 257쪽.

이와 같은 여신의례는 일부에서 주장하듯이 "수만 년 동안 인간 문화는 도처에서 비가부장적이고 모권적인 여신 숭배 종교에 의해 지배되고 있었다"고 순진하게 믿으면서 여신종교를 복원하고자 하는 '(광)신도들'의 의례로 단순히 처리되어서는 안 된다. 이런 선입견은 의례의 기원을 인간의 역사가 아닌 자연에서, 혹은 초자연에서 발견하려는 통념에 기인한 것으로서, 이러한 시각에서는 의례가 인간의 합목적적인 의식적 실천양식과는 차이가 있는 행위로 여겨진다. 이때 의례에는 종종 전근대적, 비합리적, 비이성적이라는 암묵적 평가가 덧붙여진다.

이러한 선입견과는 달리, 현대에는 많은 의례들이 어떠한 특정한 목적을 위한 전략적 실천 양식으로서 뚜렷하게 자의식적으로 만들어지고 있으며, 여신의례는 그 대표적인 사례이다.[6] 진 코마로프(Jean Comaroff)는 사회적 가치를 내면화하고 재생산하며, 자아와 사회 관계의 세계를 동시에 구성하는 매개체로서 몸의 중요성을 강조한 바 있다.[7] 다양한 여신의례들은 소외되어 왔던 여성과 자연을 몸을 통해 경험하게 하는 실천 양식으로서, 몸을 통한 변화의 경험을 중요시한다는 점에서 현대사회 문화와 흐름을 같이한다.

본고에서는 여신의례가 페미니스트들의 이상을 구현하기 위한 다양한 전략적 행위양식의 하나로 출발했고, 목적을 위해 다양한 의례 장치들을 생산해 왔다고 본다. 그리고 그러한 장치들이 가져온 효과 가운데 특히 자연과 여성의 연속성을 몸으로 체현하게 되는 측면에 주목하고자 한다. 이를 위해서, II장에서는 페미니스트들이 여신의례들을 창안하게 된 과

---

6) 캐서린 벨은, 현대 사회에서 전략적으로 의례를 창안한 두드러진 사례들로 구소련의 사회주의 의례 창출, 올림픽 경기의 의례화와 함께, 페미니스트 여신의례의 사례를 들고 있다. Catherine Bell, *Ritual: Perspectives and Dimensions*, Oxford University Press, 1997, pp.223~242.

7) Jean Comaroff, *Body of Power Spirit of Resistance: The Culture and History of a South African People*, The University of Chicago Press, 1985, pp.6~7.

정과 동기를 살펴봄으로써, 현대 여성들의 전략적 실천으로서 여신의례
들을 조명하고자 한다. 다음으로, Ⅲ장에서는 여신의례들에서 자연과 여
신이 여성의 몸을 통해 경험되고, 동일시되고, 연결된 전체로서 느껴지게
하는 주요 장치를 검토할 것이다. Ⅳ장에서는 우리나라에서 최근 벌어진
에코페미니스트 여신축제의 사례를 통해서, 현대 한국사회에서 창출되는
여신의례의 현재를 엿보고자 한다.

II. 전략적 실천으로서의 여신의례

1. 여신의례의 출현

현대사회에서 정치적인 것과 영적인 것의 영역은 대체로 분리되어 있
다. 그러나 이와는 대조적으로, 페미니스트 운동의 일부에서는 정치적인
관심과 영적인 관심을, '마치 그것들이 하나의 강의 두 줄기인 듯이' 결합
하고 있다. 정치적인 투쟁과 영적인 개발이 상호의존적이며, 양자 모두가
의미 있는 사회와 문화를 창조하기 위해 요구된다[8]고 주장하는 대표적인
사례가 바로 페미니스트 여신의례이다.

사실, 종교를 가진 많은 페미니스트들은 제도화된 종교 내부에 머물러
서 탈가부장적인 방식으로 경전을 다시 해석하고, 전통을 재구성하고, 교
리를 재형성하려고 시도해 왔다. 그런데 일부 페미니스트들은 그러한 시
도가 개인을 탈가부장적인 주체로 형성하고 현실을 변형하기 위해서 충
분하지 않다고 보고, 그들의 전망에 부합하는 의례와 상징들을 새롭게 창
출하면서 새로운 종교현상을 형성하게 되었다. 새로운 여신 영성과 의례
의 출현은 크게 두 방향에서 이루어졌는데, 페미니스트 신학자들과 풀뿌

---

[8] Margot Adler, *Drawing Down the Moon: Witches, Druids, Goddess, Worshippers, and Other Pagans in America Today*, Penguin Compass, 1986(1979), p.178.

리 여성 집단들이 그것이다. 흩어져 있던 다양한 목소리들을 하나로 결집할 수 있었던 것은 『여성 영성(Womanspirit)』을 비롯한 출판 네트워크를 통해서이다.[9]

우선, 미국에서 페미니스트 여신의례의 출현에는 페미니스트 신학자들이 중요한 역할을 했다. 특히, 캐롤 크라이스트(Carol Christ)는 「왜 여성은 여신을 필요로 하는가」라는 글을 통해서, 여신 상징(symbolism)이 현대 여성들의 특정한 필요에 반응하고 새로운 모델을 제공하기 위한 잠재력을 가지고 있다고 주장했다.[10] 그녀는 "종교가, 사람들이 인간 생활의 한계 상황들(죽음, 악, 고통)에 대처하고 삶의 중요한 전이기(탄생, 섹슈얼리티, 죽음)를 통과할 수 있게 하는 상징들과 의례들을 제공함으로써 심층적인 심리적 욕구들을 충족시킨다"고 보았으며, 그러한 의례와 상징들은 사람들의 무의식에 깊이 영향을 미치기 때문에, 남성과 남성의 권위에 의존하게 만드는 "상징 체계들이 … 반드시 대체되어야 한다"고 주장했다.[11] 또한 여러 페미니스트 여신학자들은 지배적 종교 전통들의 가부장적 성격을 비판하면서, 여성의 경험을 핵심에 두는 신학적 대안들을 전개했다. 이들은 자신들의 신학을 실천하기 위하여 소모임들을 형성하고, 여신 상징을 중심으로 여성의 경험에 초점을 맞춘 의례들을 고안하게 되었다.

동시에 신학이나 종교학적 훈련을 받지 않은 여성들 역시 소규모의 여성영성 집단들을 형성하기 시작했다. 1970년대 초반, '여성의 몸'을 가지고

---

9) Mary Jo Neitz, "In Goddess We Trust", in: Thomas Robbins and Dick Anthony(eds.), *In Gods We Trust: New Patterns of Religious Pluralism in America*, Transaction Publishers, 1993, pp.360~367.

10) Carol Christ, "Why Women Need the Goddess: Phenomenological, Psychological, and Political Reflections," in: C. Spretnak(eds.), *The Politics of Women's Spirituality*, Anchor Books, 1982, pp.71~86.

11) Carol Christ, "Why Women Need the Goddess: Phenomenological, Psychological, and Political Reflections," pp.72~73.

있다는 공통점과 여성운동에서의 경험들을 가지고 모인 일부 여성들이 여성들의 경험에 기초한, 여성들의 영성을 꽃피우기 위한 '손수 만든 종교 (Homemade Religion)'[12]를 선언하면서, 영적인 경험에 대한 갈망으로 새로운 종교 형태들을 실험하게 되었다. 1971년에 부다페스트(Z. Budapest)를 중심으로 조직되었으며, 오늘날까지 가장 영향력 있는 여신의례 집단 중하나인 '수잔비앤소니코븐넘버원'(The Susan B. Anthony Coven No. 1)은, 처음에는 여성 해방을 목표로 한 정치적 집단에서 출발했다. 그녀는 자신들이 '이러한 목적에 도달하는 과정에 속도를 더하기 위해 혁명적 행동주의와 영적 기술들을 결합하기로 결정'했으며,[13] 자신의 관심의 초점은 '가부장적 역사의 세력들과 싸우는 것'임을 밝힌 바 있다.[14]

그런데 그들은 전통적으로 여성을 억압해 왔던 사회 속에서 여성의 힘 (female power)에 대한 적극적인 이미지들을 거의 발견할 수 없었다. 오히려 가부장적 지배이념에 의해 오염된 여성상이 주류를 이루고 있었다. 따라서, 많은 여성들은 '만약 수천 년 동안 여성들에 대한 이미지가 오염되어 왔다면, 오염되지 않은 이미지들이 존재하던 때로 되돌아가거나, 우리 내부로부터 새로운 이미지들을 창조해야 한다'고 생각하면서, 이러한 이미지들이 실재하게 되는 의례적 상황들을 창조하게 되었다.[15] 이를 위하여, 점차 많은 여성들이 전역사(前歷史)의 모권사회[16]에 대한 문헌들을

---

12) Mary Jo Neitz, "In Goddess We Trust", p.363.

13) Z. Budapest, "The Vows, Wows, and Joys of the High Priestess or What Do You People Do Anyway?", in: C. Spretnak(eds.), *The Politics of Women's Spirituality*, p.536.

14) Z. Budapest, "The Vows, Wows, and Joys of the High Priestess or What Do You People Do Anyway?", p.539.

15) Margot Adler, *Drawing Down the Moon: Witches, Druids, Goddess, Worshippers, and Other Pagans in America Today*, pp.183~184.

16) 전역사기에는 사회가 주로 모권사회의 형태를 띠었다고 주장했던, 이제는 고전이 된 글로는 Johann Jakob Bachofen, *"Das Mutterrecht: Eine Untersuchung über die Gynaikokratie der alten Welt nach ihrer religiösen und rechtlichen*

읽고, 고대 종교들에서 여신들을 발견하게 되었으며, 여성중심적인 영성의 실천을 재창조하고자 했다. 그리고 여신 상징들을 자신들의 경험을 토대로 전유하는 그들 자신의 의례들을 개발하기 시작했으며, '마녀'라는 명칭을 재선언하게 되었다.[17]

여신에 대한 여성들의 이러한 관심은 『여성 영성』을 비롯한 출판 매체들을 통해 교류되고 모아졌다. 1975년에 첫 번째 여성 영성 회의가 보스턴에서 열렸으며, 1,800명의 여성들이 참여했다.[18] 『여성 영성』을 비롯한 정기 출판물들이 여신 영성에 관심을 가진 많은 페미니스트들이 만날 수 있는 장을 형성함에 따라, 페미니스트 여신의례들은 페미니스트들 사이에서 효과적으로 소통되고, 개발되고, 확산되게 되었다. 오늘날에는 많은 여성들이 소모임들을 형성하고 여신의례들을 창조하면서, 페미니스트 여신의례가 '퍼포먼스'로부터 여신에 대한 제의에 이르기까지 대단히 다양한 스펙트럼으로 전개되고 있다.

Natur", in: Karl Meuli(ed.), *Gesammelte Werke*, vols. II, III, Basel, 1948이 있다. 그러나 바호펜의 글 자체는 페미니스트들 사이에서도 종종 비판의 대상이 되었다. Stella Georgoudi, "Creating a Myth of Matriarchy", in: Pauline Schmitt Pantel(ed.), *A History of Women in the West: From Ancient Goddesses to Christian Saints*, translated by Arthur Goldhammer, The Belknap Press of Harvard University Press, 1992 참조.

17) 이들은 기존의 함축적인 의미를 담은 언어들을 의도적으로 변용해서, 저항하고자 하는 지배질서의 영향 아래 있는 일상의 행위들이나 다른 종교전통들의 의례화된 행위들로부터 여신의례를 차별화한다. 전략적 언어로서 '마녀'의 사용은, 1968년 뉴욕에서 한 무리의 페미니스트들이 스스로를 WITCH(Women's International Terrorist Conspiracy from Hell)로 지칭한 데서 비롯되었다. 마녀라는 단어를 사용함으로써, 페미니스트들은 스스로를 기존 지배질서로부터 차별화하고, 역사적으로 배제되고 박해받아 온 수많은 여성들과 동일시한다. Cynthia Eller, *Living in the Lap of the Goddess: The Feminist Spirituality Movement in America*, Crossroad, 1993, p.53.

18) Carol Christ, "Why Women Need the Goddess: Phenomenological, Psychological, and Political Reflections," p.75.

2. 왜 의례인가?: 의례와 권력

역사적으로 페미니스트 여신의례는 여성들의 필요에 의해 전략적으로 고안되었다. 왜 페미니스트들은 여신의례를 창출하게 되었는가? 이는 의례 역시 다른 실천의 장들과 마찬가지로, 고유한 권력의 생산과 밀접하게 연결되어 있기 때문이다.

의례에 대한 정의는 의례를 연구하는 학자의 수만큼이나 다양하다. 대체로 의례는 일상적 행위와는 구별되는 형식성, 반복성, 차별성을 지닌 행위양식으로 이해된다. 그러나 '의례'라는 본질적으로 고정된 행위범주가 설정되어 있는 것은 아니다. 일상의 행위는 형식화, 반복, 전통화 및 성스러운 상징 만들기 등 여러 장치들을 통해서, 다른 행위들과는 구별되는 범주로 '의례화'될 수 있다. 그러면 의례화의 목적은 무엇인가? 일차적으로 의례화된 몸의 생산이며, 그에 따라 순환적으로 환경을 재구성하는 것이다.[19] 흔히 의례가 사회의 지배질서를 '표현(혹은 반영)'한다고 이야기하지만, 오히려 의례 자체가 권력의 위계를 창출하는 측면을 간과해서는 안 된다. 의례화 과정을 통해, 특정한 가치와 권력(power)이 구성되고 강화되게 된다.

무릇 의례는 과거를 전략적으로 재생산하는 가장 중요한 기제로 여겨져 왔으며, 사회의 기존 가치를 강화하고 지속하기 위해서 다양한 수준에서 의례화가 이루어져 왔다. 모리스 블로흐(Maurice Bloch)는 의례가 일종의 이데올로기적 신화화로서, '하나의 권력 상황이 그 세계의 본질에 있어서 사실처럼 보이도록' 만드는 '특정한 권력 형태의 실행'이라고 규정한 바 있다.[20] 또한 의례들은 종종 사람들에게 지배 권력에 대한 도전을 단념시키고 그것의 수용을 강제하는 상황을 창출한다.

---

19) Catherine Bell, *Ritual Theory, Ritual Practice*, Oxford University Press, 1992, 98; *Ritual: Perspectives and Dimensions*, Oxford University Press, 1997, pp.81~82.

20) Morice Bloch, *Ritual, History and Power: Selected Papers in Anthropology*, Athlone, 1989, p.45.

그러면 구체적으로 어떠한 메커니즘을 통해 의례가 특정한 가치를 구성하고 강화하는 데 이바지하게 되는가? 의례화 과정에서 일어나는 몸과 환경의 순환적 관계에 주목할 필요가 있다. 의례화된 행위들은 환경이 가치들의 원천으로 나타나게 하는 방식으로 전략적으로 환경을 구성하며, 의례 참여자들은 그렇게 구조화된 환경을 몸으로 체현(embodiment)한다. 그리고 의례화된 몸은 체현된 환경을 실제 상황에 투사(projection)하게 된다.[21]

흔히 볼 수 있는 개신교 정기 의례의 한 장면을 연상해 보자. 거룩함의 표지인 가운을 입은 남자 목사가 높은 강대상에서 아래를 내려다보며, '하느님 아버지'의 이름으로 기도하고 말씀을 선포하는 것을 상상할 수 있다. 이러한 의례 환경은 일차적으로 의례화된 행위들에 의해 구조화된 것이다. 그렇지만 동시에 의례 참여자들이 그러한 환경을 체현하고 숙달하도록 유도한다. 페미니스트의 시각으로 볼 때, 이 경우 신도들은 성별에 따른 위계 및 역할에 대한 특정한 가치들이 녹아 있는 상황을 무의식적으로 자연스러운 것으로 수용하게 된다. 이렇게 무의식적으로 체현된 가치들은 신도들 각각의 사회생활이나 개인생활에서도 암묵적인 영향력을 발휘하게 된다는 것이다.

종종 인간을 지칭하기 위해 남성형 언어를 사용하며, 남성 사제가 남성형 이미지의 신에게 기원하는 이러한 의례들은 특정한 시간과 공간 배치 속에서 일련의 몸짓, 소리들을 통해서 미묘한 대립 구도가 녹아 있는 환경을 효과적으로 구조화한다. 이러한 환경의 조성에서 기본적인 대립들은 소리 없이 다른 것들을 지배하며, 미묘한 관계들에서 표현되는 가치들을 자연화하게 된다.[22] 이를 '상징적 수준에서 일어나는 지배질서의 폭력'으로 표현할 수 있을 것이다. 여기서 문제되는 것은, 의례를 통해 강제되

---

21) Catherine Bell, *Ritual Theory, Ritual Practice*, p.140

22) Catherine Bell, *Ritual Theory, Ritual Practice*, pp.140~141.

는 가치들이 참여자들의 의식 수준에서가 아니라 '신체적 무의식(bodily automatism)'23)의 수준에서 각인된다는 점이다. 즉, 개인의 의식이나 사회 담론 속에서 분명하게 드러나지 않은 채, '실천에서 실천으로' 전달되는 도식 안에서, 그리고 그것을 통해서,24) 의례화된 몸, 곧 지배질서의 상징적 폭력에 암묵적으로 동의하는(그러한 가치들을 체현하는) 개체가 탄생하게 된다. 그리고 의례화된 몸은 체현된 가치들을 객관화하는 환경을 구성하게 된다. 이러한 작동 메커니즘을 통해서 많은 의례들이 가부장적 지배질서를 강화하는 표준화된 과정으로 기능해 왔다.

그러나 현대사회에서는 이와 같은 의례의 기능에 대한 인식이 확산되어 가면서, 동일한 메커니즘을 통해서, 이전에는 혹은 다른 집단들에게는 고정된 것으로 여겨져 왔던 지배질서의 많은 부분을 뒤엎으면서 기존의 지배질서의 기초에 도전하고 그것을 재조정하기 위하여 의례를 적극 활용하는 사례가 늘어가고 있다. 여신 의례는 새로운 질서를 형성하기 위한 현대적 의례 (재)창조의 대표적 경우이다.

1960년대 후반과 70년대 초반에, 많은 여성들은 자신들이 몸담고 있던 종교 영역에서 이루어지는 의례적 실천들에 문제를 제기하기 시작했다. 그들은 당시 이루어지고 있던 종교 의례들이 남성의 권력을 강화하는 동시에, 의례 자체가 남성을 중심에 놓고 여성을 배제하거나 주변부에 둠으로써 그러한 권력을 구성하고 있다고 보았다. 많은 문화권들에서 종교 의례들은 여성의 경험을 부정하게 취급하거나, 남성들의 의례에 비해 소홀하게 취급하거나, 아예 다루지 않았던 것이다. 나아가서, 지금까지의 종교적 모델들은 '지구와 지구를 공유하는 다른 종들과 우리의 관계'까지도 소원하게 만들었다고 비판되었다. "자연의 외부에 있는 신의 이미지는 자

---

23) Pierre Bourdieu, *Outline of a Theory of Practice*, translated by Richard Nice, Cambridge University Press, 1977, 218, note 44.

24) Pierre Bourdieu, *Outline of a Theory of Practice*, p.87.

연 질서에 대한 우리 자신의 파괴에 대한 이론적 근거를 제공했으며, 지구 자원에 대한 우리의 약탈을 정당화해 왔다"는 것이다.[25] 그러한 문제의식 속에서 "진정한 사회 변화는 우리 문화의 신화와 상징들 자체가 변화될 때에만 일어날 수 있다"고 여기는 여성들이 생겨나면서,[26] 페미니스트 여신의례가 탄생하게 되었다.

오늘날 서구의 많은 여성들은 종교 의례에 나타나는 가부장적 지배질서 및 가치관의 생산과 재생산의 고리에서 벗어나기 위한 선택으로서 여신의례들에 참여하고 있다. 상징적 수준에서의 폭력에 저항하고 새로운 질서를 창출하려는 그들은 새로운 의례를 창출함으로써 해방적 가치를 체현한 몸, '의례화된 몸'의 생산을 목적으로 하는데, 새로운 의례의 가장 핵심적인 상징은 여신이며, 자연과 결합되어 나타난다. 여신과 자연의 결합은, 인간의 역사에 깊이 뿌리내리고 있는 가부장제의 권위보다 우선하는 새로운 권위의 창출을 유도하며, 억압되어 온 여신, 여성성, 자연이 이제는 해방되어야 한다는 강력한 메시지를 전하는 장치이다.

III. 몸에서 겹쳐지는 자연과 여신

여성들이 여성 혐오적인 이원론을 극복하고자 페미니즘운동을 전개해 나갈 때 가장 중요한 관심 분야 중의 하나가 몸에 대한 의식을 전환하는 것이며,[27] 여신의례에서도 여러 가지 의례적 장치들이 여성의 몸을 긍정

---

25) Starhawk, "Witchcraft as Goddess Religion", in: C. Spretnak(eds.), *The Politics of Women's Spirituality*, p.52.

26) Starhawk, "Witchcraft as Goddess Religion", p.52.

27) 이네스트라 킹, 「상처의 치유: 여성주의, 생태학 그리고 자연, 문화의 이원론」, 아이린 다이아몬드·글로리아 페만 오렌스타인 편저, 『다시 꾸며보는 세상: 생태여성주의의 대두』, 189쪽.

하도록 의도되고 있다. 그런데 여기서 여신의례의 가장 중요한 특징 중 하나가 두드러진다. 곧, 의례를 통해서 몸과 자연과의 연관성이 참여자들에게 체현된다는 점이다. 실제로, 여신의례의 참여자들은 대체로 여성의 운명을 지구의 운명과 밀접하게 서로 묶여 있는 것으로 경험하고 있다고 한다.[28] 여성에게 자연과의 동일시의 경험을 강력하게 유도하는 여신의례의 장치들을 여신 상징과 재구성한 과거, 그리고 몸의 성화(聖化)를 중심으로 살펴보자.

1. 여신 상징

여신의례를 행하는 여성들은 대부분 스스로를 기꺼이 에코페미니스트로 동일시한다.[29] 그러나 에코페미니스트들 모두가 스스로를 영적 페미니스트로 여기지는 않으며, 일부는 그 운동을 비난하기도 한다. 일부 에코페미니스트들이 여신의례를 도외시하는 이유는, 후자가 몸과 자연의 연관성을 강조하면서 여신 상징을 주요 장치로 활용하고 있으며, 이는 곧 종교적으로 비춰지기 때문이다. 여신의례의 참여자들에게 여성과 자연은 단지 문화적으로나 생물학적으로 연결될 뿐 아니라, 여신의 몸으로 경험된다.[30] 이와 같이 여신 상징은 자연과 여성을 '몸'을 통해 연결해 주는 주요 상징이 된다.[31]

---

28) Cynthia Eller, *Living in the Lap of the Goddess: The Feminist Spirituality Movement in America*, p.192.

29) Cynthia Eller, *Living in the Lap of the Goddess: The Feminist Spirituality Movement in America*, pp.192~193.

30) Cynthia Eller, *Living in the Lap of the Goddess: The Feminist Spirituality Movement in America*, p.193. 여신이 그렇게 쉽게 경험될 수 있는 이유 중 하나는 그녀가 각각의 개별적 여성들 안에 존재하는 것으로 여겨지기 때문이다. *Ibid.*, p.141.

31) 캐롤 크라이스트는 여신 상징의 원천이 여신 숭배의 전통과 현대 여성의 경험이라고 밝히면서, 여신 상징의 기본적인 의미를 다음의 네 가지로 설명했다.

여신 상징의 의의는 다음과 같이 표현된다.

여신의 이미지는 여성들이 자신들을 신성하게, 자신의 몸을 성스럽게, 우리
삶의 변화 국면들을 거룩하게 여기고, 우리의 공격을 건강하게 여기며, 우
리의 분노를 정화하는 것으로 여기도록 격려한다. 또한, 양육하고 창조할
뿐 아니라 필요할 때면 제한하고 파괴하는 우리의 권능이 모든 생명을 지탱
하는 힘인 것을 알도록 고무한다. 여신을 통해서, 우리는 우리의 힘을 발견
하고, 우리의 마음을 비추고, 우리 몸의 존재를 승인하고, 우리의 감정을 축
하할 수 있다.[32]

의례 속에서, 여성들은 원형적인 여성성, 곧 여신의 이미지를 체현하고
활성화하게 된다.[33] 물론, 스프레트낙(Charlene Spretnak)이 강조하듯이,
여신 상징은 멀리서 군림하는 '치마 입은 하느님'을 창조한 것이 아니며,
'우주적인 온전함과 치유의 신성이 바로 우리 속에, 우리 주위에 내재한
다는 발견'을 위해 선택된 장치이다.[34] 여신 상징을 통해 의례 참여자들
은 일상의 영역보다 더 큰, 더 고귀한, 혹은 더욱 우주적인 실재를 경험하
도록 유도된다.

첫째, 여신 상징은 자비롭고 독립적인 힘(power)으로서 여성의 힘의 합법성
을 승인한다. 여신 상징은 서구 종교 전통들에서 수동적이고, 종종 의존적인
희생자로서 묘사된 여성과 대조되면서, 여성에게 내재하는 힘을 적극적으로
부각시킬 수 있다는 것이다. 둘째, 여신 상징은 여성의 몸과 여성의 몸으로
표현되는 생명 주기들을 긍정한다. 셋째, 여신 상징은 여신 중심 의례에서
(여성의) 의지를 적극적으로 평가한다. 여신 상징을 통해 여성은 자신의 뜻
을 알고, 자신의 뜻이 유효하며, 자신의 뜻이 이 세계에서 이루어질 수 있다
는 것을 믿도록 고무된다. 넷째, 여신 상징은 여성의 결속과 여성의 유산을
재평가하기 위해 중요한 의미를 가진다. Carol Christ, "Why Women Need the
Goddess: Phenomenological, Psychological, and Political Reflections," pp.74~83.

32) Starhawk, "Witchcraft as Goddess Religion", p.51.

33) Kay Turner, "Contemporary Feminist Rituals", in: C. Spretnak(eds.), *The Politics
of Women's Spirituality*, p.219.

34) 샤를린 스프레트낙, 「생태여성주의: 우리의 뿌리와 꽃피우기」, 31쪽.

의례 속에서 여신이 표현되는 것은 종종 자연과 결합되어서다. 의례 속에서 여신들은 종종 자연에 내재한 것으로 여겨지거나 자연과 동일시 된다. 구체적으로 여신의례들에서 자연은 의례의 작은 소품들(조약돌, 나뭇잎, 물, 불 등)로 활용되거나, 자연력 자체가 여성들이 자기 안팎에서 여신을 느낄 수 있게 하는 중요한 기제로 활용되기도 한다.[35] 여신과 결합된 자연을 의례 속에 적극적으로 끌어들이는 것은 의례에 더 큰 차원의 우주론적 의미를 부여한다. 가부장제는 인간의 역사에 깊이 뿌리내리고 있다. 여신 상징과 자연과의 결합은 인간의 역사보다 우선하는 자연의 질서에 호소함으로써, 더욱 강력하고 근원적인 권위를 형성한다. 나아가서, 대지의 모신(母神)으로서 여신 상징을 받아들인 여신의례 참여자들은 자연과 여성의 유사성들에 주목하고 에코페미니즘으로 활동 영역을 확장하게 된다. 스프레트낙은 여신 상징의 에코페미니즘적인 의미를 다음과 같이 밝힌다.

여신 영성에 의존하는 에코페미니스트들은 자연에 토대를 둔 성스러움의 의미를, 물질로부터 멀리 떨어져서 저 멀리에 위치한 아버지의 존재가 아니라, 지구, 우리의 몸, 그리고 전체 우주 공동체에 내재하는 것으로 이해한다. 우주 속에서 신적인 것은 우리 위에 존재하지 않으며, 계속해서 펼쳐지는 성스러운 전체의 무한한 복잡성 속에 존재한다.[36]

이와 같이, 내재성과 범신론적 성격을 지닌 여신의 모델은 모든 살아 있는 것들의 성스러움에 대한 존중을 조성한다. 또한, 여신은 가장 강력한 자연에 대한 상징이며, 많은 여성들에게, 여신은 사실상 자연의 상징

---

[35] 특히, 달과 대지와 결합된 다양한 상징과 의례 장치들이 발견된다. Cynthia Eller, *Living in the Lap of the Goddess: The Feminist Spirituality Movement in America*, p.136.

[36] Charlene Spretnak, "Critical and Constructive Contributions of Ecofeminism", p.187.

이 아니라, 곧 자연으로 경험된다고 한다.[37] 따라서 스타호크(Starhawk)는 여신숭배를 일종의 '생태학의 종교'로 표현하기도 했다.[38]

상징과 의례의 관계에서 볼 때, 이러한 여신 상징은 여신의례들을 효과적으로 유발하고 정당화하지만, 또한, 여신의례의 행위들이 여신이라는 강력한 공동의 상징을 창조하기도 한다. 즉, 여신의례와 여신 상징의 관계는 본질적으로 순환적인 것이다. 따라서, 페미니스트 여신의례들을 처음 전략적으로 창출한 초기 페미니스트들의 의도는 분명했지만,[39] 의례와 상징의 순환적인 관계 속에서, 오늘날 여신의례에 참여하는 여성들은 여신을 때로는 외재하는 여성 신격으로, 때로는 자연 자체로, 때로는 자기 안의 잠재력으로 다양하게 경험하고 있다.[40]

2. 여신과 자연의 역사적 연결

여신의례는 또한 여신의 죽음과 가부장제의 출현과 환경 파괴를 밀접하게 관련짓는 방식으로 재구성한 과거를 활용한다.[41] 전략적인 과거의 재구성, 곧 전통의 창출은 전역사기의 모권사회 존재에 대한 논의와, 고대부터 여신들을 섬겨 왔던 전통의 부활이라는 이슈를 중심으로 이루어졌다. 모권사회와 여신숭배전통의 사실성 여부에 대해서는 페미니스트 학자들 내부에서도 의견이 분분하다. 그러나 많은 페미니스트들은 전역

---

37) Cynthia Eller, *Living in the Lap of the Goddess: The Feminist Spirituality Movement in America*, p.136.

38) Starhawk, "Witchcraft as Goddess Religion", p.52.

39) 부다페스트는 여신 숭배가 곧 "자기 숭배"임을 뚜렷이 밝힌다. Z. Budapest, "The Vows, Wows, and Joys of the High Priestess or What Do You People Do Anyway?", p.538.

40) Barbara G. Walker, *Restoring the Goddess: Equal Rites for Modern Women*, Prometheus Books, 2000, pp.205~249.

41) 샐리 아보트, 「양의 피 속에 들어 있는 신의 기원」, 아이린 다이아몬드 · 글로리아 페만 오렌스타인 편저, 『다시 꾸며보는 세상: 생태여성주의의 대두』, 71쪽.

사 시기에 모권사회가 존재했었는지, 혹은 그렇지 않은지, 여신숭배전통이 실재했는지의 문제들을, 사실성의 여부와 상관없이, 그 자체로서 오늘날의 여성들의 삶과 공동체를 위해서 변혁적인 잠재력을 지닌 하나의 비전과 이상으로 받아들이고 있다.[42]

이들이 재구성한 과거는 전역사시대로 거슬러 올라간다. 곧, 선사시대 사회는 수천 년 동안 여신들이 그들의 딸인 사제들에 의해 경배되는 정의롭고 평화로운 모계사회였다. 그러나 신의 성(gender)이 바뀌면서 모든 것이 변화했다. 번개와 전쟁의 분노한 신과 남성 지배체제가 세력을 넓혀가게 됨에 따라서 남성적 폭력과 지배가 점차 확산되고 이상화되었다는 것이다. 리언 아이슬러(Riane Eisler)는 "수천 년 동안 선사시대의 사회는 자연과 영의 여신, 즉 우리의 위대한 어머니이자 생명을 주는 모든 이의 창조자를 숭배해 왔다"고 말하며,[43] "여신을 숭배한 우리 조상들에게는 영성과 자연이 하나였다"고 주장한다.[44] 그때에 인간은 자연에서의 자기 위치에 관심을 두었으나, 이제 모든 것을 전적으로 인간 중심으로만 사고하게 되었다는 것이다.[45] 이러한 페미니스트들은 자연 속의 여신을 숭배하는 전통이 대체로 일부 서민들에 의해 면면히 이어져 내려왔다고 주장한다. 그리고 오늘날의 여신의례들에, 오랫동안 잊혀 온 성스러운 신화와 의례의 '발견'과 '부활'이라는 후광을 덧붙인다.[46] 이들은 역사적 맥락을

42) 이유나, 「현대 여신숭배 현상 연구: 여신학(Thealogy)과 여신의례를 중심으로」, 서울대학교대학원 석사학위논문, 1998, 23쪽.

43) 리언 아이슬러, 「지구의 여신(Gaia) 전통과 미래의 동반자적 관계: 생태여성주의 선언」, 아이린 다이아몬드 · 글로리아 페만 오렌스타인 편저, 『다시 꾸며보는 세상: 생태여성주의의 대두』, 55쪽.

44) 리언 아이슬러, 「지구의 여신(Gaia) 전통과 미래의 동반자적 관계: 생태여성주의 선언」, 65쪽.

45) 이네스트라 킹, 「상처의 치유: 여성주의, 생태학 그리고 자연, 문화의 이원론」, 172쪽.

46) 부다페스트는 의례의 목적이 "우리들 안에 있는 오래된 마음(the old mind)을 일깨워서, 그것이 작동하게 하는 것"이라고 말한다. 우리 내부에 잠재된 그

복원하고 재구성할 뿐 아니라, 신화 자체를 재구성하기도 한다.[47]

　이것은 현재 이루어지는 의례와 과거의 문화적 선례와의 연결점을 찾아 부각시키는 일종의 '전통화'로서, 의례화를 위한 주요 장치들 가운데 하나이다. 과거의 전략적 재구성을 통한 전통화는 의례를 합법화하는 강력한 도구가 될 수 있다.[48] 의례는 사회문화적으로 조성된 것을 자연적, 생물학적인 것으로 여기게 하는 암묵적 동의를 조성하고 특정한 가치들을 의례화된 몸에 각인시킴으로써 그러한 가치들을 구성하고 강화할 수 있다. 따라서 강력한 효과를 발휘하는 의례일수록 자연에 호소한다. 그런데 '전통'은 자연화된 역사이며, 2차적 자연이다.[49] 따라서, 여신의례는 전통, 곧 2차적 자연에 호소함으로써 여신과 자연의 결합을 몸으로 체현하는 의례의 효과를 극대화하게 된다.

3. 몸의 성화

　여신의례는 여신을 주요 상징으로 삼고, 또한 여신을 자연을 통해 몸으로 느끼도록 유도하며, 자연과 여신을 몸을 통해 연결한다. 여성의 몸과 경험은 여신의례에서 가장 중요한 부분이며, 여성의 몸과 경험에 대한 집중은 여신의례를 다른 일반 의례들로부터 가장 특징적으로 차별화한다.

오래된 마음이 여신의례의 소품들인 촛불과 색채들을 이해하며, 자연을 이해할 수 있다는 것이다. Margot Adler, *Drawing Down the Moon: Witches, Druids, Goddess, Worshippers, and Other Pagans in America Today*, p.198.

[47] 마라 린 켈러, 「엘레우시스인들의 신화: 데메테르와 페르세포네의 고대 자연종교」, 아이린 다이아몬드·글로리아 페만 오렌스타인 편저, 『다시 꾸며보는 세상: 생태여성주의의 대두』, 83쪽.

[48] Catherine Bell, *Ritual: Perspectives and Dimensions*, p.145.

[49] 2차적 자연이라는 표현은 머레이 북친의 용어를 차용한 것이다. 사회생태학에서는 인간과 문화와 자연환경의 관계에서 자연환경을 1차적 자연으로 보고, 인간의 문화를 2차적 자연으로 본다. 머레이 북친, 『사회생태론의 철학』, 문순홍 옮김, 솔, 1997, 164쪽.

역사적으로 여성의 몸은 종종 자연과 동일시되어 평가절하되어 왔다. 그리고 여성의 몸은 자연과 가깝기에 남성 문화에 종속될 필요가 있다고 여겨져 왔다. 예를 들면, 여성의 가장 중요한 경험인 출산과 월경의 기간 동안, 여성들은 많은 문화권에서 부정하게 여겨져 왔으며 격리되어 왔다.[50] 또한, 이혼, 유산, 성폭행 후의 외상 등과 같은 여성들의 경험은 전통 의례들 대부분의 언어 속에 아예 존재하지 않았다.[51]

이와 대조적으로, 여신의례는 삶의 주요 단계들(탄생, 성인식, 결혼, 죽음 등)을 여성의 입장에서 의례화하거나, 여성의 생물학적 경험과 사회적인 경험들을 다루기도 하며, 여성이기 때문에 받은 상처들의 치유를 목적으로 하기도 한다. 공통적으로 여성의 몸, 여성의 경험이 의례의 가장 중요한 내용이 된다. 구체적으로는 사춘기, 폐경기, 임신, 어머니 되기, 낙태, 유산, 부인과 외과수술, 중년, 할망구 되기(cronehood) 등, 여성의 몸과 연관된 다양한 사건들에 맞추어서 의례들이 만들어진다. 또한, 기존 의례들에서는 전혀 기념되지 않거나 부정적인 것으로 여겨져 왔던 여성의 월경은 가장 중요한 의미를 부여받는다. 그리고 여성의 주기에 맞추어 다양한 의례들이 만들어질 뿐 아니라, 또한 여신 상징 자체가 세 가지 모습들, 곧 소녀, 어머니, 할머니의 모습들로 찬미됨으로써, 시간에 따른 여성의 몸의 변화 역시 긍정된다.[52]

여기서 주목할 것은, 자연과 여신, 여성의 몸이 여신의례에서 미묘하게 결합된다는 점이다. 여성의 몸으로 표상되는 상징으로서의 여신은 각각

---

[50] A. 반 겐넵,『통과의례: 태어나면서부터 죽은 후까지』, 전경수 옮김, 을유문화사, 1994, 80~91쪽; Catherine Bell, *Ritual: Perspectives and Dimensions*, pp.94~102 참조.

[51] 리타 M. 그로스,『페미니즘과 종교』, 김윤성·이유나 옮김, 청년사, 1999, 248쪽.

[52] 예를 들면, 데메테르와 페르세포네 신화는 초기 농경 사회에서 여신을 소녀, 어머니, 지혜로운 할머니 등으로 나타내면서 삶의 모든 단계에서의 여성에 대한 경의를 발견하게 한다. 마라 린 켈러,「엘레우시스인들의 신화: 데메테르와 페르세포네의 고대 자연 종교」, 85쪽.

의 여성 속에 내재한다. 동시에, 여신은 자연력 혹은 자연의 일부로 표현된다. 여성들은 여신의례를 통해 자신의 몸을 여신의 일부로서 성스럽게 경험할 뿐 아니라, 자연을 여신으로, 혹은 여신의 몸의 확장된 일부로서 경험하게 된다. 즉, 살아 있는 우주 안에 내재하는 여신 상징은 살아 있는 지구에서 만물이 서로 연결되어 있다는 느낌을 유도하며, 같은 여신의 몸을 공유하는 여성들 사이에서, 나아가서 자연 만물들과의 공동체 의식을 가지게 한다.[53] 따라서 캐롤 크라이스트는 "의례는 우리를 서로에게, 그리고 지구에게 연결한다. 의례는 신체적이고 언어적일 뿐 아니라 비언어적이며, 따라서 연구만으로는 도달될 수 없는 이해의 통로들을 열어준다"고 말한다.[54] 재구성된 전통(여신 전통)의 맥락 속에서 여신 상징과 참여자 자신의 몸, 자연은 여신의례를 통해 다양한 방식으로 연결되고, 일련의 구체적인 의례 행위들을 통해서 여신으로서의 몸, 치유된 몸, 자기 긍정적인 몸, 곧 의례화된 몸이 생산되는 것이다.

IV. 지리산 여신축제

우리나라에서도 점차 페미니스트들 사이에서 '여신'이 주요 상징으로 부각되고 있다. 각종 여성 모임들에서 '여신'이라는 용어가 사용될 뿐 아니라, 여성들의 몸에, 나아가서 모든 창조물에 내재하는 여신 상징을 주제로 한 책들이 출판되고 있다.[55] 그리고 여신 상징을 활용한 문화행사[56]

---

53) Nancy R. Howell, "Ecofeminism: What one needs to know", *Zygon*, vol. 32, no. 2, June 1997.

54) Carol P. Christ, *Laughter of Aphrodite: Reflections on a Journey to the Goddess*, Harper & Row, 1987, p.109.

55) 김재희 엮음, 『깨어나는 여신: 에코페미니즘과 생태문명의 비전』, 정신세계사, 2000; 현경, 『미래에서 온 편지』, 열림원, 2001; 현경, 『결국은 아름다움이 우리를 구원할거야』 1, 2권, 열림원, 2002 등.

및 각종 퍼포먼스들이 생겨나고 있다. 또한, 한국적인 여신상에 대한 연구들이 이뤄지고 있으며,[57] 마고를 우리나라의 여신 상징으로 보고 이를 복원하려는 일부 종교여성들의 모임 역시 일어나고 있다.[58]

이러한 시도들에서 한 걸음 더 나아가서, 여신 상징을 본격적으로 의례와 결합시키려는 시도로는 2002년 5월 25~26일에 열린 〈우리 안의 여신을 찾아서 Ⅰ－지리산 여신축제〉[59]를 들 수 있다. 여성문화예술기획이 주최하고 문화관광부가 후원한 지리산 여신축제는 여성운동가들의 '문화예술기행'이라는 형식을 띠었으나, 실제로는 짧은 일정 중에도 다양한 의례 장치들을 통해 여성의 몸의 긍정, 여성의 몸을 통한 자연과 여신의 재발견 등의 주제를 재현해내었다. 지리산 여신축제의 경우, 축제 참여는 곧 페미니즘에 대한 폭넓은 의미에서의 동의를 전제한다. 그러나 참여자들의 에코페미니즘에 대한 인식은 페미니즘에 대한 인식처럼 강하지 않았다. 그럼에도 불구하고, 축제 전반에 걸쳐서 여신의례의 장치들은 자연과의 연속성을 경험하도록 유도했다. 일정한 구성원들의 반복적인 의례가 아닌 일회적 행사로서의 성격이 강하기에 체계적 분석에 어려움이 있지만, 그럼에도 불구하고 지리산 여신축제는 현재 우리나라에서 페미니스트 여신의례가 어떻게 구성되고 있는지 그 현황과 특징을 보여주는 표본

---

56) 여신축제의 전야제의 성격을 띠는 생명음악회가 2002년 5월 23일부터 25일까지 매일 밤 열렸다. 생명음악회는 '개인적인 변혁과 지구적 평화, 정의, 치유가 동시에 일어나는 비전'을 음악을 통해 나누는 동시에, '다양성 속에 존재하는 여신에 대한 찬양을 목적으로 하는 음악회로 기획되었다(『생명음악회: 떨림, 느림, 살림』팜플렛). 또한, 9월 29일에는 "여성과 평화의 축제 옴"이 열렸다.

57) 조현설, 「여신의 서사와 주체의 생산」, 『민족문학사학회』, 18권, 2001; 강진옥, 「마고할미 설화에 나타난 여성신 관념」, 『한국민속학』, 25집, 1993.

58) 마김황혜숙, 「한국여성운동과 마고여신: 고향으로 돌아오기」, 2002년 8월 9일 여성문화이론연구소 월례발표회 발표문 참조. 마고여신의 복원을 꾀하는 종교여성들의 모임인 인터넷 동호회 '마고 후예들의 방'(cafe.daum.net/religionwomen)에서는 2002년 8월 8일 마고포럼을 개최하는 등 마고여신을 복원하려는 활발한 움직임을 펼치고 있다.

59) 이하에서는 '지리산 여신축제'로 줄여서 지칭하겠다.

적 사례로서 소개될 필요가 있다.[60]

지리산에서 이루어진 여신축제의 주요 순서는 다음과 같다.

〈여신축제의 절차〉[61]

> 새벽예불참여 → 입산 → 입산의례 → 4방향 영들에게 인사 → 기원문 작성 → 조의리
> 본 달기 → 해원(解寃)의례 → 4방향 향해 절하기 → 제문(祭文)낭독 → 고백과 나눔
> → 촛불과 나눔 → 챈팅 → 하산 → 나선형 춤 → 보름달 명상 → 챈팅 → 퍼포먼스

여신축제의 이와 같은 과정들에서 가장 중요한 모티프는 여신, 자연,
여성의 몸이다.

첫째, 여신 상징의 측면에서 볼 때, 지리산 여신축제에서는 여신이 무
엇을 의미하는지 정의하지 않은 상태에서 다양한 의례적 실험들이 이루
어졌으며, 여신축제 전반에 걸쳐서 전혀 다른 대상들이 여신이라는 하나
의 명칭으로 불렸던 것을 발견할 수 있다. 예를 들면, 축제 제문에서 여신
은 참여하는 여성들 각각을 나타내면서도 '천지신명 고등종교의 창시자'
로서, '어머니'의 상징으로서, 또한 후천개벽의 원동력으로 나타난다. 반
면, 챈팅에서는 '다이아나, 데메테르, 이시스' 등 서구 신화들의 여신들이
암송되기도 했으며, 여신축제 팜플렛에서는 지리산 여신으로서 '마고'에
대한 설명이 장황하게 소개되어 있다. 나아가서, 여신 상징은 자연과 교
통할 수 있는 근거, 곧 자연의 메타포인 동시에, 여성들 각각을 지칭하는

---

[60] 필자는 전야제의 성격을 띠는 25일 밤의 생명음악회부터 27일 새벽까지 지리
산 여신축제 과정 전체를 참관했다. 여신축제의 참여자들은 대체로 다양한
분야에서 여성운동에 참여하고 있는 실천가들이거나 적어도 페미니즘의 기본
적인 문제의식을 공유한 여성들이었고, 소수의 남성들도 참여했다. 연령대는
10대에서 60대에 이르기까지 다양하며, 직업 역시 여성운동단체에서 활동하
는 사람들로부터 예술인, 교수, 학생에 이르기까지 다양하게 나타났다.
[61] 각 순서의 명칭은 필자가 붙인 것이다.

말로 다양하게 사용되었다. 주로 진행자가 바뀜에 따라 지칭되는 여신 역시 바뀌었으며, 이에 대한 일관성 있는 설명은 제공되지 않았다. 참여자들 역시, 상당수는 여신을 여성 자신을 가리키는 메타포로 이해하는 듯했지만, 일부는 실제적으로 여신 종교의 구성을 염원하는 듯했다.

그러한 다양성에도 불구하고 공유되는 전제는, 여신 상징을 통해 여성 자신을 위하여 부여된 힘을 느낀다는 점이다. 여성을 더 강하게 만드는데 유용한 모든 것은 여신의례를 위해 유효하다고 할 수 있다. 여기서 우리는 여신 상징의 힘을 받아들이기 위해, 혹은 의례 속에서 힘을 경험하기 위해 여신을 '믿을' 필요가 없다는 여신의례의 특징을 발견하게 된다. 여신을 믿느냐 마느냐, 그리고 어떻게 그렇게 하느냐는 개인의 관심으로 남아 있다. 여신 상징이 각각의 개인들 내부에 있는 강력한 잠재력을 상징하는 것인지, 아니면 자아 외부의 어떤 존재를 가리키는 것인지에 대해서도 일치된 견해는 존재하지 않는다.[62] 여신의례의 참여자들은 여전히 어떤 남성신을 믿을 수도 있고 무신론자로 남을 수도 있다. 여신 상징은 신체적 무의식을 변형하고, 또한 순환적으로 개인적·정치적 힘을 생성하기 위한 장치이지 목적이 아니라는 데 암묵적인 동의가 이루어진 상태에서 여신의례가 이뤄지고 있었다.

둘째, 지리산 여신축제에서 자연은 대단히 중요한 배경이자 장치로 작동한다. 우선 여신의례가 이루어진 지리산이라는 공간과 보름달이 뜨는 날이라는 시간은 의도적으로 선택된 배경이다. 지리산이라는 공간은 민족의 아픔과 고난, 한이 서려있는 장소일 뿐 아니라, 마고 여신 신화를 품은 장소로서 특별히 선택되었으며, '세계 속의 영산(靈山), 한민족의 성지, 어머니산'[63]으로 추앙된다. 입산할 때에는, '느림과 침묵'이라는 주제 아래 일상적인 공간으로부터 분리된 공간으로 들어간다는 분위기가 유도되

---

62) Mary Jo Neitz, "In Goddess We Trust," p.355.
63) 여신축제 제문(祭文).

었으며, 의례 장소인 여신탕에서는 4개 방위에 절을 함으로써 성화된 공간을 창출하려는 시도가 이루어졌다. 또한, 보름달은 여성들이 여신을 느낄 수 있게 하는 중요한 기제로서 명상, 기원의 가시적 대상으로 활용되었다.

이 외에도 여신축제에서는 다양한 방식으로 자연을 몸으로 느끼도록 했으며, 자연을 통해 여성들이 치유되고 힘을 부여받을 뿐 아니라, 자연과의 연속성을 경험하도록 유도했다.

그러나 무엇보다도 여신축제 전반에 걸쳐서 가장 중요하게 부각된 것은 '여성의 몸'이며, 몸은 여러 가지 활동을 통해 해방적인 환경을 구성하는 동시에, 그러한 환경을 체현하는 중요한 매개였다. 특히, 해원(解冤)의 례에서는 참여자들의 몸짓을 통해 기존 가부장적 상징권력에 대한 저항과 전도가 이루어졌다. 즉, 여성들에게 억압적인 권위를 창출해 온 '부권세월의 총칭'[64]으로 유교, 불교, 기독교, 이슬람교, 로마법왕청 등 5개 종교가 제시되었는데, 이러한 권위들의 전복을 나타내는 다양한 행위들이 참여자들의 몸짓을 통해 실행되었다. 참여자들은 선천시대 5개 종교의 시대가 끝났음을 상징하는 조의 리본을 달고, 바위 바닥에 붙여진 5대 종교의 명칭이 적힌 종이 위를 춤추면서 밟고 지나갔다. 이어서 참여자 모두가 짓밟은 종이들을 찢어서 조의 리본들과 함께 여성의 음부처럼 생긴 바위틈에 끼워놓고 불태우고, 타버린 재 위를 여성이 오줌 누는 시늉을 하면서 지나가는 등 여러 가지 의식들이 수행되었다. 이와 같은 의식들을 통해서 억압적인 권위들의 상징적 전복이 표현되었다. 이러한 의식들과 함께, 나선형 춤과 끝없이 이어지는 챈팅, 꽹과리 소리에 맞춘 자유로운 춤은 모든 여성들을 구경꾼이 아닌 참여자로 유도했으며, 여성의 몸을 긍정하게 할 수 있는 모든 일들이 허용된 듯 했다.

---

64) 여신축제 제문(祭文).

또한, 여신의례에서 몸의 활동은 여성의 몸을 얽매고 있던 보이지 않는 금기들을 깨뜨리고, 자연과 여신을 체현하게 하는 중요한 장치였다. 우선, 집단적으로 자연 속에서 몸을 완전히 드러낸 입산의례는 여성 자신의 몸들을 긍정하게 하고, 바위, 나무, 계곡의 물, 바람 등 자연을 몸으로 느끼고 스스로를 자연의 일부로서 경험하도록 유도할 뿐 아니라, 참여자들로 하여금 강렬한 연대의식(자매애)를 가지게 했다.

무엇보다, 여신축제 전반에 걸쳐 언어적 메시지보다는 참여자들의 하나하나의 몸짓을 통해 의례가 진행됨으로써, 몸을 통한 자연, 여신 영성, 하나됨의 경험이 유도되었다. 따라서 구체적인 여신축제의 진행 과정에서 정형화된 틀보다는 상황에 따른 즉흥성과 임의성이 강조되었으며,[65] 진행자들과 참여자들은 공공연하게 자신들이 진행하는 의례들에 대해 '퍼포먼스'라는 용어를 사용했다. 하지만, 각각의 실천들이 의도하는 바는 분명했다. 곧, 가부장적인 이데올로기들로부터 해방된 환경을 의례적으로 구성하고, 여성들이 몸으로 해방적인 환경을 체현하도록 하는 것이다. 여신축제의 취지를 설명한 아래의 글귀는 이러한 목적을 분명히 밝히고 있다.

> 여신축제는 다양한 삶의 환경과 조건 속에 살아온 이들이 모여 지리산 여신의 기운을 받으며, 자연과 호흡하고, 자신 안의 여신성을 일깨우는 의식이다. 여신축제에서 우리는 진정한 나와 우리를 발견할 것이다. 여신으로 화한 우리는 한국 가부장제의 역사를 끝내고, 새 시대를 여는 힘을 얻고자 한다. 지리산의 고통과 아픔, 역사와 개인의 한을 풀어내는 해원의식을 통해 여성이 살리는 지구의 역사를 새롭게 만들 것이다. 우리 모두가 여신이며, 우리 모두가 의식의 주재자이다.[66]

---

[65] 예를 들면, 입산의례의 경우, 원래는 입수식(入水式)이 준비되었던 것 같으나, 자연 속에서 함께 몸을 완전히 드러내는 공동 퍼포먼스의 형태로 즉흥적으로 바뀌었다.

이와 같은 지리산 여신축제는 소외되어 온 여성의 몸과 자연을 존중하는 여신의례의 다양한 실험 가운데 하나이다. 여성과 자연이 의례 속에서 적절한 위치를 부여받지 못하는 시대에 해방적인 돌파구를 갈망하는 여성들에 의해서, 이러한 실험은 당분간 계속될 것으로 보인다.[67]

V. 요약과 전망

여신의례는 해방된 몸을 창출하고, 나아가서 실제 환경을 재구성하는 것을 목적으로 하는 페미니스트들의 전략적 실천의 한 갈래로 시작되었다. 페미니스트 여신의례는 다양한 장치들을 통해서 의례화된 행위들을 생산한다. 그러한 행위들을 통해 구현된 환경은 그들이 추구하는 해방적 가치들의 원천으로 나타나게끔 전략적으로 구성되며, 의례 참여자들은 구조화된 환경을 몸으로 체현하게 된다.

전략적 실천으로서 여신의례에서는 믿음이 선행하는 것이 아니라 효용이 중시되며, 효용을 증대시키기 위해서 다양한 장치들이 동원되고 창조된다. 여신의례의 참여자들은 여신에 대한 믿음 때문이 아니라, 의례의 효용을 위해 의례에 참여한다. 그런데 여신의례들은 단지 개인적인 효용에 그치는 것이 아니라, 개인들이 해방적 가치들을 체현하고, 현실 세계 속에서도 탈가부장적, 친생태적 현실 구축을 위해 나아갈 수 있도록 유도한다.

---

[66] 지리산 여신축제 팜플렛, 2쪽.

[67] 실제로, 2002년 10월 5~6일에는 여성문화예술기획 주최로 〈제2회 제주도 여신기행〉이 열렸다. 이는 '자연과 호흡하고 자신 안의 여신성을 일깨우는 의식을 통해 진정한 나와 우리를 발견'하기 위한 기행으로서, '자연과 나의 몸이 만들어 내는 음악, 노래와 시, 굿과 기도, 명상과 기적이 함께 하는 시간'으로 의도되었다. 여성문화예술기획 홈페이지의 『제주도 여신기행』 안내문(http://www.femiart.co.kr) 참조.

여신의례의 효용에 대해서는 참여자들 사이에서 다양한 견해들이 나타난다.[68] 어느 정도 체계화되어 있는 집단 의례와 개인 의례들에서부터 즉흥 퍼포먼스에 이르기까지, 여신의례들은 매우 다양한 스펙트럼으로 이루어지며, 동일한 여신의례 속에서도 참여자들은 동질적 메시지(이데올로기) 수령인으로서가 아니라, 스스로에게 맞는 의미를 부여하는 능동적 개체로 나타나기 때문이다. 이는 의례 일반의 특징이기도 하지만, 특히 여신의례의 경우, 도그마적 교리체계를 거부함으로써 여신의례에 참여하는 여성이 자신의 삶에 대한 더욱 적극적인 의미부여를 시도하도록 권장하는 측면이 있다. 여신의례에 참여한 이들은 조종, 동의, 저항 등 다양한 반응 속에서 의례에 참여하고, 의례화된 몸과 환경의 주조에 참여하고 있다.

그러나 그러한 다양성에도 불구하고, 여신의례의 참여자들이 공통적으로 기대하는 것은 여성의 힘(power)의 경험이다.[69] 처음에 여신의례는 상징적 수준에서 가부장제의 폭력을 떨쳐버리기 위해 고안된 하나의 전략적 실천양식으로 출발했다. 그러나 여신의례는 단지 페미니스트적 이상에만 복무할 뿐 아니라, 다양한 장치들을 통해 여성과 자연과의 연속성의 경험을 유도하고 있다. 이것은 여신의례가, 역사에 뿌리내린 가부장적 질서보다 더욱 근원적인 질서를 주장하기 위해 자연에, 그리고 여신 상징에 호소하면서 발생시키는 또 다른 효과이다. 여신의례들은 여성과 자연의 연관성을, 양자 모두의 공통분모를 가진 메타포인 '여신' 상징을 중심으로, 몸을 통해 경험하고, 몸에 각인하도록 유도하는 방식으로 작동하고 있다.

---

[68] 오늘날 여성들이 생각하는 여신의례의 효용에 대해서는, Barbara G. Walker, *Restoring the Goddess: Equal Rites for Modern Women*, Prometheus Books, 2000, pp.262~287 참조.

[69] Cynthia Eller, *Living in the Lap of the Goddess: The Feminist Spirituality Movement in America*, p.3.

그러나 여신의례들이 의도한 결과를 반드시 발생시킨다고 이야기할 수는 없다. 인간의 모든 실천이 그러하듯이, 여신의례 역시 명료하기보다는 모호한 상황 속에서 이루어지며, 실천에 연루된 사람이 볼 수 없는 새로운 상황을 발생시킨다. 인간의 전략적 실천의 작동 메커니즘 자체가 그러하듯이, 여신의례에서 전략적으로 선택된 다양한 장치들 역시 서로 다른 문화적·역사적 맥락 속에서 의도하지 않은 효과들을 파생시킬 수 있는 것이다.

한국사회의 페미니스트들 사이에서도 상징 수준의 폭력에 저항하기 위해서, 혹은 개인적, 집단적으로 힘을 부여받기 위해서 여신 상징을 필요로 하는 사람들이 많아지고 있다. 한국사회에서 실험적으로 이루어지고 있는 여신의례가 실제로 어떠한 효과를 가져올 것인지, 자연, 여성, 몸에 주목하면서 의례화된 몸의 생산을 목적으로 하는 다양한 여신의례들이 한국사회에서도 의례의 창안 및 변형에 거부감이나 두려움을 가지지 않고 스스로에게 적합한 의례들을 창안하고 만들어 가는 흐름을 일구어낼 것인지, 또 다른 결과를 가져올 것인지는 앞으로 주시해야 할 과제이다.

이 글은 『종교연구』 제30집(한국종교학회, 2003)에 수록된 「에코페미니스트 여신의례: 지리산 여신축제를 중심으로」를 수정·보완한 것이다.

지리산권 지역축제의
유형과 특성 고찰

서정호

—

I. 연구의 배경, 목적 및 방법

우리나라 일부 도시와 대부분의 농어촌 지역에서는 지역정체성 확립과 지역주민의 화합 도모, 지역경제 활성화, 지역 홍보 및 이미지 제고 등 여러 목적으로 지역축제가 개최되고 있다. 이들 지역축제들은 주로 축제위원회 등이 주관하는 형식을 취하지만 실질적으로는 대부분 당해 지방자치단체가 주관한다. 또한 중앙정부는 지역축제를 선별하여 대표 축제로 육성하거나 재정과 기술을 지원하고 있다. 이에 힘입어 드물게나마 일부 지역축제가 성공을 거둔 사례가 있지만 순기능을 다하지 못한 상태에서 매년 연례적 행사의 일환으로 개최되는 경우도 상당수에 달한다. 또한 시민사회단체 또는 주민들이 주관하여 축제를 개최하는 경우도 늘어나고 있다.

　이 때문에 지역축제와 관련한 지금까지의 연구는 활성화 방안에 지나치게 치우쳐 있으며, 문제점과 개선방안 그리고 내실화의 필요성 등에 관한 연구가 대부분이었다. 이들 연구들은 축제 참가 동기 및 참가자들의 만족도 등에 이르기까지 연구대상이 다양하며, 지방화시대 이후부터는 양적으로 팽창하는 지역축제 수와 비례할 만큼 연구 성과물 생산 역시 급성장하고 있다.

　지리산권의 5개 시군에서 개최되는 50여 개의 지역축제도 예외는 아니다. 축제의 고유목적과 순기능을 달성하는 축제가 있는가 하면 그렇지 않은 축제도 있다. 지리산권역의 남원시, 함양·산청·하동·구례군은 전북, 경남, 전남도에 속해 있지만 생활권은 지리산 국립공원을 중심으로 형성되어 있으며 동일 문화권이다. 그러나 유사축제가 중복적으로 개최됨으로써 외부 관광객의 관심을 끌지 못할 뿐 아니라 예산낭비와 주민의 무관심 등 역기능이 발생하기도 한다.

　이에, 지리산권에서 개최되고 있는 지역축제의 현황과 실태를 조사하여 그 유형과 특성을 고찰함으로써 지금까지 제기되어 온 유사 축제의 난립, 관광상품화를 위한 마케팅 부재, 주민참여 미흡, 획일적 프로그램 등의 문제점들이 발생하는 근본적인 원인을 찾아낼 필요가 있다. 이는 지역축제의 활성화 또는 발전방안 등 운영과 효과 면에서의 접근이 아니라 지역축제의 개념과 목적 및 특성 등을 고찰대상으로 하는 기본적인 접근이기도 하다.

　필자는 연구목적을 달성하기 위하여 선행연구자의 문헌을 조사하고 지리산권의 축제현장을 방문하여 축제의 특성을 조사하였다. 현장 조사는 2012년 9월부터 2013년 9월까지 1년여 동안 축제현장을 방문하여 축제의 목적과 명칭 그리고 연혁(유래) 등을 조사하고, 홍보유인물의 내용 분석과 프로그램 관찰 등을 통하여 축제별 특성을 분류하는 방식으로 진행되었다. 특정 권역을 대상으로 한 이 연구는 전국의 지역축제에 적용할 수 있는 일반화에는 다소 미치지 않을 수도 있으나 동일문화권에 속하는 지리산권에 한정한 지역축제의 특성들을 정의할 수 있을 것이다. 특히 지역축제에 관한 그동안의 선행연구들과 정책들이 포괄적 또는 특정 지역축제를 대상으로 이루어지고 있지만 수 개의 지방자치단체를 하나의 권역으로 묶은 지역축제에 관한 연구는 희소하기 때문이다. 따라서 이 연구는 지리산과 지리산권 5개 지방자치단체 지역을 망라한 지역축제의 유형과 특성 고찰이라는 점에서 선행연구와 차별된다고 할 수 있다.

II. 선행연구 검토

1. 지역축제의 기원과 개념

지역축제는 정월대보름 달집태우기, 지신밟기 등 세시놀이에서 그 기원을 찾을 수 있지만 언제부터 열렸는지는 명확하지 않다. 또한 풍어제, 강강술래 등의 여러 유형으로 발전되어 왔기에 그 종류와 수를 헤아릴 수 없다. 그러나 한반도에서는 구석기시대부터 축제문화가 형성되었을 것이라고 보는 견해가 유력하다. 충남 공주의 석장리 암각화에서 보듯 자갈에 사람과 새, 사슴 등 동물을 새겨 주술적 신앙을 나타낸 것에 축제문화가 기인한다고 추측되기 때문이다.[1] 이렇게 생성된 축제를 '전통민속축제'라 일컬었으며, 그러다가 지방화시대 이후부터 지역단위의 축제를 '지역축제'로 일컬음으로써 이 용어가 일반화되었다. 지역축제는 지방화시대 이후 폭발적인 양적 팽창을 보여 왔다. 그러나 이는 진정한

---

[1] 박무길, 「향토문화축제의 특성화·관광자원화 방안―강원도 사례를 중심으로」, 내무부지방행정연수원, 1996, 5쪽.

의미의 축제라기보다는 지방자치단체들이 경쟁적으로 관광객 유입 증대를 통한 지역활성화 및 지역홍보를 목적으로 개최한 것이며, 수많은 지역축제들이 발생하고 소멸되고 있는 가운데 각 지역마다 전통, 토속, 문화를 살린 축제들 또한 명맥을 유지하며 발전을 거듭하고 있는 양상이다. 한편, 문화체육관광부에서는 지역축제를 '문화관광축제'로 통일하여 사용하고 있다.

지역축제, 전통축제, 문화관광축제 등에 관한 연구와 실태조사들은 주로 민속학자와 정부 그리고 관광분야 연구자들에 의하여 수행되어 왔다. 그 중 대표적인 것을 들면 1987년에 축제총람이라 할 수 있는 '한국의 축제'가 한국문화예술진흥원에 의하여 발간되었으며, 그 후 문화공보부(현 문화체육관광부)가 해마다 발간하는 백서에서 전국에서 개최되는 지역축제들을 소개하고 있다. 이 시기에는 관광대상으로서의 한국전통민속축제의 성격을 규정하는 등[2] 관광 차원의 연구가 있었으나 지역축제에 관한 본격적인 연구는 지방화시대 이후부터 전개되었다.

지리산권 지역축제의 특성 고찰이라는 본 연구의 목적을 달성하기 위한 이론적 배경은 우선 지역축제의 개념에서 찾을 수 있다. 류정아 등은 지역축제를 공동체적인 행사로 정의하였으며[3], 조현호는 소망을 기원하는 행사라고 하였다.[4] 이 외에도 지역축제의 개념은 유사하거나 조금씩 다르게 여러 연구자들에 의하여 정의되어 있다. 이들을 종합하면, 지역축

---

2) 이광진, 『한국관광문화정책론』, 백산출판사, 1995.

3) 류정아 등은 지역축제를 "지역 고유의 전통·문화를 계승·발전시키고 지역 주민의 정체성 제고와 외지인에 대한 이해를 증진시키기 위하여 정해진 일자에 지역주민, 지역단체, 지방정부가 주최가 되어 준비·개최됨으로써 지역주민들의 총체적 삶과 전통 문화적 요소가 반영되어 있는 공동체적 성격을 지닌 행사"로 규정하였다(류정아 외, 『지역축제 평가 및 지원체계 연구』, 한국문화관광연구원, 2007, 5~11쪽).

4) 그에 따르면 "축제는 신에 대한 숭배와 함께 자신들의 생명과 재산의 보전 그리고 앞으로의 소망을 기원하는 행사"이다(조현호, 『축제: 의미와 활용』, 대왕사, 2012).

제는 "지역공동체의 구성원들이 여러 세대를 거치면서 축적한 지역의 고유문화를 표출하는 행사"로 요약할 수 있다.

그러나 지역축제의 개념은 시간적·공간적으로 편차나 변화를 보이고 있다. 강동석은 축제는 제례, 민속행사, 전통예술행사, 특산물 판촉행사 등을 포함한다고 함으로써 축제의 개념이 변화함을 나타내었다.5) 축제의 개념이 변화하는 것은 시대의 흐름과 공간적 상이성(相異性)으로 인한 문화의 변화에 기인한다.

2. 축제의 기능·효과·특성

장주근이 연구한 '축제의 현대적 의의'는 축제의 기능이 무엇인지를 밝히고 있다.6) 즉 원초 제의성(祭儀性)의 보존, 지역민의 일체감, 전통문화의 보존, 경제적 의의 그리고 관광적 의의 등이 그것이다. 여기서 제의성은 축제의 시원(始原)에 해당한다. 즉 축제는 사전적 의미로 '어떤 일의 성사를 빌고 하례하는 축일(祝日)과 신령에게 정성을 드리는 제일(祭日)'의 합성어이며7), 축하의 제전 또는 축하와 제사를 의미하고 있다.8) 이 점

---

5) 강동석은 축제는 "예술적 요소가 포함된 제의(祭儀)로, 본래 성스러운 종교적 제의에서 출발하였으나 후대로 내려올수록 유희성(遊戲性)을 강하게 지니게 되어 오늘날에는 종교적인 신성성(神聖性)이 거의 퇴색되었다. 따라서 오늘날의 지역축제는 지방자치단체 또는 지역의 문화 단체가 주관하여 지역 주민들만의 범위를 벗어나 전국적으로 또는 국제적으로 관광객들을 유치함으로써 지역 이미지 개선은 물론 침체된 지역 경제에 활력을 주고 지역 문화의 발굴 보존, 독특한 지역 문화 상품의 부가가치 창출 등을 목적으로 하는 경우가 대부분이다. 또한 오늘날 대부분의 지역 축제는 제례의식, 민속행사, 지역전통예술행사, 특산물 판촉행사 범주에 포함될 수 있는 프로그램으로 구성되어 있다"라고 하였다(강동석, 「하동군의 축제」, 『디지털하동문화대전』, 2012).

6) 장주근, 『향토축제의 현대적 의의, 향토축제의 새로운 검증』, 경희대학교 민속학연구소, 1996.

7) 이숭녕, 『새국어대사전』, 한국도서출판중앙회, 1997.

8) 이희승, 『민중 엣센스 국어사전』, 민중서관, 1974.

은 BC 776년의 고대 올림피아제전이 그리스의 주신 제우스에게 주기적으로 바치는 행사였다는 점[9]에서도 확인된다. 본고에서 논하게 될 지리산 산신제 역시 지리산 산신에게 국태민안과 풍년농사를 기원하는 제의성을 지니고 있다.

또한 김명자는 축제가 전통사회와 산업사회에서 각각 다른 기능들을 가지고 있어 축제 또는 지역축제의 이러한 기능들이 축제의 시원(始原) 또는 개념과 무관하지 않은 점을 피력하였다.[10]

한편, 지역축제의 효과 또는 영향 면에서 Ritchie는 "지역축제가 지역사회에 경제적, 관광·상업적, 물리·환경적, 사회·문화적, 심리적, 정치적 영향 등을 미친다"[11]고 하였으며, 지방자치단체가 주관하는 현대의 지역축제들은 정도의 차이는 있지만 지나치게 상업적인 경제적 효과를 중시함과 동시에 정치적인 성격을 띠기도 한다. 이는 외지의 관광객 유입을 통한 지역경제 활성화를 추구할 뿐 아니라 단체장 또는 기관장 등 내빈 소개, 축사 등을 통한 정치적 선전효과를 기대하고 있기 때문이다. 이 때문에 지역주민이 능동적으로 참여하지 않을 뿐 아니라 외지의 방문객은 획일적인 프로그램과 음식, 특산물, 기념품, 연예인 공연 등을 접하게 된다. 특히 공연을 위한 무대설치 및 인기 연예인 초청을 위하여 거액의 예산이 낭비되고 있는 실정이다.

또 다른 한편으로는 지금까지의 지역축제의 사례별 특성에 관한 연구

---

9) 조현호, 『축제: 의미와 활용』.

10) 김명자에 따르면 축제는 "전통사회에서는 종교적 기능, 예술적 기능, 오락적 기능, 생산적 기능 등을 가지고 있으며, 산업사회에 들어와서는 전통사회에서의 기능들이 약화되어 가면서도 그 명맥을 유지하면서 산업사회에 적합한 의미가 강화되고 있을 뿐 아니라 지역축제를 통한 지연적인 소속확인 기능, 전통문화의 보존기능, 관광의 기능이 부가된다"고 한다(김명자, 『한국의 지역축제』, 문화체육부, 1996).

11) J. Ritchie, "Assessing the Impact of Hallmark Event: Conceptual and Research Issue", *Journal of Travel Research*, 23(1), 1984, pp.2~11.

에서도 지역축제의 효과가 두드러지게 나타난다. 지역축제의 활용에 관해서는 박무길이 강원도 사례를 중심으로 연구하였으며[12], 호남지역 지역축제의 방문객 참가동기와 관련한 연구로는 양길승의 곡성 심청축제[13], 양길승·이경수의 담양 대나무축제[14], 채예병 등의 함평 나비축제 연구[15] 등이 있다. 그 외 축제 참가자의 만족도에 관해서는 고동옥 등이 태백산 눈축제를 중심으로[16], 유근준 등이 산청 한방약초축제를 중심으로[17] 그리고 김흥렬·이광옥이 금산 세계인삼엑스포를 중심으로[18] 연구하였다. 따라서 축제의 개념에 기초한 특성 연구는 현대의 축제가 갖는 효과 또는 영향만이 아니라 Getz가 제기한 축제의 성공여부의 진단을 위해서도 필요하다.[19]

---

12) 박무길, 「향토문화축제의 특성화·관광자원화 방안-강원도 사례를 중심으로」.
13) 양길승, 「축제참가동기에 따른 시장세분화와 관광행동과의 관계」, 『관광연구저널』, 25집 2호, 2011, 195~212쪽.
14) 양길승·이경수, 「지역축제의 참가동기, 지각가치, 충성도 간의 구조관계 연구-담양대나무축제를 중심으로」, 『관광연구저널』26집 1호, 2012, 199~215쪽.
15) 채예병 외, 「지역축제 참여동기와 만족 및 충성도에 관한 연구-2011 함평나비축제를 중심으로」, 『관광연구저널』 25집 5호, 2011, 161~176쪽.
16) 고동옥 외, 「축제평가요인에 의한 지역축제간 만족도 비교-태백산 눈축제, 쿨시네마, 철쭉제를 중심으로」, 『관광연구저널』24집 3호, 2010, 143~157쪽.
17) 유근준 외, 「지역축제 방문객들의 라이프스타일에 따른 만족도 및 충성도 차이분석-산청 한방약초축제를 중심으로」, 『관광연구저널』 25집 4호, 2011, 241~259쪽.
18) 김흥렬·이광옥, 「지역축제 환경단서와 체험이 만족도와 행동의도에 미치는 영향 연구-금산세계인삼엑스포 방문객 중심으로」, 『관광연구저널』26집 2호, 2012, 73~86쪽.
19) Getz는 축제의 성공여부에 대한 정확한 진단을 위하여 축제 평가 및 모니터링이 필요하고, 이를 위해서는 행사장 내부의 시설, 물리적 환경, 편의성, 서비스, 접근성 및 연계성, 음식 등에 대한 총체적인 접근이 필요하다고 지적하였다(전기홍, 「지역축제의 성공요인에 관한 연구-지역축제에 대한 소비자 인식을 중심으로」, 전남대학교 석사학위논문, 2010, 22에서 재인용).

Ⅲ. 지리산권 지역축제 현황

1. 지리산권, 지리산문화권

　지리산권의 지역축제를 고찰하기에 앞서 지리산권 또는 지리산문화권에 관하여 개략적으로나마 살펴볼 필요가 있다. 지리산권은 1914년 행정구역 개편 이후 행정구역상으로 전라북도 남원시, 경상남도 함양군, 산청군, 하동군 그리고 전라남도 구례군 등 3개 도, 5개 시·군에 걸친 지리산국립공원구역과 그 주변을 일컫는다(〈그림 1〉). 그러나 역사·문화적으로는 그 범위가 이보다 넓을 뿐 아니라 여러 의미를 내포하고 있다.

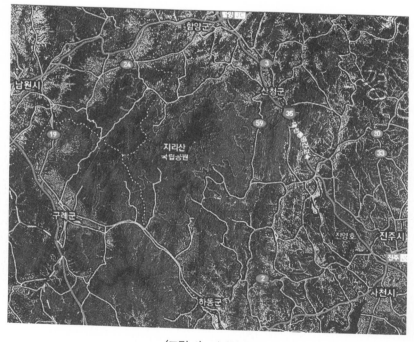

〈그림 1〉 지리산권

우선 역사적으로 지리산은 고유 신앙인 성모신앙과 산신신앙이 잉태된 곳, 신라 시조 박혁거세를 낳은 어머니의 산, 교종불교와 선종불교가 융합한 산실, 남명 조식(南冥 曺植, 1501~1572)에 의해 실천적 유학사상이 성립된 곳, 외침(고려 말 왜구 침입, 조선시대 임진왜란 등)과 변혁(동학농민전쟁, 빨치산 등)의 시기에 민족수호의 버팀목이 되었던 곳으로 종교와 사상이 발전하고 외침과 변혁의 시기에 영·호남의 굳은 연대를 견인했던 곳이다.[20] 이 때문에 지리산을 둘러싼 영·호남의 주변지역은 지리산의 구심력에 의해 동질의 문화권을 형성했다고 볼 수 있으며, 지리산문화권은 지리산과 이를 감싸고 있는 섬진강과 남강 일대를 중심으로 이루어졌다고 할 수 있어[21], 지리산문화권은 섬진강 수계의 남원, 곡성, 구례, 순천, 광양, 하동 그리고 남강 수계의 함양, 산청, 진주 등을 아우른다.

그러나 일반적으로 문화권은 특정 지역의 역사, 문화, 생활에 바탕을 두고 형성되지만 지리산문화권과 같이 지리적 범위가 행정구역과 일치하지는 않는 경우도 있다. 지리산은 역사·문화적으로 단순히 영·호남의 경계를 가르는 험준한 산이 아니라 사상과 종교와 사람이 융합하는 화합의 상징이었기 때문이다. 문화의 한 축인 지역축제도 마찬가지다. 비록 지방자치시대가 열린 후부터 각 시·군별로 축제 개최 장소가 다르지만, 국태민안과 풍년을 기원하는 지리산 산신제나 지리산특산물 등 축제의 주제가 동일하거나 유사한 것은 지리산문화권이 동일문화권임을 나타낸다. 그럼에도 불구하고 본 연구에서는 오늘날 통상적으로 지리산권이라고 인지되는 남원시, 함양군, 산청군, 하동군, 구례군 등 5개 시군에 범위를 한정한다.

---

20) 국민대학교 국사학과, 『우리 역사문화의 갈래를 찾아서: 지리산문화권』, 역사공간, 2008, 21~23쪽.
21) 국민대학교 국사학과, 『우리 역사문화의 갈래를 찾아서: 지리산문화권』, 23쪽.

2. 지리산권의 지역축제 현황

지리산권의 시 · 군 또는 읍 · 면 · 동 단위 이상에서 열리는 축제는 2012년 12월 말 현재 기준으로 연간 최소한 56개 이상이 개최된다(〈표 1〉). 더욱이 1990년대까지 개최된 세석평전철쭉제와 노고단철쭉제, 덕산두류산악회가 지내는 '지리산 천왕제'와 산청군 시천면 중산리에서 지내는 '지리산 성모(천왕할매)대제'[22] 그리고 필자가 미처 조사하지 못한 여타의 지역축제를 감안한다면 그 수는 〈표 1〉보다 더 많을 것이다.

〈표 1〉 지리산권의 축제 현황

시·군	축제 명
남원시	지리산 바래봉눈꽃축제, 와운마을 천년송당산제, 신기마을 당산제, 삼동굿놀이, 노치마을 당산제, 고로쇠약수제, 용궁산수유축제, 춘향제, 바래봉철쭉제, 황산대첩제, 블랙푸드 & 허브축제, 흥부제, 뱀사골단풍제 등 13
함양군	학사루 느티나무당산제, 은행나무기원제, 백운산벚꽃축제, 연암문화제, 산삼축제, 함양 물레방아골축제, 천왕축제 등 7
산청군	고로쇠약수제, 산청 한방약초축제, 기산국악제전, 황매산철쭉제, 장미축제, 야생차축제, 남사예담촌 전통문화예술제, 지리산평화제, 남명선비문화축제, 지리산 산청곶감축제 등 13
하동군	하동고로쇠축제, 화개장터 벚꽃축제, 유채꽃축제, 형제봉철쭉제, 야생차문화축제, 찻사발과 연꽃 만남의 축제, Cool Summer 섬진강축제, 술상전어축제, 하동문암제, 북천 코스모스 메밀축제, 이병주 국제문학제, 토지문학제, 하동 대봉감축제, 개천대제, 녹차 참숭어축제 등 15
구례군	산수유꽃축제, 섬진강변벚꽃축제, 지리산남악제, 우리밀축제, 동편제소리축제, 피아골단풍축제, 산수유열매축제 등 7
기타	지리산산신제, 생명평화제(지리산생명연대), 지리산산신제(법계사), 지리산문화제(지리산권시민단체협의회) 등 4
계	56

특히 마을 또는 시민단체가 개최하는 축제 중에서도 비록 규모는 크지

22) 김아네스, 「지리산산신제의 역사와 지리산남악제」, 『남도문화연구』 20집, 순천대학교 남도문화연구소, 2011, 7쪽.

않지만 시·군 단위가 주최하는 것 이상의 상징적 의미를 가지는 축제가 있다. 이는 당산제, 산신제, 문화제 등으로 전통제례의 형식을 취하지만 제례라기보다는 이들 축제에서 참가자들이 어울려 음식을 나누어 먹고 체험과 가무를 즐기는 것으로 보아 "지역사회의 문화적 정체성에 근원을 두고 대중적이며 주제가 있는 행사 또는 볼거리, 놀거리, 먹거리, 배울거리 등을 관광객들에게 제공하여 욕구를 충족시키고 관광객들이 실제로 다양한 경험을 할 수 있는 제반의 행사"[23]로 정의될 수 있기 때문이다. 또한 지역축제는 "주민생활과 지역문화를 집약적이고 함축적으로 표현하는 지역문화의 총체"[24]이기 때문이기도 하다.

또한 지리산에서는 신라시대 때부터 산신제를 지내 왔다고 전해지고 있으며, 현재까지 여러 형태의 수많은 지리산 산신제를 지낸다. 이들 산신제는 시·군이 주관하는 축제에서 하나의 프로그램으로 운영되기도 하지만 시민단체 또는 사찰, 마을주민, 등산객들이 지내는 경우도 있다. 그러나 본 연구의 현장조사 대상지역의 축제는 제의성의 산신제와 당산제 그리고 2012년 현재 개최되고 있는 지역축제로 범위를 한정하였으며, 마을 단위 또는 등산객이 주관하는 소규모 지역축제를 제외하였다.

Ⅳ. 지리산권 지역축제의 유형과 특성

1. 산신숭배형

지리산과 지리산자락에서는 신라시대 때부터 산신령을 모시는 제사를

---

23) 서철현,「지역축제 방문객들의 만족도에 대한 인구통계적 차이 연구-2008 동화나라 상주 이야기축제를 중심으로」,『호텔경영학연구』19집 2호, 2010.
24) 윤태범,『지역축제의 지역성, 문화성 그리고 경제성』, 2012(http://faculty.knou. ac.kr/~yun).

지내 오고 있는데, 산신은 고대국가시대의 주신인 천신 그리고 고구려, 백제의 시조신, 천지신 등에 이은 신격이다.[25] 산신이 등장한 것은 천신이 가장 먼저 강림할 수 있는 곳이 산정상이고 이곳에 제단을 마련하여 천신을 대상으로 제사를 지내기 시작하면서 산이 신성시되었으며 후에 산을 신격화하였거나[26] 산은 신들의 영구적 혹은 일시적 거주처가 된다고 생각하면서 산을 신격화하였기 때문이다.[27] 옛날에 산이 신격화된 것은 국태민안을 기원하기 위하여 하늘과 명산대천의 신에게 제사를 지내는 것이 나라를 다스리는 군주가 갖추어야 할 중요한 덕목 중의 하나였을 뿐 아니라 단군신화에서 단군은 천신의 후예로서 천신은 산신이자 산신은 시조신이었기 때문이다.[28]

지리산 산신도 마찬가지이다. 지리산 산신[29]에게 제사를 지냄을 향토전통문화축제의 형태로 취한 것이 구례의 남악제, 함양의 천왕제, 산청의

---

[25] 표인주는 국가 및 마을신앙의 신격의 실상을 부여 · 예 · 삼한시대의 천신, 고구려의 천신, 시조신, 산천신, 수신, 성신, 사직신 등, 백제의 천신, 시조신, 산천신, 오제지신, 천지신, 신라의 시조신, 산천신, 산신, 천지신, 용신, 사직신 등, 고려의 천신, 산신, 용신, 지신, 오제지신, 천지신 등, 조선의 사직신, 산신, 오방지신, 조상신, 성황신 등, 마을공동체의 산신, 성황신, 당산신, 토지신, 목신, 산천신 등으로 구분하였으며(표인주, 『남도민속문화론』, 민속원, 2002, 38~55쪽), 천신숭배에서 산신숭배로 변화되었다는 것은 천신의 남성성이 시조신의 성격이 강한 산신으로 변화되었고, 여성성은 마고신의 성격이 강한 산신으로 변화된 것이라고 해석하고 있다(표인주, 「지리산산신의 종교문화사적인 위상과 의미」, 『남도문화연구』 20집, 순천대학교 남도문화연구소, 2011, 39~43쪽).

[26] 김태곤, 「국사당 신앙 연구」, 『백산학보』, 백산학회, 1966, 92쪽.

[27] 이은봉, 『한국고대종교사상』, 집문당, 1984, 98~107쪽.

[28] 표인주, 「지리산산신의 종교문화사적인 위상과 의미」, 40~42쪽.

[29] 지리산 산신은 성모(聖母)라는 설이 유력하다. 성모는 아득한 전설시대의 여신인 마고(麻姑), 석가여래의 어머니 마야부인, 신라 시조인 박혁거세의 어머니 선도성모(仙桃聖母), 고려 태조 왕건의 어머니 위숙왕후 등 시대에 따라 상징적인 인물로 변하였다. 성모에 관해서는 김아네스, 「조선시대 산신 숭배와 지리산의 신사(神祠)」, 『2010년 국제학술대회-지리산 그곳에 길이 있다』, 지리산권문화연구단, 2010, 141~171쪽 참조.

지리산평화제이다. 이들 축제는 제례 외에 여러 문화행사를 가미하여 매년 개최되고 있다. 현재는 지리산의 자연환경훼손을 방지하기 위하여 사라졌지만 세석평전철쭉제, 노고단철쭉제 등도 지리산 산신을 숭배하는 산신제였다.

또한 법계사가 주관하는 지리산 산신제가 천왕봉에서 해마다 열리고 있는데, 이는 유교 및 도교의 정신과 제례방식을 혼합함으로써 지리산의 유불선 화합을 상징할 뿐 아니라 불교가 유입되었을 당시에 가장 중요하게 숭배했던 신앙이 산신신앙과 칠성신앙[30]이었던 점과도 연관된다. 대웅전 등 불교신앙을 상징하는 건물 외에 산신각, 칠성각 등의 별도의 건물들이 산신과 칠성에 대한 숭배와 제사의 상징으로 사찰 내에 존재하는 것도 이를 증명한다. 그 외에도 최근에는 지역문화원 주관으로 정월대보름에 지역인사가 각각 초헌관, 아헌관, 종헌관 등을 맡아 제례를 올리는가 하면 시민단체들도 그들의 사업목적을 달성하고 활동의지를 다지기 위하여 지리산 산신제를 지내고 있다.

2. 마을수호형

남원시 산내면 와운마을의 천년송당산제, 보절면 괴양리의 삼동굿놀이, 운봉읍 노치마을의 당산제, 함양군 학사루 느티나무당산제, 서하면 운곡리 느티나무기원제 등은 지리산권의 대표적인 당산제(堂山祭)이다. 당산제는 조상신(祖上神) 또는 마을을 수호하는 신 또는 삼신에게 제사를 지내는 제의로 마을의 평안과 풍년을 기원함이 그 목적이다. 일부 마을에서는 동제(洞祭), 당제(堂祭), 산제(山祭) 또는 대동치성(大同致誠) 등으로

---

[30] 칠성신앙은 인간의 길흉화복과 수명을 관장하는 칠성신을 숭배하는 신앙형태로, 칠성신은 북두칠성을 신격화한 성신으로 도교와 유교의 천체숭배사상과 영부신앙이 조화된 신격이다(한정섭, 「불교토착신앙고」, 『불교학보』 제1집, 한국불교학회, 1975, 175쪽). 칠성신앙에 관한 내용은 표인주, 「지리산산신의 종교문화사적인 위상과 의미」, 49~51쪽 참조.

부르기도 하며 단순히 당산굿이라고도 한다. 당산제는 대개 음력 정월대보름에 지내기도 하지만 정초 또는 백중(음력 7월 15일), 음력 10월 보름에 지내기도 한다. 이러한 당산제는 제사와 굿을 동시에 행하는 특성을 가지고 있으며, 음식과 술을 나누어 먹고 굿으로 흥을 북돋기 때문에 마을주민의 화합과 유대강화에 큰 역할을 한다. 당산제를 지내기 전에는 대부분 제단 주변을 깨끗하게 청소하며, 황토를 펴고 금(禁)줄을 쳐서 부정을 막는다.

남원시 산내면 뱀사골의 와운마을 천년송당산제[31]는 와운마을이 당초에 천년송 뒤에 위치해 있을 때 호랑이가 나타나 사람과 가축을 물어간 까닭에 약초를 캐러 산속에 들어가는 사람들이 이를 무서워한 데서 비롯되었다고 전해진다. 6 · 25 때에 마을이 불타고 난 후 수년간 이 당산제를 지내지 않다가 피난민의 복귀 후부터 1992년까지 당산제를 지냈으나, 2006년까지는 지내지 않았다. 그러다가 2007년에 문화재청의 지원으로 중단했던 당산제를 지내게 되었다.[32]

남원시 보절면 괴양리 양촌, 음촌, 개산마을 등 3개 마을 주민들이 펼치는 삼동굿놀이는 마을의 안녕과 주민화합을 위하여 기세배, 당산제, 우

---

31) 지리산 천년송당산제는 제례를 지내기 전 음력 12월 15일 경에 동네사람들이 모여 제관을 선정하는 것에서부터 시작된다. 이날 뽑힌 제관은 제사 3일 전부터는 마을 산지소에 가서 조석으로 목욕하고 옷을 3벌 준비하여 매일 갈아입는다. 제물을 살 때에는 과일, 생선류, 고기류 순으로 사며 값을 깎지 않아야 한다. 정월 초이튿날 오후에는 천년송 주변을 청소하고, 초사흗날 새벽에 제관이 부인과 힘이 센 장정 4명 정도와 함께 제물을 옮겨 제상을 차린다. 촛불을 켜면 마을에서 대기하고 있던 동네사람 중 촛불을 제일 먼저 본 사람이 징을 친다. 징 소리를 신호로 동네사람들이 천년송당산제 앞으로 올라온다. 이어 산신에게 당산제를 알리는 당산굿을 하고 할아버지 소나무에서 먼저 제를 지낸다. 할아버지 소나무 제를 마치면 주변에 고수레를 하고 빈 그릇을 가져다가 약간의 제물을 담아 할머니 소나무로 가서 땅에 묻고 풍물을 치는 것으로 제를 마친다. 천년송당산제에 관한 자세한 내용은 김용근, 「지리산 뱀사골 천년송당산제」, 『남원의 삶과 문화』 제5호, 남원문화원, 2007, 82~87쪽 참조. 근래에 이르러 천년송당산제는 매년 음력 정월 10일에 지낸다.
32) 서정호, 『머무르고 싶은 지리산권의 명소 100선』, 좋은디자인, 2011, 64쪽.

물굿, 삼동서기, 지네밟기 등의 프로그램으로 백중날(음력 7월 15일)에 개최된다. 이것은 오래전부터 벼농사의 마지막 김매기가 끝날 즈음에 삼동굿을 행했던 데서 유래하며, 삼동굿은 아이의 잉태, 출산, 성장 등의 과정에서 무병무탈을 삼신할머니에게 기원하는 굿이다. 아이의 과거급제 등 출세와 풍년농사를 기원하는 과정을 노래와 춤으로 표현하는 농경문화라고 할 수 있다. 후에는 굿패와 구경꾼이 어울린 신명나는 굿판이 한바탕 벌어진다.

남원시 운봉읍 노치마을의 당산제는 '옛날 노치마을에 짚신을 만들어 팔았던 가난한 거지가 추운 겨울에 죽자, 마을주민들이 관이 하나 들어갈 정도로 눈이 녹아 있는 땅을 발견하고 그곳에 묻어 주었는데, 나중에 알고 보니 이곳이 황룡무주(黃龍無主)의 명당이었다'[33]는 데서 유래되었으며, 그 후부터 음력 정월 초하룻날 당산제를 지냈으나 7월 백중에 지낼 때도 있었다. 최근에는 음력 정월 그믐날 지낸다. 노치마을 당산제는 마을 안 느티나무와 마을 뒤 소나무 등 두 종류의 당산나무를 대상으로 지내며, 단순한 당산제가 아닌 전통축제이다.[34]

함양군 학사루 느티나무당산제는 신라시대 최치원이 심었다고 전해지는 느티나무(천연기념물 407호, 함양읍 운림리 소재)를 신목으로 매년 정월 보름에 지내는 당산제이며, 함양군 서하면 운곡리 느티나무기원제 역시 정월대보름날에 은행나무(천연기념물 406호) 아래에서 마을주민들이 마을번영과 안녕을 기원하는 당산제이다. 당산제는 아니지만 예로부터 문인들에게 사랑을 받던 하동군 악양면 대축리 문암송(천연기념물 제491호)을 기리기 위해 마을주민이 계를 조직하고 제를 지내는 하동 문암제는 음력 백중날에 지내며 마을의 번영과 문암송의 무병장수를 기원한다. 거대한 바위 사이를 꿰뚫고 자란다고 해서 문암송이라 불리는 이 소나무는

---

33) 오종근, 「삼동굿놀이」, 『남원디지털문화대전』, 남원시, 2012.
34) 서정호, 『머무르고 싶은 지리산권의 명소 100선』, 72쪽.

600년의 세월을 괴석과 함께하며 마을의 수호신 역할을 해왔다.

와운마을 천년송당산제, 삼동굿놀이, 노치마을 당산제, 학사루 느티나무당산제, 운곡리 은행나무기원제, 하동 문암제 등[35]은 마을 단위의 당산제를 초월한 전통축제로서 마을수호와 풍년농사기원을 목적으로 하며, 최근에는 대부분 문화재청이 지원하는 자연유산 민속행사로 자리매김해왔다.

3. 인물과 장소의 전승(傳承)형

인물과 장소의 전승형 지역축제로는 황산대첩을 승리로 이끈 이성계, 실학자 연암 박지원, 유학자 남명 조식, 국악인 기산 박헌봉, 동편제 소리의 박봉술과 송만갑, 소설가 이병주와 박경리 등의 업적을 기리기 위한 축제를 들 수 있으며, 문학작품에 나오는 가공의 주인공 춘향과 흥부를 기리기 위한 축제도 여기에 해당된다. 이들은 해당 지역을 상징하는 실존했던 인물 또는 가공의 인물 그리고 문학작품 속의 인물들이다. 춘향제, 흥부제, 황산대첩제, 남명선비문화축제, 기산국악제전, 연암문화제, 이병주 국제문학제, 토지문학제, 동편제소리축제 등이 그 예이다.

한편, 함양의 물레방아, 산청의 남사예담촌, 하동 쌍계사 인근 차시배지 등은 각각 그 지역의 상징 역할을 한다. 이들 상징들을 강조하기 위하여 물레방아골축제, 남사예담촌 전통문화예술제, 야생차문화축제가 열리며, 하동 청학동에 세워진 삼성궁의 단군을 기리는 개천대제 역시 그와 같은 상징성을 지니고 있다.

남사예담촌은 최씨고가, 이씨고가 등 경상남도문화재자료와 수백 년 수령의 매화나무, 회화나무, 감나무 등이 있으며, 예로부터 과거에 급제

[35) 지리산 천년송, 노치마을 소나무, 학사루 느티나무, 운곡리 은행나무, 하동 문암송 등의 나무에 관해서는 서정호, 『지리산권의 큰 나무』, 흐름, 2010 참조. 당산제에 관해서는 서정호, 『머무르고 싶은 지리산권의 명소 100선』 참조.

한 선비들을 많이 배출한 마을이다.[36] 차시배지는 신라시대 흥덕왕 때 당나라에서 돌아온 사신 대렴공이 차 씨앗을 가져오자 왕이 그것을 지리산에 심게 했다는 삼국사기의 기록에 의하여 하동 쌍계사 앞 일원과 구례 화엄사 입구 장죽전 일대를 경상남도와 전라남도가 각각 지정하여 오늘에 이른 것이다.[37]

4. 특산물의 관광자원화 및 홍보형

지리산은 고로쇠나무의 서식지로 고로쇠수액은 농가의 소득원 중의 하나이다. 이에 따라 해마다 2월 말경부터 3월 초 사이 고로쇠수액을 집중적으로 채취할 즈음에 남원, 산청, 하동군에서는 고로쇠약수제가 열린다. 그러나 농가소득창출이 아무리 중요하다 하더라도 나무가 살아가는 생명의 원천인 수액의 채취는 고로쇠나무의 노화를 촉진시키며 이로 말미암아 생태계를 파괴하게 되므로 지양되어야 할 것이다.

남원은 흑돼지, 포도 등 블랙푸드(black food)가 특산물이며, 용산리 일원은 허브가 특산물이다. 남원 주천면은 산수유가 특산물이다. 함양의 산삼과 약초, 산청군 일원의 한방약초와 산나물, 시천면의 야생차와 곶감, 신안면의 장미, 하동 화개면 일원의 야생차, 금남의 유채, 진교면 백련리의 도예, 술상리의 전어, 북천면의 메밀, 악양면의 대봉감, 금남면의 참숭어, 구례군 산동면의 산수유 등도 그 지역의 특산물이다. 따라서 이들 특산물들을 관광자원 및 농어가소득원으로 만들기 위하여 축제가 열린다.

또한 하동 진교면 백련리 도요지에서는 접시, 사발 등 생활용 그릇이 출토되었을 뿐 아니라 현재까지 도자기가 생산되고 있으며[38], 근래에는 영화 '취화선' 촬영지 연못의 연꽃이 만발하여 8월경에 '찻사발과 연꽃 축

---

36) 서정호, 『머무르고 싶은 지리산권의 명소 100선』, 191쪽.
37) 서정호, 『지리산권의 큰 나무』, 279~280쪽.
38) 서정호, 『머무르고 싶은 지리산권의 명소 100선』, 220쪽.

제'가 열린다. 차, 찻사발, 연꽃은 백련리의 특산물이다.

5. 계절별 자연경관 활용형

남원 바래봉눈꽃축제, 각 지역의 철쭉제와 단풍제, 장미축제, 산수유꽃축제, 벚꽃축제, 코스모스 메밀축제 등은 계절별로 수려한 자연경관과 아름답게 만발한 꽃을 축제자원화한 경우이다. 또한 여름 휴가철 날씨가 무더울 때 각종 체험과 물놀이를 즐길 수 있도록 섬진강의 아름다운 자연경관을 주제로 쿨썸머(Cool Summer) 섬진강축제가 열린다.

남원 용궁 산수유축제와 구례군 산수유꽃축제는 특산물 산수유를 소재로 하지만 남부지역에서 매화와 더불어 봄의 도래를 알리는 자연현상(개화)을 활용한 축제이며, 구례군의 산수유열매축제 역시 가을의 마지막 결실을 활용한 축제이다. 봄의 전령으로서 매화축제는 인근의 광양시 다압면에서 산수유꽃축제와 비슷한 시기에 개최되며, 곧 이은 화개장터벚꽃축제 및 구례 섬진강변벚꽃축제와 더불어 방문자들로 하여금 매화, 산수유, 벚꽃 등 패키지 봄꽃관광을 만끽하게 한다.

한편, 특산물과 계절별 자연경관을 활용하는 지역축제는 그 유형상 산신숭배 또는 마을수호의 기능을 수행하기도 한다. 고로쇠축제 때에는 산신령에게 고로쇠수액의 풍년을 기원하는 제사를 지내며, 구례에서는 산수유꽃축제 때 1,000년 수령의 산수유 시목 앞에 제단을 차리고 제사를 지낸다. 남악사에서는 남악제를 통해 지리산 산신에게 제사를 지낸 후 인근의 차시배지 장죽전에서 헌공다례 의식을 행한다. 단풍제 역시 마찬가지이다. 뱀사골단풍제와 피아골단풍제는 지리산 산신령에게 제사를 지내는 것이 첫 순서이다.

또 다른 한편으로는 유형과 형태 또는 목적이 다르다 하더라도 대부분의 축제에서 향토의 무형문화재가 선을 보이며 명맥을 이어 가고 있다. 구례의 판소리축제 등과 같은 독립적 무형문화축제가 열리기도 하지만,

그 외 잔수농악과 구례향제줄풍류 등의 무형문화재 공연이 축제와 병행됨으로써 지역축제는 무형문화의 보전과 전승에도 기여하게 된다.

6. 민간주도형

지리산권에는 지방자치단체 등이 주관하거나 후원하는 지역축제 외에 시민단체 또는 동호회, 주민 등이 관의 도움을 받지 않고 자율적으로 개최하는 지역축제가 점진적으로 늘어나고 있다.

지리산생명연대가 주관하는 지리산 산신제, 지리산권시민사회단체협의회가 주관하는 지리산평화제, 민간 주최의 우리밀축제 등이 대표적이다. 이들 시민사회단체가 주관하는 지역축제는 장소가 정해져 있지 않을 뿐 아니라 개최 시기 또한 일정하지 않다. 지리산권 5개 시·군에서 윤번제로 번갈아 개최되기도 하며, 때로는 걷는 일정을 포함하여 2~3일 또는 그 이상의 일정으로 개최되며, 자원봉사자, 해당마을 부녀회 등이 참여하여 문화예술공연과 시낭송, 마당극, 노래배우기 등의 체험과 지리산 보전 퍼포먼스 등 다채로운 프로그램을 운영하는 것을 특징으로 한다.

이들 시민단체가 주최하는 지역축제 중 지리산문화제는 2012년 현재 7회째를 맞이했으며, 내실을 기하고 있다는 평을 받고 있다. 막대한 예산이 소요되는 인기 연예인 초청 등의 공연 프로그램이 없더라도 지역 예술인들의 무료공연과 자원봉사 그리고 부녀회 등의 음식 판매를 통한 기금적립을 통하여 자립적으로 그들의 목적인 지리산 보호 등을 추구할 수 있기 때문이다. 이들 민간 또는 시민사회단체가 주도하는 지역축제의 확산은 향후 지역축제가 내실화를 추구해 나가기 위한 본보기가 되고 있다.

특히 지리산과 지리산자락은 근래에 개발과 보전의 양 주장이 엇갈리는 상태에서 찬반논쟁으로 점철되어 있었으며, 케이블카 설치, 지리산댐 건설, 둑 높이기 사업 등으로 첨예한 논란의 대상이 되어 왔다. 최근에는 피아골댐 건설문제로 대립의 각이 날카로워지고 있는 상태이다. 이러한 사업들이 시행될 경우 자연환경과 생태계의 파괴는 물론 유형문화유산마저 멸실될 수 있음을 감안한다면 민간 또는 시민사회단체의 지역축제는 전통문화의 계승과 자연환경의 보전에 기여할 수 있는 잠재력을 갖는다고 볼 수 있다.

V. 요약과 전망

필자는 지금까지 지방화시대 이후 양적으로 팽창한 농어촌의 지역축제가 운영 및 효과 면에서 여러 문제를 노정해 왔음에 착안하여 지역축제의 개념, 기능, 효과 등에 대한 근본적인 접근을 통해 지리산권 지역축제의 유형과 특성들을 고찰하였다. 이를 위하여 필자는 선행연구자의 문헌검토 외에 1년여 동안 축제현장을 방문하여 축제의 목적과 명칭 그리고 연혁(유래), 프로그램 등을 조사하여 축제별 특성에 따라 유형을 분류하였다. 그리고 이러한 고찰의 결과로, 지리산권 지역축제의 특성에 따른 유형을 산신숭배형, 마을수호형, 인물과 장소의 전승형, 특산물의 관광자원화 및 홍보형, 계절별 자연경관 활용형, 민간주도형 등 6종류로 대별하였다(〈표 2〉).

〈표 2〉 지리산권의 특성에 따른 유형별 지역축제 현황

지역축제 유형	축제 명
산신숭배형	천왕축제, 지리산평화제, 지리산남악제, 지리산 산신제(법계사), (뱀사골단풍제), (피아골단풍축제) 등 4(2)
마을수호형	와운마을 천년송당산제, 신기마을 당산제, 삼동굿놀이, 노치마을 당산제, 학사루 느티나무당산제, 은행나무기원제, 하동 문암제, (산수유꽃축제), (고로쇠약수제) 등 7(2)
인물과 장소의 전승형	춘향제, 황산대첩제, 흥부제, 함양 물레방아골축제, 연암문화제, 기산국악제전, 남명선비문화축제, 남사예담촌 전통문화예술제, 이병주 국제문학제, 토지문학제, 개천대제, 동편제소리축제 등 13

특산물의 관광자원화 및 홍보형	고로쇠약수제(남원), 용궁산수유축제, Black Food & Herb 축제, 산삼축제, 고로쇠약수제(산청), 산청한방약초축제, 야생차축제, 지리산 산청곶감축제, 하동 고로쇠축제, 야생차문화축제, 찻사발과 연꽃 만남의 축제, 술상전어축제, 하동 대봉감축제, 녹차참숭어축제, 우리밀축제, 산수유열매축제 등 16
계절별 자연경관 활용형	지리산 바래봉눈꽃축제, 바래봉철쭉제, 뱀사골단풍제, 백운산벚꽃축제, 황매산철쭉제, 장미축제, 화개장터벚꽃축제, 유채꽃축제, 형제봉철쭉제, Cool Summer 섬진강축제, 북천 코스모스 메밀축제, 섬진강변벚꽃축제, 피아골단풍축제, (산수유꽃축제) 등 13(1)
민간주도형	지리산 산신제(지리산생명연대), 생명평화제(지리산생명연대), 지리산문화제(지리산권시민단체협의회) 등 3
계	56(3), ( ) 안의 숫자는 유형 중복 축제 수

〈표 2〉에서 뱀사골단풍제, 피아골단풍축제, 고로쇠약수제, 산수유꽃축제 등은 계절별 경관형 또는 특산물형에 속하지만 지리산 산신에게 제사를 올리거나 마을수호를 염원하는 제사를 지내므로 중복적 특성을 가지고 있다. 함양 물레방아골축제는 원래 신라시대의 인물 고운 최치원을 기리자는 의미에서 개최되었으나 현재는 함양을 상징하는 물레방아로 명칭을 바꾼 종합축제로 개최되고 있으며, 남사예담촌 전통문화예술제는 전통한옥과 아름다운 마을의 경관을 계승하려는 취지로 열리는 축제이다. 하동의 개천대제는 청학동 삼성궁에서 열리는 천제이다.

〈표 2〉에 나타난 바와 같이 지리산권의 지역축제 56개는 특성별로 6개 유형으로 나눌 수 있다. 이 중 가장 많은 축제는 특산물의 관광자원화 및 홍보형 16개이며, 그 다음이 계절별 자연경관활용형이 13개이다. 그러나 이들 두 가지 유형의 지역축제는 농어촌지역 어디에서나 흔히 개최되는 축제이다. 비록 그 수가 많지는 않지만 지리산권의 지역축제 중 지리산 산신숭배형과 민간주도형은 지리산권에서 독창적으로 개최되는 축제의 양식이다. 이들은 지리산권시민단체협의회가 주관하는 지리산문화제를 제외하면 대부분이 제의형식을 취한다는 점에서 지역축제 또는 축제의 개념에 부합하는 축제이며, 특산물, 인물, 자연경관 등을 소재로 하는 나머지 축제 역시 지리산권 고유의 축제자원을 활용하고 있다.

그러나 이들 전부를 지리산권의 대표축제로 육성·발전시키기에는 그 수가 너무 많다. 따라서 동일문화권에 속하는 지리산권의 축제는 유사 축제의 통폐합과 정비를 시도하거나 민간 위주의 축제로 전환함이 바람직하다. 그것은 축제에 참여하는 외지 방문객, 즉 소비자의 선호를 만족시키는 효과와 함께 공급자 측에서는 지역 간 경쟁을 피함으로써 비용과 시간을 절감하는 효율성을 높일 것으로 기대되기 때문이다. 따라서 지역별 특성을 살린 축제로서 지역축제의 개념, 기능, 효과 등 근본에 충실함으로써 지역축제 고유의 순기능을 달성하려고 노력하는 것이 바람직하다.

이 글은 『남도문화연구』 제25권(순천대학교 남도문화연구소, 2013)에 수록된 「지리산권 지역축제의 유형과 특성 고찰」을 수정·보완한 것이다.

—

지리산 반달가슴곰생태마을 조성 및 운영 방향

서정호

—

Ⅰ. 연구의 배경, 목적 및 방법

20세기 이후 산업화의 급진전, 인구증가, 야생동식물 남획, 삼림 벌목, 초지 개간 등으로 지구생태계가 위기에 처해 있으며, 생태계파괴를 우려하는 목소리가 높아져가고 있다. 아울러 생태위기의 근원이 인간의 행위에 있기 때문에 생태계를 보전·복원하려는 인간의 노력도 여러 형태로 지속적으로 이루어지고 있다. 이러한 노력들은 멸종위기에 처한 야생동식물을 보호함으로써 고유 생물자원을 보전함은 물론 생물다양성을 유지·제고하고 건강한 생태계를 회복함을 목적으로 한다. 한국은 다소 늦었지만 야생동식물보호법을 제정, 2005년부터 시행하고 있다. 그럼에도 불구하고 야생동식물의 보전, 복원 및 증식 실적이 미흡한 수준이며, 일부에서는 농작물 위해방지 또는 보신을 목적으로 야생동물을 밀렵하는가 하면, 희귀식물들을 채취하고 있다. 이에, 정부를 비롯한 환경단체들은 멸종위기 야생동식물의 종별 특성에 부합하는 적절한 보전, 복원 및 증식 방안을 마련하고 주요 서식권별 복원정책을 수립·시행하기에 이르렀다.

특히 지리산에 위치한 국립공원관리공단 멸종위기종복원센터에서는 반달가슴곰을 복원하기 위하여 복원개체를 도입한 후 일정한 자연적응 기간을 거쳐 지리산에 자연 방사하고, 반달가슴곰의 행동권, 서식지 이용, 먹이자원 및 생태적 특성과 자연적응과정 등을 연구하는 한편 반달가슴곰에 의한 주민피해를 방지하기 위하여 지역사회와 협력하며, 복원사업에 대한 국민적 공감대 형성을 위하여 반달가슴곰 생태학습장 등을 운영하고 있다. 또한, 2010년에 하동군과 국립공원관리공단 멸종위기종복원센터는 국립공원 내 주민협력 강화 및 국민적 공감대 형성을 위하여 '지리산 반달가슴곰 생태마을(생태학습장)'을 조성·운영할 계획을 수립하고 하동군 화개면 대성리 의신마을 반달곰산촌생태법인과 업무협약을 체결하였다. 이에 앞서 하동군에서는 '반달가슴곰과 함께하는 대성리 산촌생태마을 조성 기본계획'을 수립하여 2010년부터 동 사업을 지원하기에 이르렀다.

또한 국립공원관리공단 멸종위기종복원센터는 '반달가슴곰이 찾아가는 교실', '반달가슴곰 자연학교' 등 다양한 해설체험프로그램의 기획 운영으로 복원사업에 대하여 공감대를 형성함과 동시에 생태마을의 반달가슴곰 생태학습장 운영으로 주민소득증대 등 지역활성화를 도모하고 있다. 또한 하동 의신마을에 이어 전북 남원, 전남 구례 및 경남 함양, 산청에도 반달가슴곰 생태마을을 조성할 계획으로 있어 이들 마을의 생태학습장 조성 및 운영 방향을 정립할 필요성이 제기된다. 반달가슴곰생태학습장은 대도시 또는 그 인근의 동물원에 비하여 위치, 운영규모, 운영주체 등이 다를 뿐 아니라, 반달가슴곰은 멸종위기동물이면서 복원을 통한 개체증식이 가능하다는 점에서 국민적 공감대 형성과 지역개발의 양면성을 띠고 있기 때문이다.

이에 필자는 반달가슴곰의 생태적 특성과 멸종위기종복원센터의 반달가슴곰 복원사업, 하동 반달가슴곰생태마을 조성사업 내용 등을 고찰하고 운영방향을 제시함으로써 향후 다른 지역의 유사한 반달가슴곰생태마을의 조성 및 운영방안 마련에 기여하고자 한다.

이를 위하여 필자는 반달가슴곰의 특성 및 국립공원관리공단(이하 '공단') 멸종위기종복원센터(이하 '센터')의 반달가슴곰 복원사업, 하동군의 산촌생태마을조성사업 등에 관한 문헌을 조사하고, 복원사업의 일환으로 운영되고 있는 공단 센터의 반달가슴곰생태학습장 및 하동 대성리 의신마을을 현장 조사하였다. 또한 2010년 6월부터 2011년 4월까지 여러 차례에 걸쳐 센터가 운영하는 반달가슴곰생태학습 프로그램에 참여하여 프로그램 진행자에게 반달가슴곰생태학습의 의의, 목적, 학습방법, 기대효과, 향후 전망 등을 질문한 뒤 응답내용을 정리하였으며, 하동 의신마을의 마을대표, 주민 등과 하동군청의 담당자로부터 반달가슴곰생태마을의 조성취지, 조성과정, 운영방안 등을 청취하는 현장조사방법을 택하였다.

II. 멸종위기종 반달가슴곰 복원을 위한 생태마을 조성계획

1. 멸종위기 야생동식물 보호 및 복원 개요

한국에서는 멸종위기종 I급 50종, II급 171종 등 총 221종의 멸종위기 야생동물을 법률로 정해놓고 있다. 야생동식물보호법 제2조는 멸종위기 야생동식물 I급을 '자연적 또는 인위적 위협요인으로 개체수가 현저하게 감소되어 멸종위기에 처한 야생동식물로서 관계 중앙행정기관의 장과 협의하여 환경부령이 정하는 종'으로, II급을 '자연적 또는 인위적 위협요인으로 개체수가 현저하게 감소되고 있어 현재의 위협요인이 제거되거나 완화되지 아니할 경우 가까운 장래에 멸종위기에 처할 우려가 있는 야생 동식물로서 관계 중앙행정기관의 장과 협의하여 환경부령이 정하는 종'으로 정의하고 있다.

이러한 야생동식물 보호체계는 서식지외 보전, 서식지 보전으로 구분되어 있으며, 서식지 보전은 다시 서식지 보호 및 관리와 야생동식물군 보호·관리방법으로 이원화되어 있다. 서식지외 보전은 환경부에서 서울시, 대학연구소, 민간단체 등 10개소의 서식지외 보전기관을 지정하여 관리하며, 서식지는 국립공원, 생태계보전지역, 천연보호구역, 생물권보전지역으로 나누어져 있다. 이 중 국립공원(20개소)은 환경부가, 생태계보전지역은 환경부(10개소), 국토해양부(4개소), 시도(12개소)가, 천연보호구역은 문화재청(10개소)이, 생물권보전지역은 유네스코(2개소)가 관장한다.

멸종위기 또는 희귀 야생동식물의 보호방법에는 보존, 보전, 복원, 증식 등 여러 종류가 있다. 보존(preservation)은 원래 상태의 고유한 생태계를 유지하기 위하여 이용은 물론 인위적 관리를 하지 않는 상태이며, 보전(conservation)은 어느 정도 원상이 변형된 생태계에 대하여 최소한의 인위적 관리를 하거나 제한적으로 이용하는 행위를 의미한다. 생태계 또는 특정 동식물의 복원(restoration)은 자연적이거나 인위적인 간섭에 의하여 훼손된 중요한 서식처나 생물종을 훼손 이전의 원래 자연상태와 같은 상태로 되돌리는 행위를 의미하며, 복구(rehabilitation)보다 강한 동적(動的)인 과정이다. 복구는 원래의 자연상태와 유사하게 되돌리거나 더 이상 훼손되지 않도록 하는 행위이다. 이들 개념과 유사한 대체(replacement)는 현재의 상태를 개선하기 위하여 어떠한 노력도 기울이지 않는 대신에 다른 생태계로 원래의 생태계를 대신하는 것을 말한다. 증식(proliferation)은 개별 생물종의 개체수를 늘리는 활동이다. 따라서 만약 생태계가 파괴 또는 훼손되었다면 원래 상태로 되돌리는 행위로서는 복원과 보전이 중요한 정책이다.

특히 반달가슴곰을 비롯한 야생동물은 서식지내 복원, 서식지외 복원, 유전자원 동결보전 및 유전자은행 설립, 복합적 증식·복원 등 4개의 유형에 의하여 증식·복원된다. 서식지내 복원은 서식지 보호를 통한 서식지 복원과 재도입에 의한 개체군 복원의 두 가지 방법에 의한다. 또한 개체군 복원은 도입(Introduction), 재도입(Reintroduction), 입식(이주: Translocation), 강화 또는 보충(Re-enforcement or Supplementation), 그리고 서식지 보전 후 입식(Translocation after Conservation)과 멸종된 종의 근연종을 서식범위 내에서 대체(Substitution)하는 방법 등을 포함한다. 서식지외 복원은 적합한 서식지가 존재하지 않을 경우 또는 단기간에 서식지를 복원할 수 없을 경우 원래 서식지가 아닌 곳에서 증식·복원하여 적합한 서식지에 방사하거나 심는 방법이다. 유전자원 동결보전 및 유전자은행 설립은 동식물 개체군의 생식세포 등을 동결하여 보관한 후 장기적으로 보전하는 방식으로 동물의 정액, 생식세포, 체세포, 생식줄기세포, 조직 등을 동결보관하여 인공수정, 시험관수정, 복제 등에 활용한다. 복합적 증식·복원은 문자 그대로 복합적으로 증식·복원하는 방법이다.

그러나 반달가슴곰 등 야생 포유류의 개체군이 서식지내에 생존해 있을 경우에는 서식지 자체에서 복원이 가능하나 서식지에서 절멸한 경우에는 종을 입식하여 서식지내 또는 서식지외에서 개체군을 증식한다. 때로는 인공증식의 방법을 택한다. 일단 육상동물의 복원 및 증식이 이루어지면 서식지 복원을 통한 방사를 시도한다. 지리산 반달가슴곰은 이러한 유형과 방법에 의하여 복원되고 있다. 다른 나라의 야생동물들도 대부분 이러한 방법에 의하여 복원되었다.[1]

---

[1] 멸종위기야생동물 복원사례로는 미국 아이다호(Idaho) 주 북부 로키산맥의 늑대(Wolf) 복원프로그램, 콜로라도(Colorado) 주의 스라소니(Lynx) 재도입 및 증식 프로그램(멸종위기의 스라소니를 재도입·증식하여 2007년 현재 150마리의 개체수 확보), 아이오와(Iowa) 주의 수달 복원, 아칸소(Arkansas) 주의

생태계 또는 야생동식물의 보전 또는 복원에 관하여 세계적으로 관심이 높아진 것은 1992년의 브라질 리우환경회의에서 이루어진 지속가능한 개발 ESSD(Environmentally Sound and Sustainable Development) 개념의 공식적 제기와 생물다양성협약(biodiversity convention)의 채택에서 비롯되었다. 이를 계기로 한국에서도 법률, 제도, 정책, 기술연구 등에 관심을 가지게 되었으며 정부 차원의 '국가 생물다양성 전략'을 마련하기에 이르렀다. 특히 법령의 제·개정이 두드러졌다. 자연환경보전법 개정, 야생동식물보호법 및 백두대간보호에 관한 법률, 습지보전법 등이 제정되었으며, 환경부의 자연환경보전·복원지침(1999년)이 시행되기에 이르렀다.

2. 지리산 반달가슴곰 복원 현황

1) 반달가슴곰의 생태적 특성과 행동

동물분류학상 식육목(Carnivora) 곰과(Ursidae)에 속하는 곰은 우리나라의 건국신화에 등장하는 포유동물로 역사 및 문화적 측면에서 우리 민족과 친숙한 관계를 유지하여 왔다. 전 세계에 8종의 곰이 북극, 유라시아, 북미, 남미, 동남아시아 등에 분포하고 있는 것으로 알려져 있으며, 이 중 아프가니스탄, 인도 북부, 중국 북부와 남부 사이, 한국, 일본, 대만, 러시아 극동지역 등에서 서식하는 반달가슴곰(Asiatic black bear, Ursus thibetanus ussuricus)의 털은 광택이 나는 검정색이며, 대개 가슴에 흰색의 반달무늬가 있으나 없는 개체도 있다. 반달가슴곰의 지리적 아종은 7종으로 이 중 한국, 북한, 러시아 연해주, 중국 동북부 등에 서식하는 반달가슴곰은 국제자연보호연맹(IUCN)이 지정한 취약종(Valnerable)으로 분류되어 있으며[2], 한국에서는 멸종위기야생동물 및 천연기념물 제329호로

흑곰 증식, 프랑스와 오스트리아의 멸종 불곰 입식 및 증식, 중국 흑룡강성 동북호림의 호랑이 인공증식장, 일본의 황새 개체도입 및 인공증식, 자연방조 등이 대표적이며, 이 중에는 성공한 사례 또는 진행 중인 사례가 있다.

지정되어 보호받는 대표적인 동물이다.

　반달가슴곰은 기복이 심한 울창한 숲속에서 주로 서식하며[3], 후각과 청각이 발달한 잡식성으로 식물의 열매, 곤충, 갑각류, 포유류, 양서류, 벌꿀 등을 섭식한다. 이는 곰의 치식이 '3/3(앞니), 1/1(송곳니), 2/3(어금니) = 42'로 단단한 먹이도 잘게 부술 수 있는 형태를 가지고 있기 때문이다.[4]

　반달가슴곰의 길이는 120~180cm 가량이며 몸무게는 65~150kg 정도로 암컷에 비하여 수컷이 상대적으로 더 크다. 넓은 이마, 큰 귀를 가지고 있으며, 양 어깨와 목 사이의 털이 길다. 초산연령은 3~6년으로 짝짓기와 출산시기는 기후와 지역별로 차이가 있으며, 한번에 대개 2마리의 새끼를 분만한다. 또한 반달가슴곰은 대개 겨울이 시작되면 바위굴 또는 나무 구멍에서 겨울잠을 자지만, 동면(冬眠) 전에 영양분을 충분히 축적하지 않으면 동면하지 못하고 겨울철에도 먹이를 찾아다닌다. 실제로 지리산에 방사한 반달가슴곰은 나무굴, 바위굴, 곰탱이[5] 등 3가지 유형의 장소에서 동면을 취하는 것으로 조사되었으며[6], 해발고도 475~1,375m 사이에서 86~130일 동안 동쪽사면 방향(64%)에서 겨울잠을 자는 것으로 확인되었다.[7]

　반달가슴곰의 이러한 일반적 특성 외에 근래에 발생한 사례 또는 연구

2) IUCN, "IUCN Red list of threatened species", 2007(http://www.iucnredlist.org).

3) M. R. Bertram and M. T. Vivion, "Black bear monitoring in eastern interior Alaska", Ursus 13, 2002, pp.69~72.

4) 서문홍, 「반달가슴곰 배설물 분석을 이용한 반달가슴곰 식이물 연구」, 국민대학교 석사학위논문, 2006, 4쪽.

5) 곰탱이(ground nest)는 야생곰이 땅에 떨어진 나뭇잎 또는 줄기, 가지, 조릿대 등을 엮어서 만든 둥지로, 휴식 또는 수면을 취하는 곳이다.

6) 김보현 외, 「지리산국립공원에 방사한 반달가슴곰 동면장소 특성 연구」, 『한국환경생태학회지』 21(4), 2007, 347쪽.

7) 이두표, 「지리산국립공원 방사 반달가슴곰 동면 특성 연구」, 호남대학교 석사학위논문, 2007, 25~27쪽.

결과에서도 반달가슴곰생태학습장 조성 및 운영에 유의해야 할 특성이 밝혀졌다. 캄차카반도에서 자연상태에서의 곰을 10년 이상 촬영하던 일본인 사진작가 호시노는 그에게 먹이를 요구하던 곰에게 살해당하였는가 하면, 독일의 한 방송국에서 자연상태의 곰의 생활을 촬영하기 위하여 곰에게 먹이를 던져 유인한 결과 곰이 인간만 보면 먹이를 달라고 보채는 것은 물론 만약 먹이를 주지 않을 경우 사람을 공격한다는 사실을 알게 되었다.[8]

또한 한국에서도 곰이 사육장을 탈출한 사건이 발생하였다. 2010년 12월 추운 겨울철에 서울대공원에서 사육되던 여섯 살 된 말레이곰이 탈출하여 인근 주민들을 불안하게 했던 적이 있다. 말레이곰은 비교적 체격이 작고 온순한 편이지만 야생으로의 탈출본능이 강하며 합사한 암컷과의 갈등 등 돌발행동을 할 수 있다. 이 곰은 탈출 9일 만에 먹이유인으로 청계산 정상 근처에서 포획되었다. 또한 2011년 2월에는 충남 청양군 고운 식물원에서 사육되던 반달가슴곰이 탈출한 사례가 있다. 이 곰은 주민과 관람객들의 안전을 위하여 탈출 하루 만에 인근 야산에서 사살되었다. 생태학습장 또는 생태마을에서 사육되는 반달가슴곰은 야생적응에 실패한 개체를 야생으로 돌려보내지 않고 제한된 공간에 계류시키면서 사육하는 형태를 취하므로 앞서 언급한 서울대공원 말레이곰 또는 청양 반달가슴곰처럼 우리를 탈출하는 등 돌발행동으로 인근 주민들을 불안하게 할 수 있다.

또한 반달가슴곰은 다른 동물에 비하여 강박행동[9]을 상대적으로 많이 하며[10], '야생이 아닌 제한된 공간에서 가을철에, 연령이 높을수록, 오후

---

8) 월간산, 2011. 03(http://san.chosun.com).

9) 강박행동(stereotypic behavior)은 정상적으로 행동하지 않고 특별한 목적 없이 지속적이고 반복적으로 하는 행동을 의미한다(정동혁 외, 「제한된 공간에서 반달가슴곰의 행동학적 특성 분석」, *Journal of Veterinary Clinics* 26(3), 2009, 247쪽.

에 정상적인 행동보다는 놀람, 두려움, 경계심 표출 등 강박행동이 심하다[11]는 연구결과도 있어 이를 뒷받침한다. 생태학습장 또는 생태마을에 입식될 반달가슴곰은 야생으로 방사된 후 적응하지 못한 개체이므로 사람의 행동에 의하여 그들의 생태적 습성이 달라질 수 있다. 예컨대 원래 야행성이지만 낮에도 활동해야 하는가 하면 온도 여건으로 겨울잠을 자지 않거나 상사리[12]를 하지 않고 사람이 인위적으로 공급하는 먹이를 선호하는 것 등이 그것이다. 실제로 도토리 등 반달가슴곰이 선호하는 먹이가 부족할 때 또는 식성이 변하여 사람이 버린 라면 등 음식물찌꺼기를 섭취하는 것이 포착되기도 하였다. 심지어 방사에 적응하고 있는 지리산 반달가슴곰마저 등산객들과 마주친 적이 잦아 "곰이 먼저냐? 사람이 먼저냐?"라는 논란이 일었던 점은 야생동물의 방사 또는 사육에서 안전사고에 유의해야 함을 시사한다.

2) 반달가슴곰 복원사업과 생태학습장 운영현황

한국의 반달가슴곰 복원사업은 야생동식물보호법 등 법령과 1998년 말 국립환경과학원의 '반달가슴곰 종복원 기술개발연구'로부터 시작되었으며, 이 연구사업의 하나로 반달가슴곰 4마리를 시험방사한 후 회수하였다. 반달가슴곰 복원사업지를 지리산으로 선택한 것은 반달가슴곰의 먹이량이 지리산에 가장 풍부하고 면적(440㎢) 또한 넓기 때문이다. 반달가슴곰이 좋아하는 조릿대, 취나물, 다람쥐와 쥐 등 설치류, 도토리 등의 양

---

10) S. V. Sophie and G. J. Mason, "Stereotypic behavior in Asiatic black bear and Malayan sun bear", *Zoo Biol.* 23, 2004, pp.409~430.

11) 정동혁 외, 「제한된 공간에서 반달가슴곰의 행동학적 특성 분석」, 257쪽.

12) 반달가슴곰은 날카로운 발톱으로 나무에 홈을 내고 그 홈을 이용하여 나무에 오르는 것을 좋아하며, 발톱을 이용하여 나무껍질을 벗겨서 수액을 받아먹기도 한다. 이를 위하여 나뭇가지를 꺾어다 나무 위에 지름 1~2m 가량의 둥지를 짓는데 이를 상사리라고 한다. 이 둥지에서 낮에 휴식을 취하거나 잠을 잔다.

이 최소 5,732마리에서 최대 9,525마리까지 서식할 수 있는 조건이라고 판단한 결과이다. 이러한 복원계획과 서식조건에 의하여 2004년 5월에 1차로 연해주산 6개체(암컷 3, 수컷 3)를 도입·방사하였다. 그 후 2005년에 2차(북한산 8개체), 3차(연해주산 6개체) 도입 및 방사 후 2007년에 '멸종위기종복원센터'를 독립기구로 개소하고, 동년에 4차(연해주산 6개체), 2008년에 5차(서식지외 보전기관 서울대공원 북한산 1개체)로 도입·방사를 실시하였다. 2011년 3월 말 현재까지 이렇게 총 27개체를 방사하였으나 그동안 야생에 적응하지 못한 개체를 회수한 경우도 있으며, 올무, 덫, 농약, 질병 등에 의하여 폐사하였거나 실종된 경우도 있었다. 반대로 방사한 반달가슴곰이 2009년 2월 첫 새끼 출산을 시작으로 2010년에 2마리를 출산한 경우도 있었으며, 자체증식용 시설에서 출생한 1마리도 방사하였다. 또한 2011년 3월과 4월에 각각 1마리씩의 새끼가 태어남으로써 모두 7마리가 태어났으며, 그 중 2마리는 숨지고 5마리가 야생하고 있다. 방사, 출산 등으로 34개체를 야생으로 돌려보냈지만 야생 미적응으로 인한 회수, 질병 또는 올무 등에 의한 폐사와 실종으로 2011년 4월 말 현재 19마리의 반달가슴곰이 지리산에 서식하고 있다.

이렇게 반달가슴곰이 복원되는 과정은 2006년 환경부의 '멸종위기야생동식물 증식·복원 종합계획(2006~2015)'에 근거한다. 당초 이 계획은 2004년부터 2008년까지 매년 6마리씩 이입하여 기존 야생 반달가슴곰과의 교배를 통한 증식으로 2012년까지 최소 존속개체군 50마리가 자연에서 서식하도록 한다는 목표를 설정하였다.[13] 2009년 이후 매년 야생에서 새끼 출산이 이어지는 것은 반달가슴곰이 지리산 서식환경에 잘 적응하고 있다는 것을 의미하지만, 당초 계획에는 크게 못 미친다. 즉 2012년까지 50마리 이상 서식하게 하겠다는 계획의 수정이 불가피하다. 특히 새끼

---

[13] 환경부, 『멸종위기야생동식물 증식·복원 종합계획(2006~2015)』, 2006, 46쪽.

곰이 3년 이상 야생에서 생존할 확률이 50% 가량임을 감안한다면 더 많은 방사와 출산이 있어야 할 것이다.

한편, 지리산에 방사된 반달가슴곰 중 야생에 적응하지 못한 개체는 회수되어 홍보 및 생태학습용으로 활용되고 있다. 생태학습용 반달가슴곰은 전남 구례군 화엄사 입구에 위치한 반달가슴곰생태학습장에 수용되어 일반인에게 공개된다. 공단 센터는 이곳에서 2006년부터 탐방프로그램을 운영하고 있으며(〈표 1〉 참조), 주요 프로그램은 '우리의 친구 반달가슴곰을 만나요'와 '야생동물 자연학교' 등이다. 동절기를 제외하고 매년 4월부터 운영되는 이 탐방프로그램에는 매년 1만 명 이상이 참여한다.

〈표 1〉 국립공원 및 멸종위기종복원센터 탐방프로그램 운영실적

구분	분야별	2005	2006	2007	2008	2009	2010
공단 전체	참여인원(명)	126,285	184,877	225,096	294,589	382,117	497,305
	프로그램(개)	187	252	284	377	379	377
	운영횟수(회)	7,185	9,156	13,109	13,963	15,679	16,324
센터	참여인원(명)	–	10,954	7,716	7,715	7,958	13,942
	프로그램(개)	–	5	3	3	10	4
	운영횟수(회)	–	262	367	350	421	761

※ 출처: 국립공원관리공단

3. 반달가슴곰과 지역주민의 공존을 위한 지리산 생태마을 조성계획

1) 생태마을의 개념

생태마을의 개념은 여러 학자들이 조금씩 다르게 정의한다. 그 중 아르킨은 '경제·사회 그리고 삶의 질 향상과 갈등이 없는 생활을 기반으로 하는 인간적 규모의 지속가능한 주거체제로 자연자원을 이용하는 마을'로[14], 레이드는 '자연환경에 근거하여 조화로운 활동이 보장되는 인간적 규모의 정주체계'로[15] 생태마을을 정의하였으며, 생태마을은 '영성·문화

적 요소, 생태적 요소, 사회·경제적 요소를 고려하여 구성해야 한다'는 주장도 제기되었다.[16] 생태마을의 사상적 기저는 토지윤리, 생명지역주의, 녹색사회 등이다.[17] 생태마을의 사상과 개념을 추구하면서 실천되거나 '생태마을'로 지칭되는 한국의 생태마을은 400여 개소에 달하며, 남원, 장수, 함양, 산청, 하동, 구례, 곡성 등 지리산권에는 2009년 말 현재 최소 48개 이상의 생태마을이 소재한다.[18] 한국의 생태마을은 환경부 지정, 산림청 지정, 민간 실천 등 여러 종류가 있으며, 이 논문에서 고찰하는 하동 대성리 생태마을 등은 산림청이 지정한 '산촌생태마을'이다.

산림청은 2012년 말까지 총 300개소의 산촌생태마을을 조성할 계획이며[19], 산촌생태마을로 지정되기 위해서는 마을주민회의를 거쳐 사업계획을 수립한 후 당해 시·군청에 신청하여야 하며, 산림청은 이를 검토·심사하여 지정 여부를 결정한다. 산촌생태마을의 조성에 소요되는 예산은 산림청, 도청, 시·구청이 각각 일정 비율을 부담하며, 토지구입비 및 자체 사업의 경우 마을 자부담으로 충당하도록 되어 있다. 경남 하동군 대성리 산촌생태마을도 여기에 포함된다. 또한 계획 중인 다른 시·군도 마찬가지이나, 타 지역의 산촌생태마을과 다른 점은 '반달가슴곰'을 자원으로 활용한다는 점이다. 산촌생태마을 조성사업이 진행 중인 하동 대성리

---

14) L. Arkin, "Sustainability & Sustainable Communities or Where is an Ecovillage Anyway", *Communities*, Summer 1996, Fellowship for International Community, 1996, pp.32~33.

15) C. Reid, *Eco-Village — Middle Class Fantasies?*, Diggers and Dreamers Pub., 1999, p.42.

16) 김성균·구본영, 『생태학적 삶을 위한 모둠살이의 도전과 실천: 에코뮤니티』, 이매진, 2009, 192쪽.

17) 서정호, 「생태마을의 사상적 기초와 실천과정에 관한 연구」, 『농촌관광연구』 17(1), 2010, 141~146쪽.

18) 서정호, 「지리산권의 생태마을 실천과정에 관한 연구」, 『OUGHTOPIA』 25(2), 2010, 142~143쪽.

19) 농림수산식품부, 『농림업사업시행지침서』, 2009, 2221쪽.

산촌생태마을과 계획단계에 있는 남원, 함양, 산청, 구례지역은 반달가슴 곰을 자원으로 활용한다는 점에서 '지리산 반달가슴곰생태마을'이라 일컫 는다. 특히 이들 반달가슴곰생태마을은 각 마을, 공단 사무소 및 센터, 당 해 지방자치단체 간 업무협약을 체결하여 추진한다는 점이 다른 산촌생 태마을과 다르다.

2) 지리산 반달가슴곰 생태마을 조성계획

생태마을 복원을 위하여 지리산에 반달가슴곰을 방사한 이후 지금까지 반달가슴곰의 야생적응 실패, 폐사, 등산객 안전위협 등의 문제가 발생하 여 왔다. 이 중 폐사의 경우 불법 전문 밀렵꾼 외에도 지역주민이 멧돼지 등으로부터의 농작물 보호를 위하여 설치한 올무, 덫, 농약 등으로 인한 경우가 많았으며, 이 때문에 시험방사 시작 전부터 공단 측과 지역주민 간의 마찰이 있어 왔다. 이에 공단은 지역주민과의 공존을 위하여 전기울 타리 설치, 피해농산물 보상보험 등의 지원을 하고 있으나 지역주민을 전 부 만족시키지는 못하였다. 공단의 반달가슴곰 복원을 위한 지리산 방사 의 필요성 홍보와 지역주민에 대한 협조요청 등에도 불구하고 농림업을 생업으로 하고 있는 대다수의 주민들이 기존의 개발제한과 특정구역 출 입금지로 산나물 또는 도토리 채취에 제한을 받고 있는 터라 불만을 가 지는 것은 당연하다. 이에 공단은 2010년 지리산 반달가슴곰과 지리산 인 근 주민들이 상생할 수 있는 공존 사업을 구상하기에 이르렀다. 물론 센 터는 그 이전인 2005년부터 주민들로 구성된 명예보호원과 함께 반달가 슴곰을 해치는 올무와 덫을 제거하는 등 반달가슴곰 보호활동을 벌여 왔 으며, 2009년에는 전국 규모의 반달곰 서포터즈 발대식을 개최한 바 있 다. 반달가슴곰과 지역주민 공존사업은 방사한 반달가슴곰 중 야생적응 에 실패하여 회수한 개체를 이용하여 주민들에게 관광이나 브랜드 상품 거리를 제공하고 주민들은 반달가슴곰 보호에 앞장서는 사업이다.

이는 구체적으로, 방사한 반달가슴곰이 서식하고 있는 지리산 둘레 전북 남원시, 전남 구례군, 경남 함양·산청·하동군 지역에 반달가슴곰생태마을을 조성·운영하게 하는 것이다. 생태마을을 방문하는 관광객들이 숙박을 하면서 반달가슴곰을 관찰할 수 있도록 하는 한편, 지리산 반달가슴곰을 이용하여 주민 소득향상에 기여할 수 있는 방안으로, 이른바 반달가슴곰생태마을을 조성·운영하자는 것이다. 반달가슴곰을 각종 지역상품의 브랜드로 활용하는 방안도 이 사업에 포함된다. 반달가슴곰이 즐겨먹은 지리산 토종꿀을 친환경이미지로 부각하는 브랜드 등이 그 예이다. 구례군 토지면 문수리 마을도 생태마을을 만들기 위한 논의를 전개한 바 있으며, 하동군 화개면 대성리 의신마을은 반달가슴곰생태마을 조성사업 계획을 이미 수립하였다.

4. 지리산 반달가슴곰생태마을의 특성

산촌생태마을조성사업이 진행 중인 하동 대성리 산촌생태마을 및 향후 조성될 지리산 반달가슴곰생태마을은 한국의 다른 생태마을 또는 농산어촌체험마을과 비교하면 다음과 같은 특성을 가지고 있다.

첫째, 지리산국립공원 또는 그 주변 산촌에 위치한 생태관광마을이다. 자연환경이 보전되는 산촌생태마을에 관광객을 유치하여 마을주민이 공동으로 운영함으로써 소득을 증대시키는 목적이 포함되어 있기 때문이다. 이러한 마을은 산림청이 지정하는 산촌생태마을 외에도 농림수산식품부가 지정하는 녹색농촌체험마을, 농촌진흥청이 지정하는 전통테마마을, 환경부가 지정하는 자연생태우수마을 및 자연생태복원우수마을, 농협이 지정하는 팜스테이마을, 민간이 마을공동체를 구성하여 운영하는 생태마을 등이 있다.

둘째, 산림휴양마을이다. 지리산은 널리 알려진 바와 같이 예로부터 산림이 울창하고 각종 야생동식물이 서식하는 생태계의 보고이자 자연경관이 빼어나 찾는 사람이 많은 곳이다. 산을 찾는 목적은 심신수양, 유람, 생태관찰 및 탐방, 이상향 추구, 정치적 은둔, 종교적 목적, 자연환경 보호 등으로 다양하지만 근래에 들어와 주5일근무제, 국립공원입장료 폐지, 웰빙 열풍 등으로 대부분 산림자원을 매개로 한 휴양과 건강증진을 목적으로 산을 찾기 때문이다. 한국에서 흔히 말하는 등산[20]이 그 예이다. 따라서 운영자인 마을의 소득창출 외에도 이용자의 편익이 고려되어야 한다.

셋째, 멸종위기종인 반달가슴곰복원사업의 일환으로 조성되며, 반달가슴곰과 지역주민의 공존을 목표로 한다. 2004년 이후 지리산기슭에서 농림업을 영위하는 지역주민들이 농작물 피해 및 임산물 채취상의 위험성 등을 이유로 반달가슴곰 방사를 반대함에 따라 공단 측이 반달가슴곰 복원 홍보 및 지역주민 피해 최소화를 위하여 야생적응에 실패한 반달가슴곰으로 소득증대를 도모하는 차원에서 이 사업이 시행되는 것이다. 따라서 반달가슴곰생태마을 조성사업은 국비 및 지방비 투자, 공단센터의 지원과 지도, 마을주민 참여로 시행된다. 이를 위하여 지방자치단체, 공단 사무소 및 센터, 마을(또는 마을법인) 등 3자 간의 업무협약이 필요하다.

이상의 특성을 충족하는 마을, 즉 지리산에 소재하는 산림생태휴양마을로서 반달가슴곰을 자원으로 활용하는 마을을 '지리산 반달가슴곰생태마을'이라 할 수 있으며, 남원, 구례, 하동, 산청, 함양 등의 시·군별로 1개소씩 그러한 마을이 조성·운영될 예정이다. 이 중에서 반달가슴곰생태마을 조성사업에 처음으로 참여한 마을이 경남 하동군 대성리 의신마

---

[20] 한국의 등산 개념은 일반적인 등산 개념과 다소 상이하다. 험한 절벽 또는 히말라야 등 악천후의 높은 고지를 오르는 것을 등산(mountain-climbing)이라 하며, 비교적 덜 험한 산을 오르는 것을 트레킹(trekking)이라 한다. 단순히 가볍게 걷는 것은 하이킹(hiking)이다. 따라서 한국에서 일반인들에게 보편화된 등산은 트레킹에 해당한다.

을이며, 센터는 의신마을의 반달가슴곰생태마을 조성을 위하여 협조하기로 하였다.[21] 특히 이들 반달가슴곰생태마을은 각 마을, 공단 사무소 및 센터, 당해 지방자치단체 간 업무협약을 체결하여 추진한다는 점이 다른 산촌생태마을과 다르다.

III. 하동 대성리 산촌생태마을 조성사업 추진 현황과 문제점

1. 대성리 산촌생태마을 조성계획 개요

산촌생태마을이 조성되고 있는 대성리는 지리산국립공원 내에 위치한 마을로 78가구에서 208명의 주민이 주로 농림업에 종사하고 있다. 2009년 당시 주민의 연령분포는 40세 미만 48명, 4~50대 120명, 60대 이상 40명으로 나타나 60세 미만의 청장년층 비율이 81%로 타 산촌마을에 비하여 높은 편이다. 이 마을에서는 송이, 산채류, 장뇌, 더덕 등 산약초류, 호두 등 과실류 등을 생산하고 있으며, 영호남을 가르는 화개면에서 지방도 1023호가 마을로 직접 연결된다. 이 주변에는 쌍계사, 불일폭포, 칠불사, 화개장터, 최참판댁 등 이름난 관광지가 소재하고 인근에서는 화개장터 벚꽃축제, 하동 야생차문화축제, 토지문학제, 악양 대봉감축제 등 향토문화축제가 열린다. 대성리 의신마을 내에는 마을회관 바로 옆에 지리산역사관

---

21) 하동군은 2010년 초, 국립공원관리공단 지리산국립공원사무소장, 멸종위기종 복원센터장, 의신마을 반달곰산촌생태법인 대표 등과 지리산 반달가슴곰생태학습장 조성사업의 원만한 추진 및 협력을 위하여 공동 업무 협약서를 체결하였다. 이 협약서 내용은 "국립공원관리공단이 시행하는 지리산 일원의 반달곰 복원사업과 관련하여 그동안 야생 부적응으로 회수된 반달가슴곰 중 일부를 활용한 '반달가슴곰생태학습장'을 하동군이 추진 중인 '화개면 대성리 의신 산촌생태마을 조성사업'과 연계하여 추진하며, 각 기관과 마을에서는 해당 사업과 관련된 제반 법규 및 규정을 준수하고, 협약을 성실히 이행하여 사업의 시행과 운영이 성공적으로 추진될 수 있도록 노력한다"는 것이다.

이 있어 빨치산 활동 등의 역사를 음미할 수 있으며, 빨치산 이현상[22]의 아지트 및 최후격전지, 공비토벌 최후격전지가 인근에 소재한다. 또한 이곳은 벽소령, 세석평전 등 지리산 능선으로 오를 수 있는 길목이기도 하다. 이 외에도 잘 알려진 바와 같이 지리산은 수많은 동식물이 서식하는 생태계의 보고이다.

자연환경 및 인문환경 그리고 역사·문화적 측면에서의 여건을 고루 갖춘 대성리를 중심으로 산촌생태마을 조성사업 기본계획이 2009년에 마련되었다. 경남 하동군은 2009년 '반달가슴곰과 함께하는 대성리 산촌생태마을 조성 기본계획' 수립과 함께 기본 및 실시설계를 끝내고 이어 2010년부터 2011년까지 14억 4,200만 원[23]을 투자하는 사업을 추진하고 있다. 이 계획은 2009년 2월 추진위원회 구성과 주민설명회를 시작으로 10여 차례 주민회의를 거쳐 수립되었으며, 주민회의에는 군청 담당자, 산림조합중앙회, 센터 관계자 등이 참석하였다. 2010년에 이미 기본적인 시설사업에 9,600만 원의 예산을 투입하였으며, 2011년에는 나머지 사업들을 모두 마치고 2012년부터는 본격적인 마을운영을 계획하고 있다. 마을 자부담금 역시 2011년에 투입되고 있으며, 전액 돌배나무, 고사리, 산초나

---

[22] 이현상(李鉉相, 1906~1953)은 광복 이후 조선공산당 재건에 참여하였으며, 남한에서 공산당 활동이 허용되지 않자 월북한 사람이다. 그는 6·25 사변 때부터 빨치산 투쟁을 전개하였으며, 지리산에서 빨치산의 조직인 남부군(南部軍) 총사령관으로 임명되어 활동하던 중 1953년 휴전 이후 지리산 공비토벌 작전 때 경남 하동군 대성리 뒤 지리산에서 사살되었다.

[23] 산촌생태마을조성사업은 산림청의 공모사업이며, 하동 대성리 산촌생태마을 조성사업은 5,220ha의 부지에 국비 9억 8,000만 원, 도비 1억 2,600만 원, 군비 2억 9,400만 원, 주민 자부담 4,200만 원 등 총 14억 4,200만 원이 투자된다. 이 사업비는 생활환경개선사업에 1억 8,000만 원, 생산기반조성사업에 4억 7,200만 원, 산촌녹색체험시설사업에 7억 6,000만 원, 마을기획 및 운영사업에 3,000만 원이 투입된다. 대성리 의신마을에 조성되는 반달가슴곰생태학습장은 산촌녹색체험시설사업의 일환이며, 여기에 제공되는 부지는 마을소유, 국유, 개인소유 등이다(하동군, 『반달가슴곰과 함께하는 대성리 산촌생태마을 조성 기본계획』, 2009).

무, 오가피, 산머루 등 식재에 소요됨으로써 소득향상에 기여하게 된다.

2009년 현재 가구당 평균소득은 1,390만 원으로 전국 평균 농가소득 3,052만 원에 크게 미달하는 수준이나, 2011년 이후 1,939만 원으로 증가할 것으로 전망되고 있다.[24] 장기적으로는 돌배나무, 고사리 등 생산기반 조성사업과 방문객의 입장료, 숙박·음식비 등 반달가슴곰생태학습장 운영을 통한 소득증가폭이 클 것으로 기대된다. 이를 위하여 지역상품의 반달가슴곰 브랜드화를 계획하고 있다.

또한 자연체험, 전원체험, 역사·문화체험, 제작체험, 친수체험 등의 프로그램을 당일형, 숙박형으로 구분하고 이를 계절별로 다르게 운영할 계획으로 있어 마을의 활성화 및 직거래 증가 등을 통한 소득창출효과도 기대된다.

2. 반달가슴곰생태학습장 조성 및 운영계획과 문제점

하동군은 2009년도에 산림청 지정 산촌생태마을 사업계획을 수립하면서 산촌녹색체험시설사업에 '반달가슴곰생태학습장'을 포함시켰다. 이 계획에 소요되는 예산은 총사업비 14억 4,200만 원 중 7억 6,000만 원으로 52.3%에 달하며, 사육장 96.75㎡, 상하수도, 전기·통신, 전기울타리, 생태학습관찰로, 부지조성, 잔디광장 1,477㎡, 야외무대, 생태관람차 등의 조성에 사용될 예정이다. 또한 마을조성 및 운영을 위한 운영매니저 선발, 교육 및 선진지 견학 등에도 그 예산이 투입될 예정이다. 또한 대성리 산 276번지 의신마을 소유의 토지 14,876㎡에 조성되는 반달가슴곰생태학습장에는 〈그림 1〉과 같이 방사장과 전기울타리, 관찰로, 계류장, 사육장, 관찰데크, 물놀이우물 등의 시설들이 들어선다. 이 학습장은 〈그림 2〉의 진입로를 통하여 출입할 수 있다.

---

[24] 하동군, 『반달가슴곰과 함께하는 대성리 산촌생태마을 조성 기본계획』.

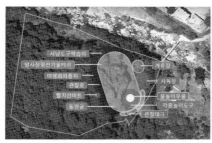

〈그림 1〉 반달가슴곰생태학습장 조성계획   〈그림 2〉 생태학습장 진입로

　2011년 말 반달가슴곰생태학습장 조성이 완료되면, 이때부터 관리 및 운영단계에 접어든다. 산촌생태마을 기본계획에서 제시하고 있는 관리운영방법에는 센터와의 업무협력, 시설물 관리, 반달가슴곰 사육 및 질병, 출산, 이상행동 확인, 먹이 확보, 체험객 안전지도 등이 포함되어 있다. 이러한 운영관리는 마을이 자체적으로 구성한 '공동관리위원회'가 주관하도록 하는 것이 주요 골자이다.[25]

　그러나, 민간마을에 의한 한국 최초의 반달가슴곰생태학습장 관리 및 운영에는 반달가슴곰의 특성 및 관리운영 계획상 여러 가지 문제들이 수반된다. 안전성과 운영인력, 기반시설, 프로그램, 주민참여 등의 면에서 예견될 수 있는 문제점들은 다음과 같다.

　첫째, 반달가슴곰의 강박적 행동에 대한 순화 및 탈출 시 주민안전에 관한 대책이 미흡하며, 반달가슴곰 사육관리를 전담할 전문인력이 확보되어 있지 않다. 생태학습장에 이입될 반달가슴곰은 지리산에 방사되었다가 야생에 적응하지 못한 개체이므로 사람이 인위적으로 사육 및 관리하게 될 경우 탈출, 사람에 대한 위해(危害) 등 강박행동이 예상된다. 먹이를 주지 않아 야생 반달가슴곰에게 살해당한 일본인 사진작가 호시노, 2010년 서울대공원 말레이곰 및 2011년 청양동물원 반달가슴곰 탈출 등

25) 하동군, 『반달가슴곰과 함께하는 대성리 산촌생태마을 조성 기본계획』.

이 시사하는 바와 같이 그에 대한 안전대책이 필요하다. 센터의 전문가가 한 달에 몇 번 정도 관찰하는 것만으로는 생태학습장 주변 주민과 탐방객의 안전 또는 불안감을 해소할 수 없기 때문이다.

둘째, 반달가슴곰 먹이공급의 체계화가 요청된다. 전술한 바와 같이 반달가슴곰은 잡식성으로, 한번 사람이 주는 먹이에 길들여지면 사람을 따르게 되고, 사람이 먹이를 주지 않으면 사람을 공격하므로 누구든지 먹이를 주는 것이 곰을 위하는 행위처럼 오인될 수 있다. 따라서 특정인을 지정하여 반달가슴곰이 야생에서 즐겨 먹는 먹이를 준비하고 공급하는 체계가 확립되어야 할 것이다. 특히 지리산에 방사된 반달가슴곰은 초식성이 77.1%를 차지하므로[26], 고사리 줄기, 소나무 열매와 잎, 조릿대 잎과 줄기, 참나무과의 열매(도토리), 장미과의 열매 등을 계절별로 확보하여 공급하는 것이 바람직하다.

셋째, 기반시설 문제로서, 반달가슴곰생태학습장 진입로가 낡고 비좁은 상태다. 생태학습장에 출입하려면 지방도 및 마을과 연결된 〈그림 2〉의 다리를 건너도록 되어 있으나, 이 다리는 생태학습장과 의신마을 사이에 흐르는 소폭의 경사진 하천 위에 가설된 폭 1.5m, 길이 10m 가량의 시설로 낡고 좁은 상태다. 생태학습장 운영자가 곰 사육 및 관리 전문가가 아니기 때문에 곰이 탈출하는 등 만약의 사태가 발생한다면 탐방객 또는 주민이 신속히 대피할 수 있는 진입로 확보가 필수적이므로 견고하고 더 넓은 진입로가 필요하다. 특히 의신마을 앞을 흐르는 하천은 폭우 시 수량(水量)이 급격히 늘어날 수 있으므로, 이에 대한 안전대책 역시 강구되어야 한다.

넷째, 반달가슴곰을 주제로 하는 프로그램이 다양하지 않다. 반달가슴곰생태학습장을 탐방하려는 탐방객은 일반적인 농산촌 체험 및 전통문화

---

26) 서문홍, 「반달가슴곰 배설물 분석을 이용한 반달가슴곰 식이물 연구」.

체험 외에도 지리산 반달가슴곰의 생태적·생리적 특성과 행동, 복원의 필요성 등에 관한 교육장으로서 지리산 반달가슴곰생태마을이 가진 특장점에 관심을 가진다. 그것이 없다면 다른 생태마을과 다를 바 없으며 굳이 이곳을 방문하지 않아도 될 것이다. 인근 구례에 위치한 센터가 운영하는 프로그램은 반달가슴곰 위치추적, 동면굴, 올무 등의 체험 외에도 전문해설사가 반달가슴곰의 생태적 특성, 이력, 복원사업 현황 등을 해설하는 프로그램을 포함하고 있다. 탐방객은 숙박·취식 시설이 상대적으로 잘 갖춰져 있으며, 전문해설사가 안내를 맡아 이끄는 센터 학습장을 선호하게 될 수도 있다.

다섯째, 주민참여가 미흡하다. 대성리 반달가슴곰생태마을 조성사업 추진 과정에서 10여 회에 걸친 주민설명회 또는 회의를 개최한 바 있으나 참여한 주민은 3분의 1 정도에 불과하다. 대성리 마을주민의 상당수가 4~50대의 비교적 젊은층임에도 불구하고 참여가 저조한 것은 실질적으로 개별 농가의 소득창출 효과를 가늠할 수 없을 뿐 아니라 반달가슴곰 방사로 인한 피해의식이 널리 퍼져 있기 때문이다. 멧돼지 등으로 인한 농산물 피해를 방지하기 위하여 설치한 올무나 덫에 반달가슴곰이 걸려들어 현행범이 되는 경우도 있었다. 또한 고령 주민의 대다수가 생태마을 조성 및 운영에 회의적이거나 방관적 태도로 일관함으로써 마을의 단합을 해치는 경우도 발생할 수 있음에 유의해야 하며, 그러한 경우에는 반달가슴곰을 브랜드화한 고유상품의 개발 및 판매에도 제약을 받게 된다. 일반적으로 산촌지역 생태관광 개발에 대한 주민의식은 개발을 긍정적으로 여기면서 대부분 계획수립 단계에서부터 적극적으로 참여하려는 의지를 보이지만[27], 대성리의 경우에는 일부 소수의 주민들만 참여하고 있는 실정이다.

---

27) 윤화영·김동석, 「산촌지역 생태관광 개발에 대한 주민의식과 참여에 관한 연구」, 『한국환경생태학회지』 22(3), 2008, 280쪽.

이상에서 살펴본 반달가슴곰의 생태적·생리적 특성과 대성리 반달가슴곰생태마을 조성계획 그리고 예견되는 문제점 등을 고려하여 필자는 이제 지리산 반달가슴곰생태마을의 조성 및 운영 방향을 제시하고자 한다.

Ⅳ. 지리산 반달가슴곰생태마을 조성 및 운영 방향

1. 전문인력 확보 및 지원

지리산 반달가슴곰생태마을은 멸종위기종 복원을 위한 반달가슴곰 방사에 따른 주민불편을 완화하고 반달가슴곰과 지역주민이 공존할 수 있도록 반달가슴곰생태학습장을 조성·운영하게 된다. 생태학습장에 이입될 반달가슴곰은 복원과 자체 증식을 위하여 지리산에 방사되었으나, 야생에 적응하지 못하여 회수된 개체들이다. 이 곰들 중 일부 개체는 이미 2006년부터 센터 내 반달가슴곰생태학습장에 계류시키면서 반달가슴곰 복원 및 학습용으로 이용하고 있으며, 수의사, 사육가 등 전문가가 관리하고 있다. 또한 센터는 일반 탐방객을 위하여 프로그램을 운영하고 있다.

그러나 반달가슴곰 복원 및 관리 전문기관이 아닌 산촌생태마을에서는 사육, 관리 및 안전상의 문제가 발생할 수 있으므로 이 분야의 전문인력이 확보되어야 한다. 반달가슴곰은 다른 동물에 비하여 강박행동을 많이 하고, 특히 제한된 공간에서는 탈출하거나 사람을 해치는 등 돌발적인 행동을 하기 때문에 반달가슴곰 프로그램 운영 및 먹이공급 등을 책임질 전문적인 관리자가 필요하다. 또한 질병과 상처 치료 및 출산 그리고 동면 모니터링 등에는 수의사가 필요하다. 센터 측의 전문가가 매월 정기적으로 마을을 방문하여 지원하는 것만으로는 막을 수 없는 곰의 이상행동과 질병, 상처, 안전사고 등에 대한 상시 예방 및 대처가 필요하기 때문이다.

따라서 생태마을에서는 본격적으로 반달가슴곰생태학습장을 운영하기에 앞서 이들 전문인력을 확보하여야 하며, 마을 내에 전문인력이 확보될 때까지 센터 측의 전문인력이 마을에 상주하면서 반달가슴곰을 관리하는 동시에 주민을 대상으로 곰의 생태적·생리적 특성, 응급처치 요령, 안전 사고 예방 및 대처, 먹이공급, 프로그램 운영 등에 관한 지속적인 교육을 실시하여야 할 것이다. 이에 센터의 지원이 불가피하며, 이는 반달가슴곰 복원사업의 일환으로서 지역주민, 반달가슴곰 및 공단 3자의 공존을 위하여 필요하다.

또한 하동군 대성리 산촌생태마을 외에도 향후 조성될 남원, 구례, 함양, 산청 등지의 반달가슴곰생태마을도 사업계획 수립 시 반달가슴곰 관리 전문인력 확보 및 육성계획을 포함시켜야 하며, 마을조성단계에서 전문인력 양성을 위한 교육·연수비를 계상하여 마을운영과 동시에 활용하여야 할 것이다.

2. 안전과 편의를 위한 시설 설치

지리산권 반달가슴곰생태마을의 조성과 운영은 '반달가슴곰 복원과 지역활성화'라는 두 가지 목표를 가지고 있으나, 마을운영의 과정에서는 사람의 안전이 고려되어야 한다. 예컨대 반달가슴곰이 탈출하여 농작물 또는 가축, 심지어 지역주민과 수많은 탐방객을 해칠 것에 대비하여 안전하게 대피할 수 있는 요령 또는 지침이 마련되어야 하며, 이를 준수하도록 탐방객에게 고지하여야 한다. 또한 하동군 대성리 생태마을의 반달가슴곰생태학습장 진입로처럼 계곡에 설치한 낡고 좁은 다리는 넓고 견고하게 보완하여야 한다. 이는 반달가슴곰의 탈출 등 돌발적인 행동과 갑작스러운 폭우 시 대피를 위하여 필요하다.

반달가슴곰생태마을의 안전시설 못지않게 필요한 것은 각종 편의시설이다. 탐방객이 방문하여 반달가슴곰을 관찰하고 그대로 돌아간다면 마을로서는 득이 될 것이 없다. 휴양과 탐방을 목적으로 방문하는 방문객들의 식사, 숙박, 주차 설비와 마을을 위한 안전시설의 설치는 필수적이다. 그러나 이들 편의시설들은 자연환경을 자원으로 하는 산촌생태마을과 지리산국립공원구역 또는 그 주변에 조성되는 점을 고려하여 친환경 시설물이 되어야 하며, 시설의 운영은 주민소득과 직결되어야 한다. 안전시설 또는 편의시설들이 난개발로 설치된다면 생태마을의 개념과 정신에 부합하지 않게 될 뿐 아니라 편의시설이 부족하면 탐방객들이 외면하게 되어 소득창출을 통한 지역활성화를 어렵게 하기 때문이다. 그렇게 되면 오히려 주민들이 반대할 수도 있다.

따라서 향후 조성될 남원, 함양, 산청, 구례 등지의 지리산 반달가슴곰 생태마을 조성계획 수립 시에는 친환경 안전시설 및 편의시설의 설치계획이 포함되어야 한다.

3. 프로그램의 특성화 및 다양화

하동군과 대성리 마을이 계획하고 있는 계절별 체험프로그램은 4계절 '반달가슴곰 생태관찰'과 빨치산 비트 체험 프로그램을 제외하고는 일반적인 농산촌체험마을의 프로그램과 유사하다.[28] 또한 반달가슴곰을 주제로 하는 프로그램도 "반달가슴곰생태학습장을 주민의 설명을 들으면서 둘러본다"는 식으로 단순화되어 있다. 이러한 프로그램만으로는 탐방객이 입장료를 지불하고 적극적으로 참여할지가 의문시된다. 대도시 인근에 소재한 공·사설의 동물원보다 흥미유발동기가 미흡하기 때문이다.

---

[28] 봄에는 고로쇠 수액채취, 모내기, 고사리 수확, 개구리알 관찰, 산채체험 등, 여름에는 산초 수확, 곡물놀이, 물고기 잡기, 수박·참외 따기, 봉숭아물들이기, 옥수수 체험, 빨치산 비트 체험 등, 가을에는 돌배·산머루·오가피 수확, 밤고구마 구워먹기, 허수아비 만들기 등, 겨울에는 연날리기, 팽이·딱지치기, 짚공예, 논두렁 썰매 타기, 새끼줄 엮어 공차기 등이 있는데(하동군,『반달가슴곰과 함께하는 대성리 산촌생태마을 조성 기본계획』, 107쪽), 이것들은 다른 산촌체험마을에서도 일반적으로 운영되는 프로그램들이다.

운영 매니저 등의 인적 자원이 부족할 수 있음을 감안하더라도 핵심 주제인 반달가슴곰 프로그램이 특성화되어야 하며, 다양화되어야 한다.

구체적으로는 첫째, 반달가슴곰 학습 및 체험 프로그램이 운영되어야 한다. 이에는 반달가슴곰의 생태적·생리적 특성 배우기, 반달가슴곰 이력 알아보기, 반달가슴곰 등 멸종위기동식물 복원의 중요성 배우기, 반달가슴곰 복원사업 현황 설명, 야생에 방사 중인 반달가슴곰 위치 추적하기, 반달가슴곰이 즐겨 먹는 먹이 줍기, 반달가슴곰 동면 관찰, 반달가슴곰과 지역주민의 공존의 필요성 알기 등이 포함될 수 있다.

둘째, 하동군 대성리 의신마을의 역사와 문화를 체험하는 프로그램이 운영되어야 한다. 이미 지리산역사관이 마을 내에 위치하고 있으며, 이곳은 빨치산의 활동과 토벌과정에 관한 역사적 자료들이 전시되고 빨치산이 사용하였던 의류, 무기류 등이 비치되어 있을 뿐 아니라 이현상의 아지트 및 최후격전지 등이 인근에 소재하므로 이를 활용하는 탐방 및 체험프로그램이 개발되어야 한다.

셋째, 휴양과 건강을 위한 프로그램이 운영되어야 한다. 트레킹, 피서, 삼림욕의 장소로 적합한 이 마을과 주변을 활용하는 프로그램으로 심신단련과 휴양을 선호하는 방문객을 지루하지 않도록 하는 마을운영이 재방문 동기를 극대화할 수 있기 때문이다. 방문객이 탐방을 마친 후, "나에게 아무런 도움이 되지 않는다"고 판단하게 되면 그 결과는 비관적이다. 특히 의신마을은 지리산의 영신봉을 거쳐 천왕봉으로 오르내리거나 벽소령으로 오르내리는 길목이므로 이곳을 지나가는 등산객이 버스를 기다리거나 하룻밤 묵는 동안에 이용할 수 있는 프로그램, 예컨대 족욕장, 황토구들방 등의 휴양프로그램의 운영이 필요하다.

4. 주민참여 제고

현재 조성 중인 대성리 반달가슴곰생태마을과 향후 조성될 지리산 인근의 반달가슴곰생태마을은 생태관광[29]을 실천하게 된다. 자연생태계를 보전·복원하고, 그와 관련된 교육기능을 담당하며, 주민참여를 통한 소득창출을 동시에 도모하기 때문이다. 하동군 대성리 산촌생태마을은 비교적 젊은층의 비중이 높음에도 불구하고 반달가슴곰생태마을 사업추진 및 운영에 적극적인 주민은 그다지 많지 않다. 대다수의 주민들은 운영위원회에 속한 몇 사람의 주민이 마을운영을 주도하는 것으로 인식하고 있다. 노인층을 포함한 대다수의 주민이 참여하기란 쉽지 않지만 일부 주민이 방관하거나 마을운영을 방해할 경우 주민결속력 저하는 물론 주민 간의 갈등을 유발하게 된다. 대다수의 주민들이 산촌생태마을 운영을 마을 공동사업으로 인식하고 적극적으로 참여할 때 소득창출효과가 극대화될 수 있다. 또한 마을운영을 위한 의사결정과정에 소수의 주도층만 참여할 경우 민주주의원칙이 무너지게 될 뿐 아니라 수익사업의 결과로 발생한 파이의 배분과정에서는 충돌이 발생할 수 있음에 유의해야 한다.

이러한 현상은 2000년 이후 국비 등의 예산지원으로 조성된 농산어촌 체험마을의 운영과정에서 흔하게 나타나고 있으며, 막대한 예산으로 지어진 각종 시설물들이 활용되지 않고 흉물로 방치되는가 하면 방문객의 발길이 끊어지거나 방문하더라도 맞이하는 주민이 없는 경우도 있다. 소위 실패한 마을들이 이에 속한다. 따라서 주민 참여율이 높을수록 마을운영의 성공률 또한 높다는 인식을 가지도록 사업계획 단계에서부터 주민교육을 강화하여야 한다.

산촌생태마을에 주민이 참여하는 방법은 마을운영을 위한 회의에서 의사를 표현하는 것 외에도 민박 및 음식점 운영, 단체 탐방객 방문 시 업무분담, 특산물 생산 및 판매, 프로그램 설명 및 마을홍보 등 여러 가지가

---

[29] 생태관광의 정의는 학자에 따라 조금씩 다르지만 일반적으로는 자연보전, 교육프로그램, 지역참여를 통하여 자연성을 확보하고 특화된 서비스와 경제적 편익을 제공하는 관광으로 정의된다(김현욱 외, 『생태마을 활성화방안 연구』, 환경부, 2004, 6~7쪽).

있을 수 있으며, 참여에 대한 급부를 지불하여야 한다. 이는 마을 공동사업의 운영과정에서 참여하는 개별농가의 소득창출 효과가 있을 때 참여의사가 강하다는 상식적 사고에서 비롯되기도 하지만 마을운영 리더의 권력강화 또는 독단적 운영에 대한 견제기능을 동시에 발휘하는 효과가 있다.

5. 특화상품 개발 및 브랜드화

한국을 방문하는 외국의 관광객들은 서울의 명동, 남대문, 동대문 등지에서 한국을 대표하거나 그들이 선호하는 상품을 구매할 수 있다. 그러나 이들이 경주, 제주도, 또는 유명 사찰, 국립공원 등을 방문하면 그곳에서 판매되는 기념품은 대부분 유사한 외국산 기념물이거나 심지어 농산물도 중국산이라고 꼬집는다. 이들 관광지에는 지역주민이 개발한 특화상품이 없다는 의미이다. 공단 센터에서는 반달가슴곰을 홍보하기 위하여 전시관에서 반달가슴곰이 새겨진 티셔츠, 열쇠고리, 모자, 사파리 인형, 지갑, 컵 등을 판매한다. 이는 또한 수익사업이기도 하다. 그러나 하동군 대성리 산촌생태마을의 경우 마을에서 생산되는 특산물을 브랜드화한다는 계획이 수립되어 있지만 구체적으로 어떠한 상품을 어떠한 브랜드로 개발한다는 내용이 결여되어 있다. 따라서 생태마을이 운영되기 전에 브랜드 목록을 확정할 필요가 있으며, 이를 홍보매뉴얼에 포함시켜야 할 것이다.

이 마을에서는 벌꿀, 고로쇠, 돌배, 고사리, 산초, 오가피, 산머루, 녹차 등이 생산되고 있으며, 이들 상품 중 지리산 반달가슴곰생태마을에서 생산되는 농특산물 또는 그 가공품을 공동브랜드화할 필요가 있다. 예를 들면 '반달가슴곰 벌꿀', '지리산 고로쇠' 등이 그것이다. 이는 2006년 말에 이미 확정되어 사업이 진행 중인 '지리산권 광역관광개발계획'[30]과의 공동연계

---

30) 2006년 12월 문화관광부가 지속가능한 관광개발을 지향하는 '지리산권 광역 관광개발계획'을 승인함에 따라 2008년부터 2017년까지 10년 동안 3개도

사업으로도 가능하다. 지리산권의 특산물 또는 기념품 등의 브랜드가 지나치게 다양하거나 세분화될 경우 소비자들이 혼돈을 일으킬 수 있으므로 공동브랜드화 체계를 구축하는 것이 바람직하다. 더 나아가 조릿대로 만드는 복조리, 짚 또는 싸리 공예품 등 특산물의 포장지와 티셔츠, 등산용품, 이동전화기 줄, 열쇠고리, 모자, 인형, 수건 등 공산품 성격의 기념품에 새겨넣을 반달가슴곰 브랜드를 개발함으로써 지리산 반달가슴곰생태마을의 홍보와 소득증대에 기여할 필요가 있다. 이를 위하여 마을주민 전반에 공예품 등의 제작기술을 보급시켜야 하며, 이는 또한 주민참여를 제고시키면서 생산자와 소비자 간의 신뢰관계를 형성·유지하는 방안이 된다.

V. 요약 및 결론

국립공원관리공단 멸종위기종복원센터는 복원을 목적으로 반달가슴곰을 지리산에 방사하였으며, 이 중 야생에 적응하지 못한 개체를 회수하여 대국민 홍보 및 체험을 목적으로 하는 반달가슴곰생태학습장을 운영하고 있다. 또한 반달가슴곰과 지역주민의 공존을 위하여 마을, 공단 센터, 남원·함양·산청·하동·구례 등 지방자치단체가 협약을 체결하여 지리산에 반달가슴곰생태마을을 조성·운영하기로 하였다. 2009년 최초로 경남 하동군 대성리 의신마을의 반달가슴곰생태마을 조성계획을 확정하고 2010년부터 사업이 시행되고 있다.

이에, 지리산 반달가슴곰생태마을의 특성을 고찰하고 반달가슴곰생태

7개 시·군(남원시, 장수군, 곡성군, 구례군, 함양군, 산청군, 하동군 등 총 4,470.9㎢)이 '지리산권 광역관광개발사업조합'을 결성, 총 286,076백만 원(구비 241,342백만 원, 지방비 137,397백만 원, 민자 44,734백만 원)을 투자하여 관광자원개발 및 공동연계사업을 추진하고 있다. 자세한 내용은 문화관광부, 『지리산권 광역관광개발계획』, 2006 참조.

마을의 성공적인 조성과 운영 방향을 설정할 필요가 있다. 필자는 반달가슴곰생태마을의 조성 및 운영 방향 제시를 위하여 반달가슴곰 및 반달가슴곰생태마을의 특성 등에 관하여 문헌 및 사례연구와 함께 현장조사를 실시하였다.

반달가슴곰은 사람의 안전을 위협할 수 있는 탈출 등 돌발행동을 할 우려가 있으며, 다른 야생동물에 비하여 강박행동을 많이 하는 동물이다. 또한 방사 후 야생에 적응하지 못한 반달가슴곰 개체를 회수하여 활용하는 지리산 반달가슴곰생태마을은 지리산국립공원 또는 그 주변 산촌에 위치한 생태관광 및 산림휴양 마을로, 멸종위기종인 반달가슴곰 복원사업의 일환으로 조성되며, 반달가슴곰과 지역주민의 공존을 목표로 한다. 또한 각 마을, 공단 사무소 및 센터, 당해 지방자치단체 간 업무협약을 체결하여 추진되는 특성을 가지고 있다.

반달가슴곰생태마을 조성계획이 수립되어 사업이 시행 중인 대성리 의신마을의 경우 반달가슴곰의 강박적 행동에 대한 순화 및 탈출 시 안전 확보에 관한 대책, 반달가슴곰 사육관리를 전담할 전문인력 확보, 반달가슴곰 먹이공급, 생태학습장 진입로 등 기반시설과 탐방객을 위한 편의시설, 프로그램, 주민참여 등 여러 측면에서 미흡하거나 불충분한 점들이 나타나고 있다. 이에 필자는 반달가슴곰의 생태적·생리적 특성과 탈출 등 돌발행동 사례, 대성리 반달가슴곰생태마을 조성계획 그리고 예견되는 문제점 등을 고려하여, 지리산 반달가슴곰생태마을의 전문인력 확보 및 공적 지원, 안전과 편의를 위한 시설 설치, 프로그램의 특성화 및 다양화, 주민참여 제고, 특화상품 개발 및 브랜드화 등을 지리산 반달가슴곰생태마을의 조성 및 운영에 관한 기본방향으로 제시하였다.

이 글은 『한국산림휴양학회지』 제15권 제2호(한국산림휴양학회, 2011)에 수록된 「지리산 반달가슴곰생태마을 조성 및 운영 방향」을 수정·보완한 것이다.

지리산 반달가슴곰 상사리 입지와 조망 특성

유재심 · 박종화 · 우동걸

—

Ⅰ. 연구의 배경과 목적

아시아에 한정적으로 서식하는 반달가슴곰은 해수면에서 고도 4,300m 까지 서식 범위를 갖고, 낙엽활엽수에서 상록침엽수까지 산림을 고르게 점유하며[1], 계절에 따라 고도를 이동하고[2], 먹이의 풍부도에 따라 이동 한다.[3] 이런 생활습성에 따라 반달가슴곰 연구는 크게 네 가지로 분류된

---

1) The IUCN, "Ursus thibetanus, Asiatic Black Bear", in: *The IUCN Red List of Threatened Species*, 2007, pp.4~5.

2) S. Izumiyama and T. Shiraishi, "Seasonal changes in elevation and habitat use of the Asiatic black bear(Ursus thibetanus) in the Northern Japan Alps", *Mammal Study* 29, 2004, pp.1~8.

3) O. C. Huygens et al., "Diet and feeding habits of Asiatic black bears in the Northern Japanese Alps", *Ursus* 14, 2003, pp.236~245.

다. 반달가슴곰의 위치추적 자료를 이용한 행동권과 서식지[4], 배설물 분석을 통한 먹이원[5], 반달가슴곰의 취식과 종 산포[6], 서식지 충돌[7] 등 이다. 그러나 지금까지 수행된 연구 중 반달가슴곰이 새집 모양으로 지상에 트는 탱이와 나무 위에 만드는 상사리에 관한 연구는 없었다. 상사리는 곰이 나뭇가지를 엮어서 나무 위에 만든 대접 모양의 둥지로, 반달가슴곰이 상사리를 엮는 이유는 안전한 쪽으로 먹이가 달린 나뭇가지를 끌어다

4) M. H. Sadeghpour and F. G. Time, "Habitat selection by female American black bears in northern Wisconsin", *Ursus* 22(2), 2011, pp.159~166; N. Akhtar et al., "Sloth bear habitat use in disturbed and unprotected areas of Madhya Pradesh, India", *Ursus* 15(2), 2011, pp.203~211; 서문홍 외, 「배설물을 이용한 반달가슴곰 서식실태 연구-흔적을 중심으로」, 『한국환경생태학회 학술대회지』, 2007, 122~128쪽; 이배근 외, 「지리산 방사 반달가슴곰의 행동권 분석」, 『한국환경생태학회 학술대회지』, 2007, 104~107쪽; H. M. Hwang and D. L. Garshelis, "Activity patterns of Asiatic black bears(Ursus thibetanus) in the Central Mountains of Taiwan", *Journal of Zoology* 271, 2007, pp.203~209; 강해순·백경진, 「멸종위기종 반달가슴곰의 현장 내 복원을 위한 행동권 평가」, 『한국생태학회지』 28(6), 2005, 395~404쪽; 박소영, 「야생동물 서식지 적합도 예측에 관한 연구: 지리산 지역의 반달가슴곰을 중심으로」, 서울대학교 석사학위논문, 2000.

5) S. Koike, "Fruiting phenology and its effect on fruit feeding behavior of Asiatic black bears", *Mammal Study* 34, 2009, pp.47~52; H. M. Hwang et al., "Diets of Asiatic black bears in Taiwan with methodological and geographical comparisons", *Ursus* 13, 2002, pp.111~125; Y. Hashimoto, "Five-year study on the autumn food habits of the Asiatic black bear in relation to nut production", *Ecological Research* 18, 2003, pp.485~492; Y. Hashimoto, "Season food habits of the Asiatic black bear(Ursus thibetanus) in the Chichibu Mountains, Japan", *Mammal Study* 27, 2002, pp.65~72.

6) K. Takahashi et al., "Seasonal variation in fleshy fruit use and seed dispersal by the Japanese black bear(Ursus thibetanus japonicus)", *Ecological Research* 23, 2008, pp.471~478; S. Koike et al., "Fruit phenology of Prunus jamasakura and the feeding habit of the Asiatic black bear as a seed disperser", *Ecological Research* 23, 2008, pp.385~392.

7) E. Sahlen et al., "Brown bear den site concealment in relation to human activity in Sweden", *Ursus* 22(2), 2011, pp.152~158; A. Charoo Samina et al., "Asiatic black bear-human interactions around Dachigam National Park, Kashmir, India", *Ursus* 22(2), 2011, pp.106~112; T. Oka et al., "Relationship between changes in beechnut production and Asiatic Black Bears in Northern *Japan*", *The Journal of Wildlife Management* 68(4), 2004, pp.979~986.

놓거나[8] 나무 위에 앉아서 쉬기 위함[9]이라고 알려져 있다. 실제로 곰은 상사리에서 도토리를 따먹거나[10] 앉아서 쉬기도 하고 때로는 수간의 정단 조직을 꺾어서 나무를 말라 죽게 한다.[11] 이러한 상사리 행동은 인간이 곰 서식지인 산림을 이용하는 것과 밀접한 관련이 있을 것으로 추측되고 있다. 하지만 상사리의 위치와 지형 혹은 상사리에서 곰이 무엇을 조망하는지에 대한 선행 연구 사례는 찾아보기 힘들다.

본 연구는 지리산 반달가슴곰의 상사리 행동은 곰 서식지인 산림을 인간이 이용하는 것과 밀접한 관련이 있을 것이라는 것을 연구의 배경으로 한다. 따라서 연구의 목적은 지리산 반달가슴곰의 상사리 입지 특성을 분석하여 상사리에서 곰이 조망하고자 하는 목적물을 밝히고, 상사리 입지를 동물의 은신-전망 이론의 관점에서 해석하여 반달가슴곰의 서식지 관리방안을 제시하는 것이다. 본 연구에서는 반달가슴곰이 상사리(Bear shelf)를 튼 나무를 상사리 나무(Bear tree)라 칭하기로 한다.

II. 연구방법

1. 연구 지역

한국 최초의 국립공원인 지리산은 북위 35° 13′00″(전남 구례군 토지

---

8) H. M. Hwang, "Ecology of Asiatic black bears and people-bear interactions in Yushan National Park, Taiwan", Ph.D. thesis, University of Minnesota, 2003, p.200.

9) H. M. Hwang, "Ecology of Asiatic black bears and people-bear interactions in Yushan National Park, Taiwan."

10) A. Nakajima et al., "Spatial and elevational variation in fruiting phenology of a deciduous oak(Querqus crispula) and its effect on foraging behavior of the Asiatic black bear(Ursus thibetanus)", *Ecological Research* 27(1), 2012, pp.1~10.

11) 최태영·최현명, 『야생동물 흔적도감』, 돌베개, 2007, 179~187쪽.

면)~북위 35°27′00″(전북 남원시 운봉면)과 동경 127°27′50″(전북 남원시 주천면)~동경 127°49′50″(경남 함양군 금서면)에 위치한다. 행정구역상으로는 전북 남원시와 전남 구례군, 경남 산청군, 하동군과 함양군 등 3개 도, 1개 시, 4개 군, 15개 면에 걸쳐 있다. 이 지역은 람천, 임천, 서시천, 송정수위표등 11개의 소유역을 형성하고 있으며, 주변에 만자천, 화개천, 범왕천, 실천천 등 10개의 크고 작은 하천을 흐른다. 지리산국립공원의 면적은 471.758㎢이고 최고 고도는 1,915m의 천왕봉이다. 지리산에는 약 1,825종의 식물이 분포하고 있는 것으로 보고되고 있다. 이 중 곰의 주요 먹이 자원이 되는 식물인 신갈나무, 상수리나무, 굴참나무 등의 참나무류가 우점인 현존식생의 면적비율은 약 48%이다. 소나무군락을 포함한 소나무 이차림과 일본이깔나무, 구상나무 등 침엽수림이 약 38%를 점유하고 있다. 2000년에는 야생 곰이 촬영되어, 그 후 흔적조사 및 청문조사에 의해 5마리 정도의 개체가 서식하는 것으로 알려졌고[12], 2002년에 반달가슴곰이 처음 방사된 이래 2011년 말 현재까지 종복원사업이 진행되고 있다.

2. 현장조사

현장 조사는 산림이 무성해지는 시기를 피하여 2008년 봄과 2009년 봄 3월 29일부터 5월 5일 사이에 실시하였다. 상사리 위치 확인에 있어서는 첫째, 멸종위기종복원센터에서 무선 추적 장치를 장착한 곰의 위치를 추적하면서 현장 팀이 기록한 TM(Transverse mercator)좌표 정보를 토대로, 등고선을 따라 이동하거나 탐방로나 계곡을 따라 이동하면서 상사리 나무를 찾아서 GPS 단말기에 좌표를 다시 입력하였다. 둘째, 제공받은 위치 좌표가 잘못되었거나 기록이 정밀하게 기술되지 않아서 현장을 찾기 어

---

[12] 박소영, 「야생동물 서식지 적합도 예측에 관한 연구: 지리산 지역의 반달가슴곰을 중심으로」.

려운 경우에는 길 안내를 받아서 상사리 나무를 찾아내고 GPS 단말기에 정확한 위치를 재입력하였다. 야장에는 상사리 나무의 수종, 수고, 상사리 높이, 사진 번호, 주변 식생의 특징을 기록하였다. (1) 수고와 상사리 높이는 하가 측고기를 이용하여 0.5m 단위로 측정하였다. (2) 상사리 나무의 사진을 먼저 촬영하여 번호를 기록하고, 상사리에서 관찰 가능한 경사 방향의 조망 특성을 이어서 촬영하였다. 상사리 높이에서 촬영하기 어려운 경우에는 나무에 최대한 접근하여 전망 방향의 토지이용, 지물과 지형을 촬영하였다. (3) 상사리 나무의 흉고직경을 측정하였다. (4) GPS 단말기는 측량기준점에 맞추어 3번 보정하였고, 좌표는 UTM(Universal transverse mercator) 52N으로 고정하였다. 현장 데이터 수집에 사용한 도구는 Garmin 60csx GPS 단말기, 50m 줄자, 10m DBH 측정자, 하가 측고기(Haga altimeter), Nikon D100 카메라 등 이다.

3. 조망 특성 분석

곰의 조망 특성을 분석하기 위해 곰의 상사리와 관련된 자연환경 변수를 수집하여 분석하고 동물의 은신-전망 이론의 관점에서 해석하였다. (1) 경사, 향, 고도 데이터는 2007년 국립지리원에서 발행한 1/25,000 수치지형도에서 형성시킨 DEM에서 추출하였다. (2) 환경부에서 발행한 현존식생도와 국토해양부 발행 토지이용도를 격자상 자료구조(Raster data)로 만들어 연산에 사용하였다. (3) 자동차가 통행할 수 있는 리간 도로와 산림내부 탐방로는 수치지도에서 추출하였다. 수치지도에 누락된 비법정탐방로는 현장조사 중 확인하여 GIS DB에 추가하였다. (4) 지리산국립공원 내부를 곰의 서식지라고 가정할 때, 절, 교회, 대피소, 송전탑 등 인간의 이용과 관계되는 산림내부 시설물을 추출하였다. 반경 100m, 300m, 500m, 그리고 1,000m를 기준으로 상사리에서 시설물과 탐방로까지의 거리를 각각 측정하여 곰의 거리별 가시권에 존재하는 인공물을 파악하였다.

(5) 2006년 10월 6일에 촬영된 ASTER Level 3A 영상을 보정(image-to-map rectification)하여 상사리 좌표 지점의 NDVI를 추출하고 지리산국립공원 전체 산림의 NDVI와 상대 비교를 통해 곰이 선호하는 산림의 활력도 혹은 울폐도의 정도를 평가하였다. (6) 연산에 사용된 자연환경 변수의 격자는 DEM과 같은 10m×10m 해상도로 보정하여 중첩한 후 상사리에서 곰이 조망할 수 있는 인공물을 래스터 연산을 통해 확인하였다. 곰의 가시권 분석(Viewshed analysis)은 상사리에서 곰의 시야에 보이는 격자를 1의 값으로, 보이지 않는 격자를 0으로 구분한다. 가시권 분석에 사용되는 모든 데이터는 격자(raster)의 속성으로 변환하며 ArcMap 9.3(ESRI, 2006)의 3D Analyst Tools의 Raster Math를 이용하여 분석하였다. 연구진행 과정에 사용된 자연환경변수는 〈그림 1〉과 같다.

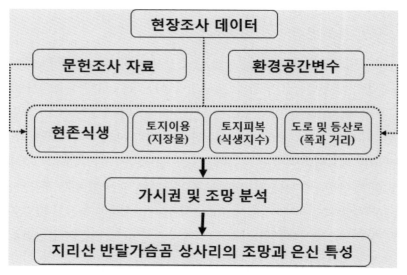

〈그림 1〉 환경 공간데이터 및 현장조사 자료를 이용한 상사리 가시권 분석과정 및 연구 흐름도

III. 결과 및 고찰

1. 상사리 수종

총 9개의 상사리 나무는 굴참나무(Quercus variabilis), 밤나무(Castanea crenata), 신갈나무(Quercus mongolica) 등 참나무류 4종, 사방오리나무 (Alnus firma), 층층나무(Cornus controversa), 노각나무(Stewarita koreana), 야광나무(Malus baccata) 등 낙엽활엽수가 4종, 그리고 상록침엽수인 소나무(Pinus densiflora) 1종이었다. 상사리 나무의 평균 높이는 12.44m였다. 가장 키가 큰 것은 소나무(18m)이고 가장 키가 작은 것은 야광나무(6m) 로 상사리는 수고의 평균 74% 정도 높이에 위치하였다(〈그림 2〉 참조). 가장 비율이 높은 소나무는 86% 지점에 위치하고 비율이 가장 낮은 야광 나무는 33% 지점에 위치하였다. 이 비율은 상사리 나무의 크기에 따른 곰의 체중 지탱 능력, 가지의 분포, 주변의 가시권 특성과 관계가 깊을 것 으로 추론된다. 소나무 씨앗과 참나무 견과류는 곰의 주식이고[13] 나머지 수종의 열매도 곰이 취식하는 것으로 알려져 있다. 상사리는 졸참나무 군 락, 신갈나무 군락 등 참나무가 우점인 곳에 3곳, 들메나무-서어나무 군락 과 낙엽활엽수림 등에 2곳, 서어나무-소나무 군락에 1곳, 구상나무-신갈 나무 군락에 2곳, 리기다 소나무림에 1곳 있었다. 지리산은 참나무림이 우점한 현존식생이 48%이고 참나무류가 차 우점인 현존식생까지 합하면 참나무림 분포 면적이 지리산 전체 면적의 60%가 넘는다. 반달가슴곰이 먹이의 풍부도에 따라 이동한다는 연구 결과[14]를 감안하면, 지리산 반달 가슴곰의 총 9개 상사리는 모두 반달가슴곰의 먹이인 열매와 관련이 있

---

13) O. C. Huygens and H. Hayashi, "Use of stone pine seeds and oak acorns by Asiatic black bears in central Japan", *Ursus* 12, 2001, pp.47~50.

14) O. C. Huygens et al., "Diet and feeding habits of Asiatic black bears in the Northern Japanese Alps."

었다. 그러나 선호하는 먹이를 안전한 곳으로 끌어다 놓기 위해서 상사리
를 만든다[15]는 선행연구 결과는 확인할 수 없었다.

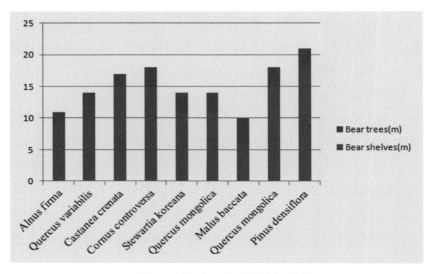

〈그림 2〉 수종, 수고 및 상사리 높이(m)

2. 상사리의 물리적 입지

지리산 반달가슴곰은 30~40도의 가파른 경사에 4개, 20~30도에 3개,
20도 이하의 경사에 2개의 상사리를 틀었다. 상사리가 위치한 주요 사
면은 북향이 4곳, 남향이 3곳 그리고 동향이 2곳 존재했다. 주요 사면의
향은 분석의 편의상 4분위로 나누었지만 이는 모든 상사리가 정방향의
향으로 나타났음을 의미하는 것은 아니다. 지리산 고도에 따른 상사리
분포를 보면 낙엽활엽수 우점인 400~700m 사이에 3개, 신갈나무 우점인
700~1,200m 사이에 2개, 혼효림이 분포하는 1,200~1,500m 사이에 2개,

---

15) H. M. Hwang, "Ecology of Asiatic black bears and people-bear interactions in
    Yushan National Park, Taiwan."

고도가 비교적 낮기 때문에 인간의 산림 이용이 가장 빈번한 해발 400m 이하에 1개, 그리고 고산 특징이 나타나는 1,500m 이상에 1개가 존재했다⟨(표 1) 참조⟩. 따라서 상사리는 미세 지형의 경사가 상대적으로 높아서 사람의 접근이 어려운 곳, 고도가 낮은 산림 가장자리보다 상대적으로 고도가 중간인 산림 내부에 더 많이 나타나는 것을 알 수 있다.

⟨표 1⟩ 수치지형도에서 추출한 상사리 나무의 고도, 방위 및 입지의 경사도 범위

번호	고도(m)	방위	경사도(°)
1	〈 400	남향	30 - 40
2	400 - ≤700	북향	30 - 40
3	400 - ≤700	남향	〈 20
4	700 - ≤ 1,200	북향	20 - 〈 30
5	1,200 - ≤ 1,500	남향	30 - 40
6	1,200 - ≤ 1,500	동향	20 - 〈 30
7	〉 1,500	북향	〈 20
8	700 - ≤ 1,200	동향	30 - 40
9	400 - ≤700	북향	20 - 〈 30

3. 거리 연산에 따른 조망 특성

자연환경 변수를 가지고 곰의 가시권을 분석한 경관 주제도(⟨그림 3⟩)를 살펴보면 다음과 같은 결과가 나온다. 상사리에서 거리 100m 이내에 나타나는 인간이 만들어 놓은 시설물은 생태학습장, 연하천 산장, 자연적응훈련장 등 5곳, 100~300m 사이에는 목통골 1곳, 500~1,000m에는 너른마당, 연하천 하부, 자연적응훈련장 등 3곳이었다. 상사리에서 인간의 움직임을 관찰할 수 있는 도로가 100m 이내에 나타나는 곳은 생태학습장, 자연적응훈련장, 연하천 산장, 목통골, 단천골 등 5곳, 100~300m 사이에 나타나는 곳은 연하천 하부 등 두 곳이었다. 그러나 현장조사 결과, 연하천 하부 지역과 문수리 자연적응훈련장은 상사리에서 20m 정도 되는 곳에

서 수치지형도상에 표시되지 않은 비법정탐방로가 발견되었다. 따라서 100m 이내에서 발견할 수 있는 사람의 이동 통로는 총 7곳이었다. 반달가슴곰은 사람의 이용이 대단위로 발생하는 지역을 피해서 서식하는 경향이 있기 때문에, 비록 비법정탐방로가 도로나 등산로에 비해 상대적으로 지리산 반달가슴곰에게 장애요인으로 나타나지 않는다는 선행연구[16]가 있지만, 곰의 상사리 행동이 서식지 교란에 대한 경계 의미의 조망이라면, 비법정탐방로에 갑자기 사람이 나타났을 경우 곰의 경계가 강화될 수 있다는 추론을 가능하게 한다.

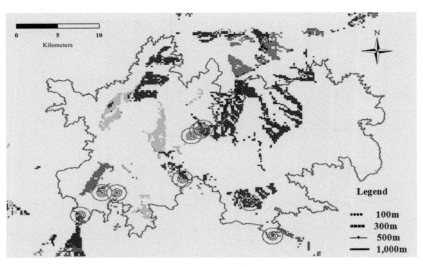

〈그림 3〉 지리산국립공원 반달가슴곰의 가시권 분석. 각 원의 중심점은 상사리가 위치한 나무의 좌표이고, 컬러로 표시된 면은 상사리 높이에서 곰이 조망할 수 있는 방향과 면적임. 그 면적 내부의 속성을 분석함.

16) 권혁수 외, 「도로 및 등산로에 의한 지리산 반달가슴곰의 서식지 파편화」, 『한국조경학회 학술대회논문집』, 2009, 111~113쪽.

4. 상사리와 산림밀도

지리산 반달가슴곰의 상사리는 산림의 식생활력도를 나타내는 NDVI 값[17]이 0.6 이상인 곳에 1곳, 0.5~0.6 사이에 6곳, 0.5 이하에는 2곳이 있다. 10월 초에 촬영된 ASTER 영상에서, NDVI 0.50 이내의 값이 나타나는 산림면적은 전체 면적의 4.36%, 0.60 이내의 비율은 20%, 그리고 NDVI 0.60 이상의 산림 면적 비율은 나머지 전체 면적의 대부분을 차지하였다 (〈그림 4〉 참조). 산림의 식생활력도는 식생밀도 및 수관 울폐도와 밀접한 관련성을 갖기 때문에 NDVI 0.4~0.6의 상사리 8개 지점은 지리산 평균에 비해서 상대적으로 산림의 식생밀도가 낮은 곳임을 알 수 있다. 곰이 취식과 휴식을 하기 위해서는 산림이 울창하고 수관밀도가 높아서 은신하기 좋은 곳에 상사리를 틀어야 한다. 그러나 지리산 반달가슴곰은 NDVI가 상대적으로 낮은 곳에 상사리를 틀었다. 이것을 동물의 은신−전망이론[18]의 관점에서 해석하면, 일반적으로 동물이 은신을 하기 위해서는 트인 공간이 적고 산림의 수관이 우거져서 적에게 노출되지 않는 지역, 즉 산림밀도가 높은 지역에 상사리를 틀어야 한다. 지리산 반달

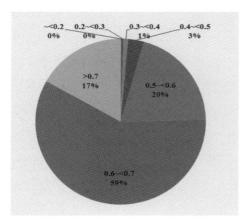

〈그림 4〉 지리산 국립공원 경계 내의 토지피복에 대한 정규식생지수(NDVI) 비율분포(%)

17) J. R. Jensen, *Introductory Digital Image Processing: A Remote Sending Perspective*, Prentice Hall, 2005; 유재심 외, 「생물계절상 분석을 통한 Level 3 type 북한 토지피복 특성」, 『대한원격탐사학회지』 27(4), 2011, 457~466쪽.

18) J. H. Appleton, *The Experience of Landscape*, John Wiley and Sons, New York, 1975; P. Singh, *Functional Analysis of Concealment: A Novel Application of Prospect and Refuge Theory*, University of Waterloo, 2009, pp.1~5.

가슴곰은 취식이나 휴식을 목적으로 은신하기 좋은 위치에 상사리를 만들었다기보다는 시설물과 탐방로 등 인간의 산림이용을 전망하기 좋은 곳에 상사리를 틀었다는 해석을 가능하게 한다. 곰의 조망 방향 반대쪽 산림은 곰의 조망 방향보다 더 울창한 산림이기 때문이다.

5. 상사리에서 조망 가능한 대상물

지리산 반달가슴곰이 상사리에서 조망 가능한 시설물은 100m 이내에 위치한 시설물(5곳)과 탐방로(7곳)가 가장 많은 것으로 밝혀졌고, 이 중 곰의 직접적인 관찰 대상이 한봉지(Beekeeping camp)인 곳도 1곳 있었다. 화개 목통골의 상사리는 현장에 접근하는 미세 지형의 경사가 35도이고 현존식생은 신갈나무 우점이다. 곰은 신갈나무 사이에 있는 키가 가장 큰 소나무 위에 상사리를 틀었다(〈그림 5a〉 참조). 소나무에서 조망 방향을 바라보면 한봉(韓蜂) 관리 막사가 보인다(〈그림 5b〉 참조). 한봉지 주인이 나타나면 곰은 상사리에 올라가서 시간을 보내다가 주인이 일을 마치고 돌아가면 나무에서 내려와 꿀을 훔쳐먹었다(멸종위기종복원센터 증언, 2008). 연하천 산장 맞은편 무덤에는 야광나무 상사리가 있다(〈그림 5c〉 참조). 야광나무 가지에 카메라를 올려놓고 조망 방향으로 촬영하면 연하천 탐방지원센터 전면이 포착된다(〈그림 5d〉 참조). 구례 생태학습장 내부 사방오리나무에서 조망 방향으로 사진을 찍으면 곰 관리사까지 이어진 오솔길이 보인다. 문수리 자연적응훈련장 굴참나무 상사리에서 조망 방향을 바라보면 곰 적응훈련장 옆으로 'ㄴ'자로 꺾어진 도로가 보이고 곰이 도로를 따라 접근하는 사람이나 차량을 상사리 위에서 관찰할 수 있다. 따라서 반달가슴곰이 상사리에서 조망하고자 하는 목적물은 곰의 서식지를 이용하는 사람이라는 해석을 가능하게 한다. 인간에 의한 교란이 빈번한 지역에서 인간과 관련 있는 취식지를 지키는 것[19]이 조망의 목적이기 때문이다. 그러나 이런 해석은 히말라야에 서식하는 반달가슴곰이 춥거나 습할 때 자신의 체온을 보호하기 위해 지상으로부터 수cm에서 20m 정도 높이까지 상사리를 만든다 (Padmaja Naidu Zoological Park 증언, 2009)는 것과는 사뭇 다른 해석이다.

〈그림 5a〉 소나무 위에 튼 상사리
(2008.04.26 촬영)

〈그림 5b〉 5a의 소나무 상사리에서
관찰되는 한봉지(2008.04.26 촬영)

〈그림 5c〉 야광나무(Malus baccata)
상사리에 앉아 있는 반달가슴곰
(2005.07.16 촬영, 종복원센터 제공)

〈그림 5d〉 5c의 상사리에서 관찰되는
연하천산장(2008.04.26 촬영)

IV. 연구의 함의와 향후 과제

본 연구에서는 반달가슴곰의 행동 중 나무 위에 까치집 모양으로 만드

---

19) H. M. Hwang, "Ecology of Asiatic black bears and people-bear interactions in Yushan National Park, Taiwan."

는 상사리의 입지와 조망 특성을 분석하여 곰의 상사리 행동을 해석하고 곰이 상사리에 올라가서 관찰하고자 한 목적물을 밝히고자 하였다. 지리산 반달가슴곰은 산림 가장자리보다는 산림 내부에, 미세 지형의 경사가 상대적으로 가파른 곳에, 사람의 접근이 용이하지 않은 지형에 상사리를 틀었다. 상사리 위치와 산림밀도 관계에서 지리산 반달가슴곰은 산림이 상대적으로 울창하지 않은 지점에 대부분의 상사리를 만들어서 은신하기 좋은 지점보다는 전망하기 좋은 지점을 선호하는 것으로 나타났다. 곰이 상사리에서 전망하고자 하는 것과 관련하여, 상사리에서 100m 이내 거리에서 조망할 수 있는 대상물 중 가장 많은 것은 시설물이 5곳이었고 탐방로가 7곳이었다. 한봉 작업장을 조망하기에 적합한 위치에 튼 상사리도 1곳 있었다. 따라서 반달가슴곰이 조망하고자 하는 것은 인간에 의한 교란이 빈번하게 발생하는 곰의 서식지에서 그곳을 이용하는 사람의 행동이라는 해석을 가능하게 한다. 이것은 지리산에서 비법정탐방로가 도로나 등산로에 비해 상대적으로 반달가슴곰에게 장애요인이 아니라는 선행연구의 해석과는 부합하지 않는 추론이지만 반달가슴곰의 서식지 관리 측면에서는 시사하는 바가 크다. 반달가슴곰의 유일한 서식처인 지리산 국립공원은 연중 탐방객의 숫자가 많은 명산으로 반달가슴곰의 핵심 서식지 내에 등산로나 탐방로가 많이 존재한다. 반달가슴곰의 서식지 보호를 위해서는 탐방 집중 지역을 방문객이 현명하게 이용하는 것에 대한 연구와 함께 비법정탐방로와 이용이 많지 않은 법정탐방로를 폐쇄하는 방안도 고려되어야 한다. 연구를 진행하면서 상사리 표본의 수가 적은 것은 여러 가지 분석 가능성을 제약하는 한계요인이었다. 9개의 상사리는 불특정 반달가슴곰이 시간차를 두고 만들어 놓은 것이기 때문에 상사리 입지 적합성 평가 모형을 구축하는 연구나 곰의 서식지 모델과 연동한 연구도 가능하지 않았다. 그러나 상사리 입지 특성을 조사하고 상사리에서 곰이 전망하고자 한 목적물을 분석한 최초의 시도라는 측면에서 추후

더 많은 상사리 샘플이 추가되면 상사리 행동에 관한 후속 연구가 더 풍부해질 것으로 기대된다.

이 글은 『한국환경복원기술학회지』 제15권 제4호(한국환경복원기술학회, 2012)에 수록된 「지리산 반달가슴곰 상사리 입지와 조망 특성」을 수정·보완한 것이다.

—

지리산국립공원 내 도로에 의한 산림단편화

백경진 · 박경 · 강혜순

—

Ⅰ. 연구의 배경, 목적 및 방법

우리나라에는 현재 20개의 국립공원이 있으며 그 총 면적은 6,472㎢로서 국토면적의 6.3%에 달한다.[1] 1991년도에 시행된 환경부의 녹지자연도 정밀조사에 의하면 우리나라 자연식생의 면적은 373㎢로 전국토의 0.4%에 지나지 않으며 그 면적의 90% 이상이 국립공원 내에 위치하고 있다.[2] 따라서 국토면적의 66%인 64,063㎢가 산림인 우리나라에서 국립공원은 핵심적인 자연자원일 수밖에 없다.

---

[1] 환경부, 『공원기본계획(안)』, 2003.
[2] 환경부, 『전국녹지자연도 정밀조사』, 1991.

우리나라 국립공원은 자연보존지구, 자연환경지구, 자연취락지구, 밀집취락지구, 집단시설지구로 용도가 구분되어 있다.[3] 이 용도구분에 의하면 자연보존지구는 생물다양성이 특히 풍부하고, 자연생태계가 원시성을 지니고 있으며, 특별히 보호할 가치가 높은 야생 동·식물이 살고 있고, 경관이 아름다운 핵심적인 지역이다. 자연환경지구는 자연보존지구의 완충공간으로 보전할 필요가 있는 장소이다. 자연취락지구는 취락의 밀집도가 비교적 낮은, 주민의 취락생활을 유지하는 데 필요한 곳이고, 밀집취락지구는 취락의 밀집도가 비교적 높거나 주민의 일상생활을 유지하는 데 필요한 지역이다. 집단시설지구는 방문객에 대한 편의제공 및 자연공원의 보전, 관리를 위한 공원시설이 모여 있거나 그것을 모아 놓기에 알맞은 곳이다. 종에 따라 다르기는 하지만, MacArthur와 Wilson[4] 이래 많은 학자들은 일반적으로 많은 종을 유지하기 위해서는 일정 면적 이상의 보전지역이 필요함을 주장하여 왔다. 국립공원의 자연보존지구와 자연환경지구는 안정된 서식지를 유지하여 핵심적인 자연자원을 보전할 가능성이 가장 높은 지역이므로 우선적으로 보호되어야 한다. 더욱이 우리나라 국립공원과 같이 보전지역이 상대적으로 좁은 경우 핵심지역의 지리적 연속성은 종 다양성 유지에 매우 중요한 역할을 한다.

도로는 지역 간의 접근성 및 이동성을 향상시켜 경제, 정치, 문화적으로 중요한 기능을 수행하는 국가의 중요한 기반 시설 중의 하나이다. 국립공원 지역도 예외가 아니어서 국립공원 내 도로와 탐방로는 지난 30년간 2배 이상 증가하였다. 포장된 상태를 의미하는 도로만 하더라도 전국 국립공원에는 총 연장 1,084km에 이르는 76개의 도로가 건설되어 있다. 그러나 도로가 건설되면 그곳에 존재하던 생태계는 다양한 영향을 받게

---

[3] 환경부, 『자연공원법-환경부 법령』, 2002.
[4] R. H. MacArthur and E. O. Wilson, *The Theory of Island Biogeography*, Princeton University Press, 1967.

된다.[5] 일정 지역에 도로를 건설하게 되면 도로 인근에 서식하는 식물을 비롯한 생태계가 직접적으로 파괴되는데 특히 우리나라와 같이 산악지대가 많은 곳에서는 비탈면이 넓게 발생되어 넓은 면적의 생태계가 소실된다.[6] 또한 도로가 신설될수록 탐방객 수가 늘어나므로 인간의 답압 등에 의한 서식지 교란과 그 복구정비로 인한 표토의 교란이 일어나게 된다.[7]

도로에 의한 광범위한 생태계 교란 현상 중 가장 큰 비중을 차지하는 것이 서식지 단편화이다. 도로 폭, 지역, 방향 그리고 주변의 토지이용형태에 따른 서식지 단편화는 각 조각에서 가장자리 효과를 발생시키고 산림보전관리의 주요 대상이 되는 내부 생태계 보호, 야생동물과 식물의 서식지 축소[8], 외래종의 도입에 관련된 문제를 야기한다. 김종원에 의하면 도로에 의한 직접적인 가장자리 영향권은 국토의 약 20%에 달한다.[9] 그러나 도로의 생태적 중요성에 비하여 우리나라에서는 국립공원이 실제 어떻게 단편화되어 있는지, 내부면적이 어느 정도 감소했는지에 대한 연구는 거의 수행된 바가 없다.

본 논문에서는 우리나라에서 최대이며 최초의 국립공원이지만 다른 지역과 마찬가지로 심한 도로개발 압력 하에 놓여 있는 지리산국립공원을 연구대상지로 선정하여 포장도로와 탐방로에 의한 서식지 단편화의 양상을 파악하였다. 더불어 ArcGIS를 이용하여 다양한 버퍼 하에서 포장도로와 탐방로로 인한 서식지 조각의 내부면적의 감소, 둘레길이, 수, 형태의

5) I. F. Spellerberg, *Ecological Effects of Roads*, Science Pub. Inc., 2002.
6) 김보현 · 이경재, 「도로건설이 식물생태계에 미치는 영향–지리산국립공원 삼재 관통도로를 사례로」, 『한국환경생태학회지』 14(2), 2000, 127~138쪽.
7) 오구균 외, 「지리산국립공원 아고산대 황폐나지의 식생복원공법 개발」, 『한국환경생태학회지』 11(1), 1997, 37~45쪽.
8) 김귀곤 · 최준영, 「분절된 서식처의 연결을 위한 생태이동통로에 관한 이론적 연구(Ⅰ)」, 『한국조경학회지』 26(2), 1998, 293~307쪽.
9) 김종원, 『녹지생태학』, 월드사이언스, 2004.

변화에 대한 분석을 수행하였다. 특히 자연보존지구의 서식지 조각의 크기와 형태분포 분석을 통하여 자연자원 보전을 위한 핵심지역으로서의 역할을 평가하였다.

II. 재료 및 방법

1. 연구 대상지

지리산은 1967년 국립공원 제1호로 지정되었으며 총 면적 471.75㎢로 우리나라에서 가장 큰 육상의 국립공원이다. 포유류 25종, 조류 67종, 양서·파충류 20종, 어류 31종, 곤충 2,752종이 서식한다고 기록되어 있고, 지리산의 식물은 1,526종으로 우리나라 전체 식물 4,600여 종의 30%를 차지할 정도로 생태적 가치가 매우 높다. 지리산국립공원은 3개 도, 1개 시, 4개 군, 15개 면(경상남도 함양군, 산청군, 하동군, 전라북도 남원시, 전라남도 구례군)에 걸쳐 위치하며[북위 35° 13′ 00″(구례군 토지면), 35° 27′ 00″(남원시 운봉면), 동경 127° 27′ 50″(남원군 주천면), 127° 49′ 50″(함양군 금서면)] 동서, 남북 간 거리는 각기 34km, 26km, 둘레는 320km에 이른다.[10]

지리산국립공원도 자연공원법에 명시된 바와 같이 용도지구가 분류되어 있다. 자연환경지구가 67.9%(320.16㎢)로 가장 넓은 면적을 차지하고 자연보존지구가 31.7%(149.83㎢), 취락지구가 0.3%(1.31㎢), 집단시설지구가 0.1%(0.45㎢)를 차지하고 있다.[11] 그러나 이러한 용도구분 목적에 반하는 벽소령 관통도로의 건설은 동쪽의 천왕봉에서 세석평전에 이르는 자연보존지구와 반야봉에서 노고단에 이르는 자연생태계보존지구에 막

---

[10] 목영규, 「국립공원 자연보존지구의 재설정에 관한 연구 – 지리산국립공원을 중심으로」, 서울대학교 석사학위논문, 2003.

[11] 국립공원관리공단, 『공원통계자료』, 2004.

대한 악영향을 미치고 있다. 1980년대 중반부터 일어난 개발붐과 관광산업은 그 훼손의 정도를 더욱 심각하게 만들었다. 1989년 건설된 861번 지방도인 성삼재 도로가 남원시 주천면 고기리-정령치-심원계곡-성삼재-시암재-구례군 광의면 천은사를 연결하면서 무려 23km나 되는 단절구간이 생겼고 이어 지역개발이라는 명분으로 2차선 포장도로가 개설되었다. 또한 주천면에서 산내면을 연결하는 정령치의 도로가 포장되고 청암면 묵계리와 산청군 시천면 내대리 사이에 위치한 길이 2km의 터널이 건설되었다. 그래서 2000년까지 지리산에는 약 248.7km의 도로가 개설되었다. 하동군 청암면에서 산청군 시천면 간 2차선 도로와 하동군 악양면에서 청암면 묵계리 간 회남재 2차선 확·포장 등 총 26.4km 구간은 현재 시공 중에 있다. 더불어 노고단에서 천왕봉에 이르는 25.5km의 주 능선코스를 비롯한 수많은 탐방로가 있다. 도로 건설뿐 아니라 공원 내의 유흥업소, 집단 시설지구 등의 확장, 댐 건설로 인한 자연파괴로 인해 지리산국립공원의 생태적 단절은 더욱더 심각해지고 있다. 이를 보완하기 위해 1991년부터 시작된 자연휴식년제는 2003년부터 2005년까지 13개의 구간에 걸쳐 확대 시행되고 있으나 훼손지역은 여전히 발생하고 있다.[12]

2. 연구 방법 및 분석

1) 데이터 수집

지리산국립공원의 포장도로와 탐방로에 의한 서식지 단편화를 정량적으로 분석하기 위하여 국토정보연구원의 수치지형도, 환경부의 자연환경 현황도, 국립공원관리공단의 공원 경계, 자연보존지구 경계, 공원 내 도로, 법정탐방로, 비법정탐방로, 그 외 시설물에 대한 데이터를 획득하였다. 그리고 지리적 공간상에 분포하는 제반 요소들에 대한 관리, 계획, 의

---

12) 오구균 외, 「지리산국립공원 아고산대 황폐나지의 식생복원공법 개발」.

사결정을 보조하여 모든 분야에서 활용이 가능한 GIS program을 사용하여 데이터 처리와 분석을 수행하였다. 특히 본 연구에서는 ESRI사의 ArcGIS 8.3(2001)을 이용하여 분석을 수행하였으며 포맷이 다른 형태의 데이터들은 ArcGIS에서 사용 가능한 shp 포맷으로 변환하여 사용하였다.

2) 데이터 처리

속성정보가 입력되어 변환된 데이터 중 면(polygon) 형태의 공원 경계와 선(line) 형태의 공원 내 도로, 법정탐방로, 비법정탐방로를 서로 중첩하였다. 지리산국립공원의 현재의 면적은 471.75㎢이지만 본 연구에서는 2003년 용도변경 전 설정되었던 440.49㎢를 대상으로 분석하였다. 실제적인 면적 데이터를 얻기 위한 선행작업으로 ArcGIS의 Geo-processing Wizard와 Spatial Analyst를 이용하여 도로와 탐방로를 제외한 지리산 내의 조각을 추출하였다. 이러한 추출된 데이터를 mdb 파일로 전환하여 데이터베이스화한 후 각 조각의 면적을 추출하였다. 수집된 데이터는 MS Access로 전환, 저장하였고 공원의 단편화에 따라 파생되는 조각면적의 크기로 Object ID를 부여하였다.

Geo-processing Wizard의 버퍼(buffer) 설정방법을 사용하여 도로와 탐방로 주변부 및 버퍼를 제외한 내부지역만을 추출하여 서식지 단편화와 가장자리 크기변화에 따른 내부 서식공간 축소정도를 분석했다. 이러한 버퍼링, 즉 영향권 분석[13]은 지형요소의 둘레에 완충구역을 만들어 줌으로써 도로로 인한 효과 분석을 가능하게 한다. 추출된 데이터 또한 mdb 포맷으로 전환하여 조각의 면적과 둘레길이를 도출하였다. 그리고 단편화 데이터를 자연보존지구와 자연환경지구에 중첩시켜 보전되어야 할 영역 내의 단편화와 도로, 탐방로 점유율을 계산하였다.

---

13) 김귀곤 외, 「환경정보체계를 이용한 환경영향평가에 관한 연구(Ⅰ): GIS 활용을 중심으로」, 「환경영향평가」 1(1), 1992, 21~30쪽.

서경주는 설악산국립공원 내의 도로와 용도지구가 식생에 미치는 영향의 정도를 Landsat TM 영상을 이용한 NDVI 분석을 통해 예측하였다.[14] 본 연구에서도 이에 근거하여 2차선 도로로부터의 가장자리 효과를 112m로 규정하여 서식지 단편화를 도출하였다. 탐방로의 경우 Forman은 50m 버퍼를 기준으로 하였으나[15] 본 연구에서는 1~1.5~3m에 이르는 노폭과 지역적 특성을 감안하여 교란에 적응한 식물(25m), 식생종 구성(50m), 기온의 변수(60m~80m)를 고려하여[16] 20m, 40m, 60m로 구별하여 처리하였다.

3) 데이터 분석 – 둘레: 면적의 변형지수(LSI)

위성영상의 공간분석지수로서 사용되는 경관형태지수와 둘레 : 면적비 변형지수(Landscape Shape Index: LSI)[17]를 GIS에 도입하였다. 지리산국립공원을 하나의 경관의 개념으로 정의하고 경관조각의 개념을 도로와 탐방로로 야기된 조각수준으로 정리하였다. 60m의 버퍼값으로 인한 서식지 조각의 내부면적만으로 LSI값을 계산하였다. 수치분석에 사용된 둘레 : 면적비 변형지수(LSI)는 조각과 같은 둘레길이를 가지는 원의 면적을 조각의 면적의 제곱근으로 나누어 산출하였다(LSI = 0.282*L)/S1/2]. 이 공식에 의하면 원의 LSI값은 1이고, 원에 가까울수록 1에 가까우며, 정사각형일 때 1.13, 불규칙한 모양에 대해서는 무한대로 커진다. 즉, 원형일 때 주변부와 내부의 비가 가장 작다. 수치가 높을수록 그 형태는 긴 막대기 모양, 별 모양, 또는 불가사리 모양에 가까워진다.[18] 이와 같이 특정 조각과

14) 서경주, 「식생지수를 이용한 설악산 국립공원 내 인간활동이 식생에 미치는 영향 분석」, 서울대학교 석사학위논문, 1996.

15) R. T. Forman and R. D. Deblinger, "The ecological road-effect zone of a Massachusetts(U.S.A.) suburban highway", *Conservation Biology* 14, 2000, pp.35~46.

16) 이도원, 『경관생태학』, 서울대학교 출판부, 2003.

17) 국토연구원, 『공간분석기법』, 한울아카데미, 2004.

같은 둘레를 가지는 원의 면적을 그 특정 조각과 양상적으로 비교하여 지리산의 단편화로 생겨난 조각의 경계부 굴곡 여부를 분석하였다.

III. 결과 및 고찰

1. 포장도로와 탐방로에 의한 단편화

지리산 내에는 관통도로이자 지방도로인 2차선 포장도로, 등산객의 유입이 많은 1.5m~3m 폭의 법정탐방로, 주요탐방로는 아니지만 산악인들의 출입이 잦은 1m 폭의 비법정탐방로가 있다. 모든 종류의 도로를 지리산 경계와 중첩하였을 때 전체 440.49km²에 이르는 지리산국립공원에서 총 491개의 조각이 도출되었고 조각의 총 면적은 356.59km²였다(그림 1). 최대 크기의 조각은 13.23km²로 측정되었으며 5km² 이상의 면적을 지닌 조각은 491개 중 15개에 지나지 않았다.

2. 가장자리 효과를 고려한 포장도로와 법정탐방로에 의한 단편화

Landsat TM의 NDVI 분석에서 도출한 112m 버퍼링의 개념[19] 이외에도 여러 조건에서 가장자리 효과가 조사되어 왔다. 가장자리 효과 조사는 바람, 빛, 기온, 습도, 토양온도, 숲 틈의 수, 식생종의 구성, 낙엽층 두께, 포유동물, 정규식생지수, 변환식생지수[20] 등과 같은 매개변수를 이용하며, 변화가 나타나지 않는 지점까지를 측정한다.

---

[18] 서주환 외, 「형태지수를 이용한 도로경관의 선호성 분석에 관한 연구−설악산 국립공원을 대상으로」, 『한국조경학회지』 27(4), 1999, 87~93쪽; 이도원, 『경관생태학』.

[19] 서경주, 「식생지수를 이용한 설악산 국립공원 내 인간활동이 식생에 미치는 영향 분석」.

[20] 이도원, 『경관생태학』.

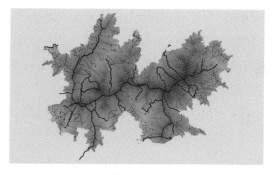

〈그림 1〉 지리산국립공원의 도로와 탐방로 분포.
실선 = 도로와 법정탐방로, 점선 = 비법정탐방로

예를 들어 바람의 영향범위는 식생높이의 대략 2~3배로 60m 정도[21], 미국 북서부 더글라스 전나무숲에서는 미기후에 의해 30m~300m, 식생변수에 의해 16m~370m의 가장자리 효과가 나타났다.[22] 아마존 중부에서 나무의 죽음과 손상을 변수로 측정한 가장자리 효과는 숲 조각의 대략 100m 내부까지 미쳤다.[23] 식생의 종구성은 대략 50m의 가장자리 구역에서 영향을 받기 때문에[24] 벌목지와 접해 있는 숲 가장자리에서는 모든 향에 있어서 50m[25]라고 규정되기도 하였다. 고속도로의 경우 버퍼 폭을 1, 2차선으로 분류하여 50m~70m, 70m~100m, 100m~140m로 지정하였고[26],

21) L. D. Harris, *The Fragmented Forest: Island Biogeography Theory and the Preservation of Biotic Diversity*, University of Chicago Press, 1984.

22) J. Chen et al., "Growing season microclimate gradient from clearcut edges into old-growth Douglas-fir forest", *Ecological Applications* 5, 1995, pp.74~86.

23) L. V. Ferreria and W. F. Laurance, "Effect of forest fragmentation on mortality and damage of selected trees in central Amazonia", *Conservation Biology* 11, 1997, pp.797~801.

24) L. D. Harris, *The Fragmented Forest: Island Biogeography Theory and the Preservation of Biotic Diversity*.

25) G. R. Matlack, "Microenvironment variation within and among forest edge sites in the eastern United States", *Biological Conservation* 56, 1993, pp.180~194.

26) J. Swenson, "Examining and predicting habitat fragmentation using a geographic information system in the Santa Monica Mountains", Master's Thesis, San Diego State University, 1995; J. Swenson and J. Franklin, "The effects of future urban development on habitat fragmentation in the Santa Monica Mountains", *Landscape Ecology* 15, 2000, pp.713~730.

Medicine Bow-Routt National Forest에서는 50m와 100m를 대입하였다.[27)]

우리나라의 경우 김보현과 이경재가 지리산 성삼재 도로 현지조사를 통해 도로건설이 주변식생에 미치는 영향권의 범위가 10m~30m까지 다양하게 나타난다는 것을 밝힌 바 있다.[28)] 북한산의 경우 Landsat TM 영상을 사용하여 정규식생지수(NDVI)를 도출한 바 있다. 버퍼링 작업에 의하여 공원의 전체 경계선으로부터의 거리별 NDVI를 산출하였을 때 220.72㎢~456.23㎢의 가장자리 효과, 즉 추이대가 조사되었다.[29)] 서경주에 의하면 설악산 식생에 미치는 도로의 영향권은 80m에 이르는 구간까지 급격히 변하면서 최대 112m에 이르게 된다.[30)] 이러한 가장자리 효과는 크게 산림의 내부 500m에까지도 뚜렷이 나타나게 된다.[31)]

〈표 1〉 탐방로 버퍼 폭에 따른 조각의 양상

버퍼 폭	조각수 (개)	내부면적의 총합(㎢)	최대 내부면적	최소 내부면적	조각의 평균 내부면적
20m	58	415.44	50.93	0.0001	7.16
40m	58	409.44	48.05	0.0001	7.06
60m	57	403.45	47.77	0.0001	7.08

표 1은 2차선 포장도로의 경우 식생에 미치는 영향권을 112m로 설정하

27) R. A. Reed et al., "Contribution of roads to forest fragmentation in the Rocky Mountains", *Conservation Biology* 10, 1996, pp.1098~1106.

28) 김보현·이경재, 「도로건설이 식물생태계에 미치는 영향―지리산국립공원 삼재 관통도로를 사례로」.

29) 박종화 외, 「GIS 및 원격탐사기법을 이용한 북한산 국립공원 주변부의 추이대 탐지」, 『한국GIS학회지』 3(2), 1995, pp.91~102.

30) 서경주, 「식생지수를 이용한 설악산 국립공원 내 인간활동이 식생에 미치는 영향 분석」.

31) W. F. Laurance, "Edge effects in tropical forest fragments: Application of a model for the design of nature reserves", *Biological Conservation* 57, 1991, pp.205~219.

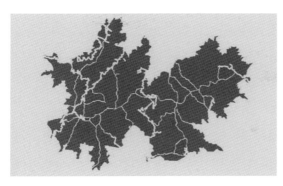

<그림 2> 2차선 포장도로와 법정탐방로에 의한 단편화.
굵은 선 = 2차선 포장도로(112m 버퍼),
가는 실선 = 법정도로(60m 버퍼).

고, 등산객의 유입이 많은 법정탐방로의 경우 1.5m~3m에 이르는 탐방로 평균 노폭[32], 그리고 지역적 특성을 감안하여 20m, 40m, 60m로 구별하여 처리했을 때 도출된 산림 내 조각의 수와 조각의 총 내부면적, 최대 내부면적, 최소 내부면적, 조각의 평균 내부면적을 보여준다. 각 버퍼당 내부면적의 크기는 큰 차이를 보이지 않았다. 60m 버퍼를 주었을 때 57개 조각이 산출되었으며 조각 중 최대 내부면적은 47.77㎢였다(그림 2). 조각의 내부면적의 비율을 구하였을 때 전체 조각의 68.3%가 5㎢ 이하의 크기였다(표 2).

<표 2> 60m 수준의 버퍼 설정 후 내부면적의 크기에 따른 조각의 비율과 개수

내부면적(㎢)	비율(%)	누적비율(%)	조각개수
40~50	1.9	1.9	1
30~40	5.2	7.1	3
20~30	8.8	15.9	5
10~20	7.0	22.9	4
5~10	8.8	31.7	5
1~5	21.0	52.7	12
0.1~1	14.1	66.8	8

---

[32] 오구균 외, 「지리산국립공원의 주연부 식생 구조」, 『응용생태연구』 5(1), 1991, 68~78쪽.

0.01~0.1	17.5	84.3	10
0.001~0.01	8.8	93.1	5
0.0001~0.001	7.0	100	4
총 면적 403.45			총 조각수 57

　특히 보호가치가 높은 야생 동·식물이 살고 있고 외부와의 접촉이 철저히 차단되어야 할 자연보존지구 내의 도로와 탐방로로 인한 단편화 현상이 심하게 나타났다(그림 3). 자연환경지구 149.83㎢ 내에서 60m 버퍼를 주었을 때 최대 내부조각은 22.33㎢로서 조각들의 총 내부면적은 143.65㎢였다. 특히 자연보존지구 내에서 내부면적 10㎢ 이상인 조각은 겨우 5곳에 불과하였다. 지리산국립공원이 이처럼 작은 조각의 모임이라는 사실은 너구리, 고라니, 청설모, 노루, 삵, 멧돼지, 멧토끼 등과 같은 중소형 동물의 최소

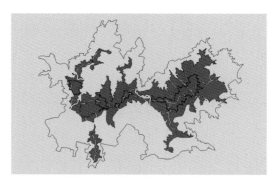

〈그림 3〉 자연보존지구와 자연환경지구 내의 단편화.
굵은 실선 = 자연보존지구, 회색 면 = 자연환경지구.

존속개체군(MVP) 크기 유지에 큰 어려움이 초래될 가능성이 많음을 시사한다. 서식가능 면적의 축소는 안정된 서식지를 요구하는 동물이나 대형 야생동물 종에게 특히 큰 위험으로 작용할 수 있다. 즉, 이들은 새로운 서식지와 물을 얻기 위해 생활근거지를 옮기게 될 때 위험을 무릅쓰고 도로를 횡단하여 도로로 인한 차량충돌 피해를 입기도 한다.

3. 형태분석

지리산국립공원을 이루는 조각들에서 LSI 수치는 최대 25였으며 대부분의 조각이 2~5에 이르는 수치를 가지고 있었다(표 3). 모든 LSI 수치가 원형을 의미하는 1을 벗어난 2 이상이라는 결과는 지리산국립공원의 서식지 조각들이 원형이 아닌 굴곡을 가진 단편임을 시사한다. 조각의 크기가 큰 것부터 작은 것까지 순서대로 10개의 조각을 분류하여 LSI값을 추출하였더니 조각의 면적이 감소하고 그 둘레가 증가하면서 LSI값은 증가하였다. 이는 LSI값이 큰 조각은 경계면 굴곡화의 비율이 크고, 그 값이 작은 조각의 경계면 굴곡화는 보다 완만하기 때문이다. 그림 4는 도로와 탐방로로 인하여 발생한 조각과 그 조각과 같은 둘레를 가지는 원의 상대적인 크기를 비교함으로서 작은 조각에 수반되는 현저한 굴곡화를 보여주고 있다.

조각 둘레의 굴곡이 커질수록 도로나 탐방로와의 상호작용은 더욱 활발해지고[33], 동물이동에 중요한 통로의 역할을 하는 반도효과(peninsula effect)[34]가 일어날 수 있다. 그러나 식물종의 이동 또한 활발해지므로 굴곡이 큰 조각의 환경은 식생의 고유성을 떨어뜨리는[35] 부정적 결과를 가져오기도 한다. 특히 도로건설에 의한 산림 단편화로 인해 식물의 수관부가 열리고 햇빛을 선호하는 외래종의 이주가 용이해짐으로써 외래종 침입은 조각의 굴곡화와 병행하는 경향이 있다.[36] 도로에 인접한 산림 가

---

33) C. M. Schonewald-Cox and J. W. Bayless, "The boundary model: a geographic analysis of design and conservation of nature reserves", *Biological Conservation* 38, 1986, pp.305~322.

34) R. J. Taylor, "The geometry of colonization: 2. Peninsulas", *Oikos* 48, 1987, pp.232~237; C. C. Mann and M. L. Plummer, "The high cost of biodiversity", *Science* 260, 1993, pp.1868~1871.

35) G. L. Gaile, *Spatial Statistics and Models*, Kluwer Academic Publishers, 1984.

36) L. A. Parendes and J. A. Jones, "Role of light availability and dispersal in exotic plant invasion along roads and streams in the H. J. Andrews experimental forest, Oregon", *Conservation Biology* 14, 2000, pp.64~75; I. F. Spellerberg, *Ecological Effects of Roads*.

장자리 식생은 조각 내부에 대한 미기후 변화의 완충 효과를 갖기도 하나[37] 가장자리의 급격한 증가는 식생의 고유성을 감소시키는 요인으로 작용한다.

〈표 3〉둘레: 면적의 비인 변형지수(LSI) 수치에 따른 조각의 분포양상

LSI	누적비율(%)	개수
2	5.3	3
3	22.8	10
4	38.6	9
5	47.4	5
6	66.7	11
7	73.7	4
8	82.5	5
9	89.5	4
10	89.5	0
11	97.7	3
12	96.5	1
13	96.5	0
14	98.2	1
25	100	1

　지리산국립공원에서도 성삼재 도로로부터 산림 내부까지의 거리에 따른 외래종의 식생천이조사가 수행된 바 있다.[38] 도로 주변에 절개 비탈면 급속녹화용으로 도입된 큰김의털이 우점종으로 나타나고 있고 녹화의 용도로 사용되는 타지의 토양이 아무 처리 없이 유입되어 겹달맞이꽃, 개망초 등의 침입종이 자리를 잡으면서 귀화식물이 확산되고 있다. 이처럼 도로의 건설은 인간의 활동을 극대화하는 기회로 작용할 뿐만 아니라 탐

---

[37] 김은숙, 「도로에 인접한 숲 가장자리의 미기후 변화에 대한 완충제로서 하층 식생의 역할」, 서울대학교 석사학위논문, 2001.

[38] 김보현·이경재, 「도로건설이 식물생태계에 미치는 영향－지리산국립공원 삼재 관통도로를 사례로」.

방로 주변은 표면침식, 수목의 고사, 암석노출, 뿌리노출, 노폭확대 등으로 훼손지역을 확장시키는 주요 원인이 되기도 한다.[39]

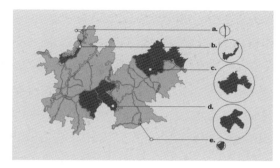

〈그림 4〉 도로, 탐방로에 의한 내부조각과 이 조각과 같은 둘레를 가지는 원의 상대적인 크기 비교.
실선으로 된원 = 특정 조각과 같은 둘레를 가지는 원의 크기, 바탕의 조각 = 도로, 탐방로에 의한 조각의 모양. (a) 최소면적, 최대 LSI 조각, LSI = 25.15, 조각면적(㎢) = 0.0001; (b) 두 번째 LSI 조각, LSI = 14.80, 조각면적 = 5.71; (c) 최대면적 조각, LSI = 9.39, 조각면적 = 47.77; (d) 두 번째 면적 조각, LSI = 8.86, 조각면적 = 45.97; (e) 최소 LSI 조각, LSI = 2.71, 조각면적 = 0.036.

서식지 단편화와 굴곡화는 활동영역이 넓고 소규모의 개체군을 가지는 대형 포유류의 쇠퇴나 절멸을 촉진시킨다. 즉, 자식열세, 유전자 부동, 개체군의 크기 감소로 생기는 다른 문제점 등에 의한 피해가 커져[40] 반달가슴곰처럼 몸집이 크고 활동영역이 넓은 야생동물에게는 치명적이다.

지리산에 방사된 반달가슴곰의 서식흔적에 따르면[41] 2002년의 경우 반달가슴곰은 도로에서 2km~3km의 거리를 두고 활동하는 경향을 나타내었고, 2003년에는 3km 이상 떨어진 지역을 주로 이용한 것으로 나타났다. 탐방로의 경우 2002년에는 100m~500m 거리에서 활동한 것으로 나타났으나, 2003년에는 500m 이상 떨어진 곳에서 추적되었다. 이러한 조사에 근거할 때 지리산국립공원 내 밀도 높은 도로망은 반달가슴곰의 행동반경과 그 행동영역에 커다란 제한적 요인으로 작용할 것으로 보인다. 반달가

39) 오구균 외, 「지리산국립공원의 주연부 식생 구조」.
40) R. B. Primack, *Essential of Conservation Biology*, Sinauer Associates, 1993.
41) 국립공원관리공단, 『반달가슴곰관리팀 시험방사 결과보고서』, 2004.

습곰의 행동반경이 마을 쪽으로 확대되어 양봉과 각종 축사에 피해를 준 사실은 사용 가능한 서식지가 감소한 데 따른 것으로 판단된다.

도로는 동물의 차량충돌사고를 일으키는 요인이기도 하다. 반달가슴곰의 경우 2차선 포장도로인 성삼재 관통도로를 2003년에만 최소 5회 이상 횡단하였고 하동 의신마을 진입로인 1203호 도로도 3~4회 이상 횡단한 것으로 나타났다.[42] 따라서 적어도 국립공원 내 도로건설은 지양되어야 하고 피할 수 없는 경우라면 소형 및 대형동물의 통과를 배려한 에코브리지 조성이나 하천변·도로밑을 통과하는 생태터널, 도로 주변시설의 조절을 통하여 야생동물의 도로 통과를 효율적으로 도와줄 수 있어야 할 것이다. 이를 위해서는 도로 주변과 생태통로 이용 횟수에 대한 지속적이고도 계획적인 모니터링이 활성화되어야 한다. 즉 반달가슴곰을 보전하기 위해서는 이들의 활동을 보장할 수 있는 충분한 크기의 서식지가 있어야 하고 서식지들은 효율성(이동동물 종류, 이동 방향, 이용 횟수 등), 적합성(위치, 크기, 주변 식생 조성), 생태적 영향(연결된 서식처의 동식물상 변화)을 고려한[43] 적절한 통로에 의해 연결되어야 한다.

본 논문에서는 문헌조사를 토대로 이루어진 분석을 주로 하여 물리적 속성인 도로까지의 거리만으로 데이터베이스를 작성하고 정량화하여 서식지 단편화 도면을 작성하였다. 본 논문의 자료는 위성영상을 이용한 원격탐사 분석과 현지조사의 정량적인 기초자료가 될 것이라 사료된다. 경급, 영급, 소밀도, 현존식생의 생물적 속성과 수계까지의 거리, 고도, 경사, 향의 물리적 속성에 대한 단편화 현상은 후속 연구에서 밝힐 예정으로 현재 분석 중이다.

---

[42] 국립공원관리공단, 『반달가슴곰관리팀 시험방사 결과보고서』, 2004.

[43] 김귀곤 외, 「단편화된 서식처의 연결을 위한 야생동물 이동통로의 조성 — 대상지 선정 및 조성기법을 중심으로」, 『한국조경학회지』, 28(1), 2000, 70~82쪽.

IV. 연구의 함의와 대응책

본 연구의 결과는 지리산국립공원이 하나의 연속된 서식지가 아니라 많은 도로와 탐방로로 인해 분리된, 대체로 작은 서식지 조각들의 모자이크임을 보여주고 있다. 비법정탐방로를 포함하면 무려 491조각, 법정탐방로만 고려하더라도 58조각이 존재하는 것으로 나타났다. 공원의 핵심지역에 해당하는 자연보존지역마저 심하게 조각나 있었다. 각기 다른 버퍼를 주었을 때 조각의 내부면적은 감소하였다. 60m 폭의 버퍼를 주었을 경우 조각의 평균 내부 크기는 겨우 7.08㎢였고 최대 조각이라 할지라도 내부면적은 47.77㎢에 불과하였다. 조각의 형태를 나타내는 LSI 지수는 최대 25에 달하였고 6인 경우가 가장 많아 서식지 조각의 심한 굴곡 현상을 보여주었다. 이와 같이 삼림의 단편화는 산림의 내부면적을 크게 감소시킬 뿐만 아니라 조각 간의 연결성을 감소시켜 종의 생존을 저해하는 요인으로 작용할 수 있다. 물론 가장자리는 조각 내부에 대한 미기후 변화의 완충 효과를 가져와 종의 다양성을 높이는 요인으로 작용하기도 한다. 따라서 산림 가장자리 유형을 고려한 서식지 관리와 종의 생태적 특성에 따른 보존 방안을 설계해야 할 것으로 사료된다. 특히 반달가슴곰과 같이 몸집이 커서 넓은 영역을 필요로 하는 야생동물을 보전하기 위해서는 서식지 단편화의 정도와 조각의 형태에 대한 정보를 활용하는 것이 필수적이다. 이들 야생동물을 보전하기 위해서는 적어도 국립공원 내부와 그 경계에서의 도로건설을 지양하여야 한다. 우리나라 최초이자 최대인 지리산국립공원이 이와 같이 작은 크기의 많은 조각으로 이루어져 있다는 사실은 나머지 다른 국립공원의 단편화에 대한 우려와 더불어 내부 종의 보전에 대한 심각한 우려를 낳고 있다.

이 글은 『한국환경복원기술학회지』 제8권 제1호(한국환경복원기술학회, 2005)에 수록된 「지리산 국립공원 내 도로에 의한 산림조각화」를 수정·보완한 것이다.

저자 약력

소병철(蘇炳喆)

국립순천대학교 지리산권문화연구원 인문한국(HK)교수, 서양윤리학 전공, 고려대 철학과 철학박사, 경기대 교양학부 조교수 역임. 저서로는『합리성과 도덕성: 도구적 합리성의 한 비판』(서광사, 2008), 공저로는『사고와 표현』(로직인, 2014), 역서로는『윤리의 기원과 역사』(철학과현실사, 2004),『응용윤리』(철학과현실사, 2005),『규범윤리의 전통』(철학과현실사, 2005),『메타윤리』(철학과현실사, 2006), 논문으로는「유토피아적 사유의 현재성에 관한 고찰」,「동학의 생태주의 요소에 대한 비판적 고찰」,「생태공동체 건설의 가능조건에 관한 소론」등이 있음.

서정호(徐正浩)

농촌진흥청 강소농지원단 전문위원. 전 국립순천대학교 지리산권문화연구원 인문한국(HK)연구교수, 자원환경경제 전공, 고려대학교 대학원 경제학박사, 저역서로는『지리산권의 큰 나무』(디자인흐름, 2010),『머무르고 싶은 지리산권의 명소 100선』(좋은디자인, 2011) 등이 있으며, 연구논문으로는「일제강점기 지리산 탐방목적에 관한 연구」,「지리산권의 생태마을 실천과정에 관한 연구」등이 있음.

이기웅(李基雄)

국립순천대학교 농업경제학과 교수, 농업경제학 전공, 전남대 농업경제학과 경제학박사, 미국 미주리대학 및 오리건대학 농업경제학과 연구교수, 한국농식품정책학회장 역임(2013), 전남 농업마이스터대학 학장, 고흥석류특성화사업단장, 전남도 정책위 부위원장. 저서로는『농업경영학』(정문사, 2004),『농산업 경영투자분석론』(Good design, 2006), 공저로는『알기쉬운 농업경제학(금성정보출판사, 2004), 논문으로는「지리산권 광역 관광개발 활성화를 위한 지리산권관광개발조합 운영 방향」,「고흥석류를 활용한 관광상품개발」,「한중 FTA에 대응한 지역농업 발전 전략」,「6차산업화와 농촌관광」등이 있음.

유기쁨

한국종교문화연구소 연구원, 종교학 전공, 한국학중앙연구원 한국학대학원 철학박사. 저서로 는『생태학적 시선으로 만나는 종교』(한신대학교 출판부, 2013), 역서로는『문화로 본 종교학』 (논형, 2013), 『산호섬의 경작지와 주술: 트로브리안드 군도의 경작법과 농경 의례에 관한 연 구 1, 2, 3』(아카넷, 2012) 등이 있으며, 논문으로는 「생태적 불안사회의 종교: 생태 공공성과 종교의 자리」, 「생태의례와 감각의 정치」, 「19세기 후반 동학지도층의 역동적 관계구조 연 구」, 「생태운동의 의례적 차원에 대한 이론적 고찰」, 「한국 종교계 생태 NGO의 전개와 성격」, 「애니미즘의 생태주의적 재조명」, 「남산의 근·현대 수난사: 종교적 상징의 이식과 '空間化' 과정」 등이 있음.

유재심(柳在甚)

국립산림과학원 박사후연구원, 산림경관복원 및 경관생태학전공, 서울대학교 환경대학원 협 동과정 조경학전공, 공학박사. 현재 북한의 '산림 및 환경' 분야 개발협력 방법론에 관한 연구 를 주로 하고 있음. '그린데탕트 세부추진계획 및 연계전략', '김정은의 산림복원 10개년계획: 전망과 대응' 등의 연구를 수행했고, 논문으로는 「다변량 환경 공간변수 주성분 분석을 통한 남·북 생태계 차이」, 「생물계절 상 분석을 통한 Level 3 type 북한 토지피복 특성」, 「학술연 구 논의에서 발생하는 귀화식물의 부정적 인식과 문화적 배제」 등이 있음.

박종화(朴鍾和)

서울대학교 명예교수, 뉴욕주립대 환경학박사. 서울대학교 환경대학원 환경조경학과 교수 및 한국조경학회장 역임. 동물서식지, 로드킬, 생태통로, 기후변화 등 환경원격탐사 및 자연환경 모델링에 관한 주제를 연구해 왔음.

우동걸(禹東杰)

국립생태원 연구원, 서울대학교 환경대학원 협동과정 조경학 전공, 공학박사. 현재 로드킬, 생 태통로, 생태축, 생태네트워크에 관한 연구를 주로 하고 있음. 논문으로는 「한반도 산림에 서 식하는 담비의 생태특성과 보전방안」, 「하늘다람쥐 배설습성과 조사기법 개선방안 연구」 등 이 있음.

백경진(白景珍)

국토연구원 국토계획지역연구본부 연구원, 환경생태학 전공, 성신여자대학교 교육대학원 교육학석사. 연구보고서로는 「전국단위 국토생태탐방로 조성계획 연구」, 「한국형 국토발전모형 정립 연구」, 「새만금 녹지축 및 해안방재림 조성 기본계획 수립 연구」 등이 있으며, 논문으로는 「지리산국립공원의 도로로 인한 산림조각화」, 「멸종위기종 반달가슴곰의 현장 내 복원을 위한 행동권 평가」 등이 있음.

박　경(朴頸)

성신여자대학교 지리학과 교수, 자연지리학 전공, 캔자스대학 Ph.D. 저서로는 『한국의 자연지리』(서울대학교 출판부, 2008), 『한국의 제4기환경』(서울대학교 출판부, 2001), 『백두대간의 자연과 인간』(사람과 산, 2002) 등이 있으며, 역서로는 『Geosystem』(시그마프레스, 2012), 『지형학원리』(시그마프레스, 2013), 『휴먼임팩트』(푸른길, 2007) 등이 있고, 논문으로는 「낙동강 유역의 재해관련 지명에 대한 연구」, 「근대 유럽지도에 나타난 우리나라 지명 표기의 변천에 관한 연구」, 「폭포의 지형학적 분류에 관한 연구」 등이 있음.

강혜순(姜惠順)

성신여자대학교 생명화학부 교수, 식물생태학 전공, 보스턴대학 Ph.D. 저서로는 『생태학』(아카데미서적, 1993), 『꽃의 제국』(다른세상, 2002), 『온실가스관리』(동화기술, 2014), 『보전생물학』(월드사이언스, 2014)이 있으며, 역서로는 『생태학』(라이프사이언스, 2011), 『생명과학』(라이프사이언스, 2011), 『식물학』(라이프사이언스, 2014) 등이 있고, 논문으로는 「기후변화에 대한 식물의 반응: 연구동향과 한국에서의 적용가능성」, 「Epiphytic macrolichens in Seoul: 35 years after the first lichen study in Korea」, 「Effects of successional status, habit, sexual systems, and pollinators on flowering patterns in tropical rain forest trees」 등이 있음.

지리산인문학대전19 토대연구09
지리산권의 생태적 가치

초판 1쇄 발행   2015년 10월 31일

엮은이 ㅣ 국립순천대·국립경상대 인문한국(HK) 지리산권문화연구단
펴낸이 ㅣ 윤관백
펴낸곳 ㅣ 도서출판 선인

등록 ㅣ 제5-77호(1998.11.4)
주소 ㅣ 서울시 마포구 마포대로 4다길 4(마포동 324-1) 곳마루빌딩 1층
전화 ㅣ 02)718-6252 / 6257
팩스 ㅣ 02)718-6253
E-mail ㅣ sunin72@chol.com
Homepage ㅣ www.suninbook.com

정가   22,000원
ISBN   978-89-5933-935-8 94910
       978-89-5933-920-4   (세트)

·이 책은 2007년 정부(교육과학기술부)의 재원으로 한국연구재단의 지원을 받
  아 수행된 연구임(KRF-2007-361-AM0015)

·잘못된 책은 바꾸어 드립니다.